인터-미디어와 탈경계 문화

* 이 학술총서는 정부(교육과학기술부)의 재원으로 한국학술진흥재단의 인문한국지원사업 지원을 받아 발행되었음(KRF-2007-361-AL0015).

탈경계
인문학
학술총서 3

인터-미디어와
탈경계 문화

| 이화인문과학원 편 |

이화여자대학교출판부

인터-미디어와 탈경계 문화

펴낸날 1판 1쇄 2009년 8월 14일
엮은이 이화인문과학원
펴낸이 최민숙 | **펴낸곳** 이화여자대학교출판부
주소 서울특별시 서대문구 대현동 11-1(우 120-750)
등록 1954년 7월 6일 제9-61호
전화 02) 3277-2965, 2966(편집기획)
02) 3277-3164, 362-6076(경영지원)
팩스 02) 312-4312 | **전자우편** press@ewha.ac.kr
인터넷서점 www.ewhapress.com
디자인 정혜진
찍은곳 한영문화사

ISBN 978-89-7300-837-7 94600
978-89-7300-834-6(세트)

값 15,000원

| 발간사 |

〈탈경계인문학 학술총서〉는 이화인문과학원이 수행하고 있는 한국학술진흥재단 인문한국(HK) 지원사업인 '탈경계인문학의 구축과 확산'을 위해 기획된 출판 사업이다. 이화인문과학원은 기존의 인문학이 오늘날의 사회문화적 변화를 해석하고 새로운 비전을 제시하는 데 한계가 있음을 비판적으로 성찰하면서, 새로운 인문학의 방향으로 '탈경계인문학'이라는 개념을 제안했고, 한국학술진흥재단 2007년 선정 인문한국연구소로서 '탈경계인문학'을 구축하고 확산시키는 프로젝트를 수행하고 있다.

오늘날 우리는 그 어느 때보다 문화적 경계들이 빠르게 해체되고 재편되는 변화의 시대를 살고 있다. 국가를 넘나드는 사람들의 언어와 문화 간에는 다양한 교차와 혼종이 이루어지고 있으며, 디지털 기술에 기반을 둔 매체의 발전은 시간과 공간의 제약을 뛰어넘어 새로운 언어와 상상력의 공유를 가능하게 하고 있다. 이런 변화의 주체 역시 '중심'에서 '주변'의 다중성으로 확대됨으로써, 이제 기존의 경계를 넘어서는 탈경계적 문화 변동은 우리 삶의 중요한 근간이 되었다.

탈경계인문학은 이러한 시대적 문화 변동 과정에서 탈경계 문화 현상 속의 인간과 인간의 관계를 탐구하는 학문으로서, 구체적으로는 세계, 인간, 언어의 측면에서 지구지역성glocality, 젠더gender, 다매체multimedia에 대한 연구를 촉진하며 소통 · 공존 · 융합을 추구하는 인문 지식을 생산하고 있다. 방법론적으로는 대립과 갈등을 야기하는 '경계짓기'를 반성적으로 성찰하고, 인문학과 타학문, 학문과 일상을 잇는 모델을 개발하는 것을 목표로 한다.

이를 위해 탈경계인문학은 인문학 내 여러 학문 분과들의 유기성을 강화할 뿐만 아니라 인접 학문들, 즉 사회과학 분야, 예술 분야, 나아가 자연과학 분야의 학문들과도 유기성을 강화해 나가고 있으며, 기존의 인문학 연구 대상을 확장시켜 문화 전반을 연구 대상으로 삼고, 주변자와 소수자의 다양한 시각을 확보하여 탈경계의 지점들을 연구하고 있다. 또한 빠르게 변화하는 매체 환경에 대응하고 인간과 기술의 조화로운 발전 방안을 모색하고 미래 인간학 모형을 개발하고 있으며, 나아가 인문 지식의 현실성과 실용성을 강화하고 대중화와 현장화를 추구함으로써 학문과 삶을 연결해 나가고자 한다.

이러한 목표를 가지고 진행되는 탈경계인문학 연구의 성과를 학술총서로 출간하되, 이 학술총서는 매년 세 권의 책을 10년 동안 출판할 계획이다. 해마다 출판되는 세 권의 책은 각각 탈경계인문학의 핵심 주제인 '지구지역성', '젠더', '다매체'를 주제로 다루며, 각 주제는 10년 동안 연구를 발전시켜 나가면서 10권의 책으로 완성될 것이다.

〈탈경계인문학 학술총서〉가 새로운 인문학의 방향을 제시할 뿐 아니라 창조적이며 미래 지향적인 인문학을 선도하고 학문적 완성도를 발전시켜 나갈 수 있기를 기대하며, 〈탈경계인문학 학술총서〉 출판에 참여해 주신 모든 연구자의 노고에 감사드린다.

2009년 7월

이화인문과학원장 오정화

| 차례 |

제2부 상호 매체성

제3부 매체 속의 시선, 기억, 존재

| 서문 |

인터-미디어와 탈경계 문화

매체가 점점 다양해지고 매체 간 융합 현상이 빠르게 확산되는 오늘날, 문화에서 매체가 차지하는 비중은 막대하다. 매체의 영향력과 그 선택의 중요성은 그 안에 담긴 내용의 범주를 능가하고 있어서 매체와 내용을 더 이상 서로 분리해 생각할 수 없게 되었다. 매체는 편리한 도구의 차원을 넘어 세계와 인간을 이해하는 데 필수적인 요소로, 나아가 한 시대를 이해하기 위해 우선적으로 해석해야 할 대상으로 간주되고 있다.

실상 매체와 관련된 주요 주제들은 새로운 매체가 등장하고 변모해 가는 상황에서 다양하게 연구되어 왔지만, 대개 사회적 · 경제적 · 기술공학적 맥락에 국한되었다. 이에 이 책은 다양한 뉴 미디어의 특성과 인문학적인 함의를 '탈경계 문화'라는 독특한 지형에서 고찰하고자 한다. 이는 서로 전이되고 융합되고 역전되는 매체들 사이의 탈경계 현상을 들여다보면서 그 사이에서 벌어지고 있는 일들이 무엇이며 그것이 문화적으로 어떤 함의를 가지고 있는지를 분석하고자 하는 것이다.

이 책은 특히 미디어 자체를 넘어선 '인터-미디어'에 주목한다. 이 시대에는 여러 미디어들이 복잡하게 뒤얽혀 있으면서 한 미디어가 다른 미디어를 상호적으로 참조하고 개조하기도 하고, 다른 미디어에 권력을 행사하기도 하며, 미디어 전반에 대한 메타적 질문을 던지기도 한다. 그 사이에서 미디어의 특성이 규정되고, 새로운 문화적 의미가 생성된다. 이러한 인터-미디어가 만들어 내는 문화가 탈경계 문화의 중요한 부분을 이루고 있다. 실상 '미디어'라는 용어 자체가 이미 '사이' 또는 '매개'의 의미를 내포하고 있다. 매체와 매체 사이에서 벌어지고 있는 일을 들여다보는 일은 우리 시대 문화 읽기에 중요한 열쇠를 제공한다. 행간의 읽기를 통해 미디어 사이에서 일어나는 긴장, 권력 관계, 창조성을 분석하는 일이 중요한 쟁점으로 대두되고 있는 것이다.

따라서 이 책의 분석 초점은 미디어 자체가 아니라 미디어의 관계, 미디어 출현의 환경과 논리에 있다. 인터-미디어 연구에서는 연구하는 대상의 상호 매체적 환경을 정의하고, 혼종, 전이, 상호 매체성, 초학제성 등 관계의 유형을 명확히 하는 것이 필요하다. 또한 전이되고 연결되는 현상들의 관계 속 윤곽을 포착하여 그것이 동등한 관계인지, 차이는 무엇인지, 포함 관계가 있는지 여부를 살펴보면서 관계의 구조와 의미를 밝히는 일이 중요하다. 정리하면 '인터-미디어'의 핵심은 미디어들 사이에서 벌어지는 전이 현상, 미디어들 사이의 상호 관계성, 미디어들의 상호작용을 통해 드러나는 미디어—세계—인간의 총체적인 구조와 의미를 살펴보는 것이다. 이 책은 이러한 '인터-미디어'의 개념과 그에 수반되는 탈경계 문화의 특성을 반영하여 총 3부로 구성된다.

제1부에서는 '예술 영역의 경계 넘나들기'라는 제목으로 예술 장르 간 매체 전이를 통한 매체의 위상 변동과 문화예술 장르의 재편 현상을 연구

한다. 여기에 수록된 세 편의 글은 크게 인쇄 매체와 영상 매체 간의 전이와 문학과 대중예술의 전이를 다루고 있다. 여기에서는 문자 텍스트 위주의 문화에서 이미지 쪽으로 무게 중심을 옮겨가고 있는 문화를 진단하고 그 특성을 분석하고 있기도 하지만, 반대로 이미지에서 문자 텍스트로 전이되는 현상 또한 의미있게 다루고 있어서 각 매체들의 전이 현상이 일방적인 것이 아니라 상호적임을 드러내고 있다. 또한 예술 장르 간 전이 과정에서 각 매체에 고유한 자유로운 상상력이 발휘되고 있으며, 예술 본연에 대한 메타적 질문이나 미학이 표출됨을 보여 준다.

송기정은 발자크의 「미지의 걸작」을 영화화한 리베트 감독의 〈누드 모델〉을 분석함으로써 문학에서 영화로의 전이 현상을 고찰한다. 누벨바그 감독들 중에서 가장 실험적인 영화인으로 알려진 자크 리베트는 젊은 시절부터 실시간 동안의 촬영과 상영이라는 영화적 장치를 통해 실제 시간을 느끼게 함으로써 영화는 재현 매체가 아니라 현존 매체임을 깨닫고자 노력했던 영화인이다. 그는 관객으로 하여금 실재감과 현존성을 느끼면서 그 상황에 함께 존재하기를 유도했던 것이다.

발자크는 「미지의 걸작」에서 회화에 생명과 영혼이 담겨 있어야 한다는 19세기 사실주의 예술론을 피력한다. 언어라는 기호를 유일한 표현 수단으로 갖고 있었던 발자크는 사건이나 인물들의 행위보다 관념적인 예술론을 펼치는 데 대부분의 페이지를 할애하고 있다. 반면 리베트는 〈누드 모델〉에서 시간과 공간, 그리고 소리의 확대라는 영화적 장치를 사용함으로써 이미지에 영혼을 불어넣고자 했던 19세기 사실주의의 꿈을 실현해 보이고자 한다.

이수진은 소설에서 만화로 전이되었으며 한국어에서 프랑스어로 번역 · 출판된 작품인 『짜장면』의 사례를 통해 두 매체 간 전이뿐 아니라 문화권 경계 넘기의 의미를 탐색하고 있다. 이 작품이 만화라는 표현 매체의 독창성과 한국이라는 개별적 문화 컨텍스트를 갖고 있으면서도, 문화권을 막론하고 이미지와 말로 서사를 풀어내는 표현 매체의 공통적 특성과 인간의 보편적 정서에 호소하고 있어서 서로 다른 문화권의 경계와 이를 초월하는 탈경계성의 문제를 구체적으로 사유할 수 있게 한다는 점에 주목하고 있다. 이를 통해 필자는 한 문화권 안의 특수성을 지닌 원작이 다른 문화권으로 번역될 경우에도 고유한 정체성을 확보할 수 있는지, 혹은 원작의 특수성이 지나치게 두드러지게 되면 소통이라는 긍정적인 측면을 배제시키지 않는지에 대해 질문하고 있다.

천현순은 영상 매체인 영화가 문자 매체인 문학으로 전이되는 과정을 영화가 등장한 20세기 초부터 비디오가 등장한 1980년대까지 시대적으로 살펴보고 있다. 이러한 시대적인 고찰과 더불어 독일의 현대 멀티미디어 작가로서 주목받고 있는 알렉산더 클루게의 작품을 구체적인 실례로 들어 영상 매체에서 문자 매체로의 전이 과정이 어떠한 방식으로 나타나고 있으며, 그것의 효과가 무엇인지에 대해 집중적으로 분석하고 있다.

클루게의 작품은 영화가 문자 매체인 텍스트로 전이되어 문학 작품 그 자체로 읽히는 '영화 텍스트'라는 새로운 장르적 가능성을 모색한다. 필자는 매체적 전이가 과정이나 행위 자체에 머무르지 않고 문학이라는 전통 매체의 확장에 기여하고 있다는 점을 특히 강조한다. 이와 더불어 영상 매체에서 문자 매체로의 전이 과정을 통해 영화와 문학과의 관계가 단순히 문학에서 영화로 전이되는 일방적인 관계가 아니라, 영화가 다시 문학으로 전이되는 쌍방향적인 관계에 놓여 있음을 보여 준다.

제2부에서는 '상호 매체성'이라는 제목으로 서로 다른 매체의 공존이 불러일으키는 상호작용을 상호 매체성 이론과 더불어 살펴본다. 2부에 수록된 두 편의 글은 각각 산문 텍스트와 사진 이미지의 상호 매체성, 영시

텍스트와 디지털 미디어 텍스트의 재매개적인 상호 매체성의 문제를 다루고 있다. 상호 매체성은 텍스트를 넘어서서 다양한 매체로 확장된 열린 대화의 공간이다. 미디어 간의 상호작용은 텍스트의 의미를 확장하여 기존의 인쇄 텍스트를 넘어서서 문자와 이미지, 아날로그와 디지털이 공존하는 문화 텍스트로의 의미를 탐색하게 해 준다.

조윤경은 영상 이미지 시대에 텍스트와 이미지의 공존이 가져오는 상호 매체적 특성을 분석하기 위해 사진이 삽입된 앙드레 브르통의 산문집 『나자』의 경우를 예로 제시하고 있다. 『나자』에서는 평범해 보이는 사진이 텍스트로 인해 모호해짐으로써, 텍스트가 사진 이미지의 성격을 규정하고 의미를 제한하는 것이 아니라 그 가능성을 오히려 확장하고 있다.

필자는 이를 통해 두 상이한 매체의 침투와 간섭이 매체적 변형을 가져오고, 다양한 의미와 새로운 미학을 낳는 계기가 됨을 보여 준다. 상호 침투, 융해, 변형을 거친 상호 매체적 이미지와 텍스트는 독립된 텍스트, 독립된 이미지와 구분된다. 즉 상호 매체적 관계 안에서는 텍스트가 이미지에 의미를 부여하고, 이미지가 텍스트의 현실성을 입증하면서 서로의 미학적 가능성을 확장해 나감을 알 수 있다. 사진과 텍스트의 공존은 일반 텍스트와 이미지 뒤에 숨어 있는 무의식을 드러내기도 하고, 때로는 텍스트와 이미지를 읽는 기존의 방식을 전도시켜 '오독'이 낳을 수 있는 생산성과 창조성을 보여 준다.

김은령은 시와 삽화로 구성된 윌리엄 블레이크의 영시 텍스트를 디지털 미디어로 '재매개remediation'하고자 하는 실제 작업에 앞서 이론적 연구를 하고 있다. 재매개란 볼터와 그루신의 개념으로 "또 다른 매체의 매개화를 통해 한 매체가 재현되는 것"을 의미한다.

김은령의 글은 디지털 미디어 텍스트로 재매개할 때 필요한 인문학적 성찰인 매체성 연구에서 시작하고 있으며, 주로 재매개와 상호 매체성이라는 매체 이론의 사적 고찰과 함께 블레이크의 시학과 디지털 미학의 유효한 접점을 찾음으로써 재매개 작업의 논리적 근거를 찾고자 한다. 이는 '읽기'와 '쓰기'란 개념이 새롭게 정의되고 있는 오늘날의 텍스트 환경을 반영한 디지털 미디어 텍스트를 만들기 위함이라고 할 수 있다. 이를 위해 저자는 블레이크의 독특한 판화 기법이 가지는 의의를 그가 시에서 보여 주려 했던 '지옥의 방법'과 연결시켜 시와 이미지의 상호 관계성을 포착하고, 이분법의 논리를 타파하려 했던 그의 예술관을 온전히 구현할 수 있는 공감각적인 공간 속의 디지털 미디어 텍스트 구현을 위한 이론적 논리를 구축하고 있다.

제3부에서는 '매체 속의 시선, 기억, 존재'라는 제목으로 뉴 테크놀로지 시대에 매체—인간—세계 '사이'에서 만들어지는 문화의 특성은 무엇이며, 그러한 문화 속에 각인된 인간의 권력, 흔적, 존재론적인 지위는 어떠한지를 질문하고 있다. 현대의 매체(영화, 비디오, CCTV, 인터넷 등)는 권력과 감시와 폭력의 도구로 사용된다. 현대인들은 감시용 카메라에 무방비적으로 노출되기도 하고, 리얼리티 쇼를 즐기며 관음증적인 욕망을 표출하며, 사이버 스페이스 안의 '아바타'라는 분신을 통해 섹스를 하고 강간을 당하기도 한다. 여기에 수록된 세 편의 글은 이러한 현상을 분석하면서 매체와 매체의 전이, 인간과 매체의 경계 넘기의 과정에서 개입되는 인간의 시선, 기억, 존재성 자체의 문제를 다룬다.

전혜숙은 스웨덴의 여성 미술가인 앤 소피 시덴의 영화 및 비디오 설치 작업을 통해 현대 사회에 내재한 감시의 시선들의 작용 방식을 분석하고 있다. 시덴의 작업은 관람자들로 하여금 특정한 장소에 직접 들어가서 체험하도록 하는 '장소 특정성site-specificity'을 지닌 설치 작품인데, 여기서 흥미로운 점은 관람자가 일방적인 수용자가 아닌 관찰자이자 감시당하는 자의 위치에 놓인다는 것이다. 관람자는 보고 있는 주체임에도 불구하고 자신이 결국 보이지 않는 눈에 의해 관찰당하고 있었음을 알게 된다.

시덴은 또한 스스로 소외되고 미쳐가는 정신분석의의 사례를 통해 광기/정상, 가해자/피해자, 보는 자/보이는 자의 경계가 점점 모호해지면서 이분법적으로 구분되지 않는 현대 문화의 단면을 보여 주고 있다. 전혜숙의 글은 시덴의 영화 〈QM, 그녀를 QM이라고 부르는 게 좋겠다〉를 분석하는 과정에서 QM과 현대인의 모습과의 유사성을 발견하고 사유할 수 있는 계기를 우리에게 부여해 준다.

시덴의 '모든 것을 보는' 시선이 마치 '빅 브라더'처럼 현대 문화 권력의 실행에 대한 효과적인 상징으로 기능하고 있다면, 정현규가 탐색하는 '빅 브라더'의 은유는 TV를 비롯한 현대적 매체의 시대에 거듭 등장하며 총체적 감시라는 주제를 형상화하고 있다. 저자는 조지 오웰의 『1984년』과 백남준의 〈굿모닝, 미스터 오웰〉 그리고 리얼리티 쇼 〈빅 브라더〉를 분석 대상으로 삼고, 매체의 거듭되는 전이 과정을 팰림프세스트의 개념으로 분석하고 있다. 팰림프세스트는 글자를 지우고 그 위에 글을 쓴 양피지로, 지우거나 고친 자국을 담고 있다. "거대한 문화적 무의식이 지니고 있는 흔적"은 매체들의 전이 과정에서 사라지거나 남게 된다. 저자는 '팰림프세스트'에 특정한 메커니즘인 '지우기/흔적남기기', '덧쓰기'와 그 결과 생성되는 '의미의 뒤틀림'이 하이퍼 텍스트적으로 서로 소통하는 과정을 추적하고 있다. 그는 이를 통해 원 텍스트와 하이퍼 텍스트를 포함하는 전체 구조가 단순한 퇴적 구조가 아니라, 팰림프세스트가 생성되는 과정에서 뒤얽힌 형태를 갖게 됨을 밝히고 있다.

고인석은 '미스터 벙글 사건'이라는 사이버 공간의 성폭력 사건을 토대로 아바타로 대표되는 사이버 인격의 존재론적 지위에 관한 문제를 성찰한다. 저자는 사이버 공간에서 일어나는 사건에 대한 사회적 · 윤리적 관점의 평가와 대응은 존재론적 논의를 토대로 할 때 견고해진다고 보고, 사용자와 캐릭터의 관계, 나와 내 아바타의 관계를 근본적으로 어떻게 규정해야 할지를 묻는다.

세컨드라이프 류의 사이버 공동체 공간에 '거주'하면서 실제 세계와 사이버 세계 사이를 매개하는 아바타는 육신을 가진 자아와의 관계에서 매체성과 주체성에 대한 물음을 제기하게 한다. 저자에 의하면 아바타는 매체인 동시에 일종의 준準주체로, 아바타의 매체성은 사용자가 아바타의 몸을 빌려 사이버 세계로 진입하고 사이버 공동체에 참여할 수 있게 되는 지점에서 드러난다. 한편 아바타의 준準주체성은 그것의 아이덴티티가 사용자의 임의적 처분에 완전히 복속되지 않는 독자적인 '사회적 지위'와 더불어 그것 고유의 역사적 발달 경로를 지닌다는 점에서 부각된다.

이 책은 이화인문과학원 탈경계인문학연구단 다매체 연구분과에 소속된 저자들의 1차 연도 연구 중 '인터-미디어와 탈경계 문화'라는 주제를 심화시킬 수 있는 연구들을 엄선하여 모은 것이다. 다매체 연구분과는 인간과 기술의 조화로운 발전 방안을 모색하기 위해 매체－매체, 매체－인간, 인간－인간의 관계에 주목하여 탈경계 문화 현상의 '역동성'을 연구하고 있다. 서책 중심의 인문 지식 너머에 있는 다매체 문화 현장에 대한 인문학적 분석, 진단, 전망을 목표로 하며, 인간과 기술의 조화로운 발전 방안을 연구하고 문화의 창의적 융합을 선도하고자 한다.

다매체 연구분과에 소속된 저자들은 매체의 다원화로 인해 변화된 문화 지형에 대한 역사적 점검을 통해 '융합의 인문학' 구축을 위한 이론적 토대를 마련해 보고자 했다. 따라서 이 책은 프랑스 문학, 시각 기호학, 독일 문학, 기술 철학, 과학 철학, 미술 사학, 영미 문학 전공의 저자들이 다양한 시각을 통해 매체의 다원화로 인해 변화된 문화 지형에 대한 역사적 · 미학적 점검을 내리고 있는 심도 있는 전문 연구 결과물이라는 의미를 갖고 있다.

또한 이 책은 인터-미디어에 대한 이론적 성찰과 더불어 구체적인 현상 및 작품 분석을 통해 매체 간 전이, 융합, 혼종의 문화적 의미를 밝히고 있다는 장점을 지닌다. 매체 기술의 공학적 측면에 대한 분석에 치중하는 기존 매체 연구의 틀에서 벗어나 인문학적 문제 의식을 통해 개별 매체의 고유한 '매체성mediality'을 연구하고 이를 기반으로 매체 전이 및 융합 과정과 양상, 매체 융합이 낳는 예술적 · 일상적 · 존재론적 의미 공간의 변화를 연구했다는 사실에서 이 책에 의의를 부여하고 싶다.

이 책의 저자들은 첫 공동 작업을 필두로 지속적인 저작 활동을 통해 매체와 매체 문화를 이해하는 인문학적 시각을 모색하고 다양한 매체 문화들 간의 호혜적 커뮤니케이션의 가능성을 구체적으로 제시하려 노력하고자 한다. 학문의 경계를 넘어서 매체 문화를 다각도로 분석하고 새롭게 의미 부여하려는 저자들의 노력에 많은 독자들의 비판적인 관심을 부탁드린다.

2009년 7월

저자들을 대표하여

조윤경 씀

제1부

예술 영역의 경계 넘나들기

문학에서 영화로:

발자크의 「미지의 걸작」과 리베트의 〈누드 모델〉*

송기정

1. 들어가는 말

영화는 근원적으로 문학과 밀접한 관계를 가진다. 모든 예술이 다 녹아 있는 종합예술로서의 영화는 문학에 의존적인 경우가 많다. 이야기를 필요로 하는 영화인들에게 문학은 거대한 보물창고와도 같기 때문이다. 그러나 문학과 영화의 관계는 결코 일방적이지 않으며, 문학 역시 영화로부터 많은 빚을 지고 있다. 예를 들어 누보로망은 영화의 표현 기법으로부터 많은 영향을 받았다. 외적 시점과 내적 시점을 마음대로 넘나들 수 있는 전지적 능력을 가진 전통 소설의 화자와 달리 누보로망 작가들은 문학적 글쓰기의 특권이라 할 수 있는 내적 시점을 의도적으로 버리고 카메라의 렌즈가 그러하듯 작가의 시각과 청각에 포착되는 정보들에 대해서만

* 이 글은 『한국프랑스학논집』 제62집(2008년 6월)에 게재된 논문을 수정·보완한 것임을 밝혀 둔다.

기록하고 표현한다.

한편 프랑스의 영화학자 알랭 가르시아Alain Garcia는 19세기 중반기의 소설에 이미 영화적 특성이 나타나고 있음을 지적하면서 플로베르Gustave Flaubert, 제임스William James, 멜빌Herman Melville, 콘래드Joseph Conrad, 그리고 발자크Honoré de Balzac 등의 소설을 그 예로 든다.[1] 우리는 『보바리 부인*Madame Bovary*』에 나오는 농업진흥회에 대한 플로베르의 묘사를 읽으면서 마치 영화의 한 장면을 보는 듯한 느낌을 받았던 것을 기억한다. 레옹과 엠마가 타고 있는 마차가 커튼이 쳐진 채 달리는 장면 역시 영화의 한 장면을 연상시킨다.

발자크는 이미지가 생각을 표현할 수 있음을 보여 주었다는 점에서 영화적 글쓰기를 실천한 작가로 볼 수 있다. 그는 언어로 현실을 표현하고자 했으며, 소설이란 현실에 대한 재현에 그치는 것이 아니라 독자로 하여금 바로 그 현실 속에 살 수 있게 하는 것이어야 한다고 생각했다. 발자크가 무대 배경에 대한 묘사에 그토록 심혈을 기울였다면 그것은 바로 이런 이유에서였을 것이다. 예를 들어 『고리오 영감*Père Goriot*』의 첫 장은 수 페이지에 걸친 보케르 하숙집에 대한 묘사로 시작된다. 거리의 모습과 집의 위치, 어두침침한 건물들의 색조와 빛의 밝기, 지나가는 사람들의 모습과 거리의 소음들, 고양이 울음소리와 수채 구멍에 물 버리는 소리 등에 대한 자세하고도 정교한 묘사를 읽으면서 독자들은 마치 그 거리의 그 집 안에 들어가 있는 것 같은 착각을 하게 된다. 이러한 이유에서 『고리오 영감』과 더불어 50여 편에 이르는 발자크의 작품은 많은 영화인들에 의해 영화로, 그리고 텔레비전 드라마로 각색되었다.

그러나 자크 리베트Jacques Rivette는 발자크의 작품은 각색이 불가능하

1 Alain Garcia, *L'Adaptation du roman au film*, I. F. diffusion, 1990, p. 18.

다고 말한다. 그는 자신의 예술 창작에서 발자크가 가장 큰 영향을 준 작가 중 하나임을 강조한다. 그의 대작 중 하나인 〈아웃 원Out one〉의 경우 『13인의 이야기』 서문에서 아이디어를 끌어낸 것이다. 또한 〈누드 모델〉이라는 제목으로 국내에서 개봉된 바 있는 〈아름다운 싸움꾼〉은 영화 시작 전에 나오는 자막이 명시하듯 발자크의 단편 「미지의 걸작Le Chef d'œuvre inconnu」에서 '자유로이 영감을 받아' 탄생한 영화이다. 1991년 제작된 네 시간 분량의 〈아름다운 싸움꾼La Belle noiseuse〉은 리베트 자신에 의해 2003년 〈아름다운 싸움꾼―디베르티멘토〉라는 제목으로 두 시간분으로 축약되어 발표되었다. 국내에 소개된 것은 이 두 시간짜리 영화이며 우리가 참조한 것은 알토 미디어에서 나온 네 시간짜리 〈아름다운 싸움꾼〉이다. 그러나 독자들의 혼돈을 피하기 위해 이 글에서는 국내에 알려진 〈누드 모델〉이라는 제목을 사용할 것이다.

리베트는 누구인가? 1928년 노르망디 지방의 루앙에서 태어난 자크 리베트는 누벨바그 감독들 중에서 가장 실험적인 영화인이며 누구보다도 영화를 많이 본 감독으로 알려져 있다. 그뿐만 아니라 장 르누아르Jean Renoir와 자크 베케르Jacques Becker, 1906-60의 조감독으로 일하면서 현장 수업을 받은 유일한 누벨바그 감독이기도 하다. 리베트는 영화를 통해 영화의 제작 과정 자체를 보여 줌으로써 영화라는 매체에 대해 끊임없는 성찰을 한 작가이다. 그는 1961년 첫 장편 영화 〈파리는 우리 것Paris nous appartient〉에 이어 1966년 〈수녀La Religieuse〉를 발표한다. 디드로Denis Diderot 원작의 〈수녀〉는 리베트 자신이 연출했던 연극을 영화화한 것이다. 1963년에 계획하여 1966년에야 완성한 〈수녀〉는 그해 칸 영화제에서 프랑스 대표작으로 출품되었음에도 불구하고 종교를 모독했다는 이유로 상영이 금지되었다. 그러나 1년 후 상영이 허가되었을 때 이 영화는 상업적인 성공을 거두게 된다. 1968년 리베트는 〈미치광이 사랑L'Amour fou〉

을 발표하면서 그의 명성을 굳히게 된다. 〈미치광이 사랑〉은 연극 〈앙드로마크〉의 리허설 과정과 더불어 그 과정에서 연출자와 여배우의 애정 관계를 다루고 있는데, 영화 속 연극의 사랑 이야기와 영화 속 주인공들의 사랑 이야기가 복잡하게 얽히게 되고, 또한 그 리허설 장면을 텔레비전 카메라로 녹화하는 장면이 덧붙여짐으로써 영화, 무대, 그리고 텔레비전 속의 이야기가 이중 삼중으로 겹쳐진다. 특히 영화의 35mm 카메라와 텔레비전의 16mm 카메라가 서로 교차하면서 허구적 연극과 실제 삶이라는 두 세계 사이의 갈등을 드러내 보여 주는가 하면, 창작 과정에서 배우들이 이야기를 직접 만들어 내게 하면서 '영화 창작에 대한 영화'의 모범적인 예를 제시한다.[2] 1970년 그는 무려 12시간 40분에 이르는 장편 영화 〈아웃 원〉을 만듦으로써 영화사에 하나의 획을 긋게 된다. 〈아웃 원〉은 촬영에 들어가기 전의 제작 과정 첫 단계부터 주요 역을 맡은 배우들이 참여하여 감독과 함께 만들어 간 영화로서 리베트가 추구했던 집단 창작과 즉흥 창작의 한 예이다. 그러나 지나치게 긴 상영 시간 때문에 이 영화는 1971년 르 아브르에서의 특별전시회 때 딱 한 번 소개되었을 뿐이다.

리베트의 주요 작품인 〈미치광이 사랑〉과 〈아웃 원〉은 연극 리허설 장면을 주제로 택하고 연극 무대를 영화의 시공간으로 삼아 허구 속의 허구를 재현함으로써 예술 창작의 과정 자체를 문제 삼고 있다. 또한 감독, 스태프, 배우들이 모두 공동으로 영화 제작에 참여하게 함과 동시에 즉흥 창작을 시도함으로써 관객들이 마치 현장에 있는 것 같은 착각을 일으키게 하는 효과를 만들어 낸다. 무엇보다도 리베트는 완성된 영화의 순서와 동일한 순서로 촬영할 뿐 아니라, 실제 사건이 일어나는 시간과 거의 유사한 시간 동안 영화가 계속되게 함으로써 관객에게 화면 속의 사건을 실

2 김호영, 『프랑스 영화의 이해』, 연극과 인간, 2003, 172쪽.

제 경험하는 것 같은 느낌을 주고자 했다. 배우들과 인물들의 경험을 전달하기 위해서는 그 긴 경험을 그대로 보여 주어야 한다고 생각했던 것이다. 리베트 영화의 평균 길이는 4시간이 넘는다.

리베트의 최대 관심은 영화는 결국 허구로 끝나고 말 것인가 하는 것이었으며, 그는 단순한 예술적 재현을 넘어 현존에 이르는 영화를 만들고자 했던 것이다. 리베트가 발자크에게 찬사를 보내고 발자크로부터 끊임없이 영감을 받았다면 아마도 현실에 실제 존재하는 한 사회를 창조하고자 했던 작가 발자크의 야망과 영화인으로서 자신의 목표가 만나기 때문이었을 것이다. 발자크의 「미지의 걸작」에는 회화라는 또 하나의 매체가 작품의 중심에 자리한다. 절대적인 그림을 추구하면서 그림 속의 여인에게서 실재하는 여인, 살아 숨쉬는 여인을 보고자 했던 예술가의 고뇌가 「미지의 걸작」의 주제라면, 리베트는 그 작품에서 살아 있는 영화를 만들고자 했던 영화인의 고뇌를 읽었던 것이 아닐까? 그렇다면 리베트는 발자크의 단편 소설 「미지의 걸작」을 어떻게 읽었으며, 영화는 어떤 모습으로 다시 태어나고 있나?

2. 발자크, 리베트, 그리고 프렌호퍼

〈누드 모델〉은 작가가 주장하듯 분명 문학 작품의 각색이 아니다. 시대적 배경도, 공간적 배경도 다르다. 영화는 1612년이 아닌 우리 시대를, 파리의 어떤 집이 아닌 남프랑스의 프로방스 지방에 있는 저택을 배경으로 이야기를 전개한다. 작중 인물들의 구성도 일치하지 않는다. 프렌호퍼, 니콜라, 포르뷔스는 각각 약간씩 변형된다. 프렌호퍼는 조금 젊어졌고, 포르뷔스는 화가가 아닌 그림수집가 혹은 화상이다. 질레트는 마리안느로 바뀌었고 소설에는 존재하지 않는 프렌호퍼의 아내 리즈가 등장한다. 그 내용은 다음과 같다.

유명한 화가 프렌호퍼는 몇 년 전부터 그림 그리기를 중단한 채 아내와 함께 남프랑스의 한 저택에 살고 있다. 어느 여름 날, 친구이자 화상, 그리고 리즈에 대한 사랑의 경쟁자이기도 했던 포르뷔스가 젊고 재능 있는 화가 니콜라와 함께 그를 방문한다. 니콜라는 프렌호퍼의 열렬한 추종자이다. 니콜라의 애인 마리안느의 아름다움은 프렌호퍼에게 영감을 주고, 그는 10년 동안 미완성인 채로 남아 있는 '아름다운 싸움꾼'을 완성하기 위해 그녀를 모델로 삼게 된다.

리베트는 분명 「미지의 걸작」에서 주요 인물, 그림의 제목, 그리고 주제를 이끌어 내고 있다. 화가와 모델이었던 그의 아내, 새로운 모델이 된 젊은 여인과 그녀의 애인, 이 두 커플의 갈등 관계, 그리고 그림이 제작되는 과정과 그에 따른 인물들의 심리적 갈등을 담은 이 영화는 연극이라는 매체를 통해 인물들의 갈등을 표현했던 〈미치광이 사랑〉과 동일한 갈등 구조를 지니고 있다. 이제 우리는 인물들의 비교 분석을 통해 상이한 두 매체 간의 상호 관계를 살펴보기로 한다.

문학 텍스트와 영화 텍스트는 독자와 관객에게 인물에 대한 정보를 제공하고 인물의 행위를 보여 준다. 언어 또는 이미지로 표현된 인물은 하나의 인간이 아니라 재현, 즉 하나의 기호이다.[3] 그러나 발자크는 인물들의 얼굴과 신체 모양, 습성, 태도 등에 대한 세밀한 묘사를 통해 그들의 사회적 위치, 성격, 야망, 그리고 심리적 특성 등을 드러내 보임으로써 마치 실제로 그 인물들이 살아 있는 것처럼 느끼게 한다. 리베트 역시 화면 속의 이미지를 넘어 실제로 존재하는 인물들을 창조하고자 한다. 리베트

3 프랑시스 바누아, 『영화와 문학의 서술학』, 송지연 옮김, 동문선, 2003, 151쪽.

가 시나리오 작업부터 배우들을 참여시키면서 그들과의 집단 창작을 시도했다면, 그것은 실제 배우의 캐릭터를 그대로 영상화하고 싶었기 때문이다. 리베트는 〈누드 모델〉에 관한 인터뷰에서 이 작품을 구상하면서 프렌호퍼의 배역으로 금방 떠오른 사람은 다른 그 누구도 아닌 미셸 피콜리였다고 술회한다. 한편 이 영화의 시나리오 작가 파스칼 보니체는 영화 속 마리안느의 캐릭터가 에마뉴엘 베아르라는 배우의 실제 캐릭터와 유사하며, 리즈 역의 제인 버킨 역시 자신의 캐릭터를 스스로 제시했다고 말하고 있다. 그뿐만 아니라 시나리오는 그날그날 즉석에서 즉흥적으로 씌어졌다는 사실도 더불어 언급된다. 배우의 연기가 아닌 실제 배우의 모습을 그대로 표현하게 하는 것, 그것은 영화라는 예술에서 실제 인물의 실제 삶을 보여 주고 싶었기 때문일 것이다. 그것은 또한 작품 속의 주인공 프렌호퍼가 일생 동안 추구한 예술의 목표이기도 하다. 발자크가 문학의 진실을 원하고 리베트가 영화의 진실을 원했듯이 프렌호퍼는 그림의 진실을 추구했던 것이다. 그렇다면 발자크와 리베트는 프렌호퍼를 어떻게 표현하고 있는가?

언어로 표현할 수밖에 없는 매체인 소설의 특성상 발자크가 프렌호퍼에게 생명을 부여하기 위해서는 인물에 대한 길고도 세밀한 묘사가 필요했다. 복장, 걸음걸이, 얼굴에서 느껴지는 스산한 느낌, 얼굴 모습과 표정, 그리고 시선, 신체의 특성 등이 매우 상세하게 이어진다. 그에 대한 묘사의 정확성과 세밀함은 다른 인물들에 대한 간략하고도 생략적인 묘사와 대조를 이루면서 그 인물의 중요성을 부각시킨다. 발자크에 의해 제시된 무언가 모를 '악마적인 것'이 느껴지는 이 늙은 화가와 달리, 리베트의 프렌호퍼는 세상을 등진 초인이 아니라 부인과 함께 정상적인 삶을 살고 있는 중년 남자이다. 그러나 약속을 잊어버릴 만큼 매사에 무관심한 듯 보이는 이 이상한 남자의 무기력한 태도는 이상적인 여인 찾기에 실패한 후 무기력과 우울, 그리고 권태에 빠진 발자크의 프렌호퍼와 만난다.

한편 발자크와 리베트의 주인공들은 그림에 생명이 있어야 한다고 주장한다. 두 사람의 말을 비교해 보자.

> [……] 이 아름다운 육체에 따뜻한 생명의 숨결이 불어넣어져 있다고는 생각되지 않네. [……] 그래, 보게나. 이 상앗빛 살갗 아래로는 피가 흐르지 않네(발자크, 1997 : 85).

> 아니, 그건 아무것도 아니야. 거기에는 피가 없어. [……] '아름다운 싸움꾼'에게는 정말 피가 있어야 해. [……] 그 그림은 존재하지 않아(리베트, I, 23 : 39).

그들은 그림 속의 여인에 생명과 영혼을 담고자 한다. 그것을 위해 발자크의 주인공은 전 세계를 돌면서 모델이 되어 줄 완벽한 여인을 찾아다닌다. 영화 속 프렌호퍼의 경우 십 년 전 리즈와의 만남은 그로 하여금 '아름다운 싸움꾼'의 제작이 가능할지도 모른다는 희망을 주지만 결국 그는 그 그림을 완성하는 데 실패하고 만다. 그 이후 10년 동안 '아름다운 싸움꾼'은 버려둔 상태이다. 그에게서 느껴지는 무기력과 무관심은 자신의 예술적 야망을 실현하지 못함에 대한 일종의 좌절의 결과이다.

발자크의 프렌호퍼가 '형태의 내부'까지 들어가 '숨겨진 부분'을 찾고자 했다면, 리베트의 프렌호퍼 역시 부분이 아닌 몸 전체를 보기 위해 '보이지 않는 것'을 원하며, '몸 안에 있는 것'을 끄집어 내려 한다. 미셸 에스테브Michel Estève의 지적대로 결국 그들이 추구했던 것은 단순한 몸이 아니라 몸에 담긴 '존재의 진실'[4]인 것이다.

그림의 진실에 이르기 위해 화가는 모델에게 다양한 포즈를 원한다. 그러는 과정에서 화가는 마치 장난감을 다루듯이 모델을 함부로 다루고 '잘게 부수고, 해체시킨다.' 다양한 각도에서 다양한 포즈로 수십 장, 수백 장의 스케치와 그림들을 그리고 또 그리는 프렌호퍼의 노력은, "화가란 손에 화필을 들고서만 숙고해야 한다네"라고 말하는 발자크 주인공의 충고를 떠올리게 한다.

프렌호퍼가 원했던 그림의 진실은 과연 무엇이었을까? 그것은 한 여인을 모델로 한 예술적 재현에 불과한 그림이 아니라, 실재하는 여인, 살과 피가 존재하고 영혼이 있는, 내면의 비밀까지도 드러내는 현존하는 여인을 그리는 것이다. 그러나 화가와 모델 사이에 의사소통이 이루어지지 않는다면, 화가는 모델의 내면으로 들어갈 수 없을 것이며, 모델의 숨겨진 비밀을 알아내지 못할 것이다. 모델의 몸을 비틀고, 조각내고, 분해하고, 해부하면서 화가는 진실을 찾지만, 모델 마리안느는 자신의 비밀을 드러내지 않은 채 도전하고 저항한다.

절망했던 화가의 얼굴에 다시 생기가 돌면서 열정에 사로잡히게 되는 것은 마리안느가 스스로 움직이고 자신의 삶에 대해 스스로 말을 하면서, 즉 화가의 모델이라는 오브제로부터 하나의 주체가 됨으로써 생명력을 발휘하면서부터이다. 수도원에서의 어두웠던 어린 시절, 니콜라에 대한 사랑과 미움 등, 자신의 내면을 드러내면서부터 두 사람에게는 공감대가 형성되고 프렌호퍼는 다시 그림을 그릴 수 있게 된다.

그리고 그는 깨닫는다. 새로운 '아름다운 싸움꾼'을 완성하기 위해서는 십 년 전의 '아름다운 싸움꾼'을 지워야 한다는 것을. 사랑하는 아내와의 추억과 후회를 끌어안고는 다시 그림을 그릴 수가 없었던 것이다. 그러나

4 Michel Estève, "'La Belle Noiseuse' ou la Recherche de l'Absolu," *Etudes cinématographiques*, Vol 63, Jacques Rivette critique et cinéaste, présenté par Suzanne Liandrot-Guigues, Lettre moderne minard, Paris-Caen, 1998, p. 120.

과거를 지우려는 그의 시도는 실패한다. 리즈와 마리안느 두 여인이 겹쳐진 채 그 그림은 붉은 색으로 X표 쳐진다.

그 후 결국 '아름다운 싸움꾼'은 완성되지만 관객은 그 그림을 볼 수 없다. 화가는 그 그림을 벽 속에 가두어 버린 채 관객들에게는 가장 조악하고 하찮은 그림을 선보인다. 마치 그림을 돈으로밖에 생각할 줄 모르는 포르뷔스를 비롯한 수많은 속물들을 조롱하는 듯하다. 그리고 그는 위기에 처한 듯 보였던 리즈와의 일상적 행복을 선택한다. 그러나 니콜라는 프렌호퍼가 실패한 후 형편없는 그림을 내놓았다고 생각한다. 따라서 그의 눈에는 그 모든 것들이 코미디로 보일 뿐이다. 중년이라는 그의 나이가 예술적 도전이라는 모험보다는 일상의 행복을 선택하게 한 것인가? 절대에 대한 탐구는 인간의 사랑과는 갈등적 관계임을 그는 깨달은 것일까?

마리안느의 경우를 보자. 소설 속 질레드는 니콜라라는 젊은 화가의 예술적 영광을 위해 희생하는 '순종적이며 쾌활한', '우아하고 아름답고 귀여운 여인이다. 그러나 그녀는 소설 마지막에 한 구석에 팽개쳐진 가엾은 여인에 불과하다. 반면 영화 속 마리안느는 풍만한 여성적 몸을 지닌, 활기가 넘치는, 그러나 강렬한 시선을 가진, 결코 순하지 않은 강한 캐릭터의 여성이다. 프렌호퍼의 모델이 되기로 결정한 것은 니콜라에 대한 사랑 때문이었지만, 그것은 단순히 애인을 위한 희생이라기보다는 자신에 대한 일종의 도전이었다. 나흘 동안 모델을 서는 과정에서 그녀는 자신의 정체성을 발견해 가는 중심적 인물로 변화한다. 특히 그녀는 이 영화의 서술자 역할을 함으로써 이 영화가 그녀의 초점에서 만들어진 것임을 보여 준다. 영화가 시작되면 익명의 여인의 서술이 보이스 오프로 나온다. "그날은 마리안느와 니콜라에게 특별한 날이었다. [……]." 그리고 영화의 마지막 장면에서 우리는 동일한 음성의 보이스 오프 서술을 다시 듣는다.

마리안느는…… 바로 나다. 나였다(리베트, II, 1 : 47 : 36).

이 말은 이중적인 의미를 지닌다. 우선 관객은 이제까지 무초점화의 시각에서 전개된 것으로 이해되었던 모든 이야기가 사실은 마리안느의 내적 시점에 의한 것이었음을 깨닫게 된다. 한편 '나였다'라는 과거 시제를 통해 마리안느는 이제 더 이상 예전의 마리안느가 아니라는 사실도 알게 된다. 프렌호퍼의 그림에서 진실을 본 후, 즉 '차갑고 메마른' 자신의 참모습을 깨달은 후, 그녀는 다시 가면을 쓴 다른 마리안느로 살 것이기 때문이다.

프렌호퍼는 그림의 진실을 끌어내기 위해 모델의 비밀을 알고자 하지만 마리안느는 비밀을 감추고 드러내지 않는다. 그러나 모델은 자신의 몸을 '애무하고, 강간하고, 해부하는' 화가의 시선에 자신을 완전히 맡기지도, 자신의 비밀을 드러내지도 않은 채, 화가에 도전하고 저항한다. 따라서 안 마리 바롱Anne-Marie Baron이 지적했듯이 나체로 등장하는 배우의 몸은 음란한 인상을 주지 않는다.[5] 오히려 그 몸은 일종의 도발적인 반항이요, 도전이다. 특히 클로즈업으로 처리된 마리안느의 얼굴은 화가에게 마음의 문을 닫고 자신을 내보이지 않은 채, 화가로부터 오브제 취급을 당하는 것에 대한 분노로 가득한 그녀의 내면을 보여 준다.

그러나 화가가 절망하여 포기하는 것을 그녀는 받아들일 수 없다. 이제 그녀는 화가의 지시에 따라 움직이지 않는다. 그녀는 자신의 자리, 자신의 움직임, 자신의 시간을 스스로 찾음으로써 오브제로부터 주체로 변화한다. 그리하여 화가와 모델은 모두 주체가 되며, 그림 속의 이미지 역시

5 Anne-Marie Baron, "*Le Chef d'œuvre inconnu* de Balzac à Rivette," *L'Année balzacienne*, 1994, p. 97.

하나의 주체가 된다.

그날 이후 마리안느는 스스로 움직이고 스스로 말하면서 조금씩 내면을 보이기 시작한다. 처음 아틀리에에 들어왔을 때의 인상을, 어린 시절 수도원에서의 고통을, 옛날의 고열과 악몽을, 그리고 니콜라에 대한 사랑과 미움을 이야기하기 시작하면서 그녀는 화가의 시선에 맡겨진 하나의 오브제가 아니라 주도권을 쥔 하나의 주체가 된다. 바로 그 순간 그녀를 바라보는 화가는 과격하고 열정적인 모습으로 변한다. 그리고 비로소 그녀를 다시 그릴 수 있다. 그림은 완성되고 마리안느는 그 그림을 본다. 그러나 관객은 그 그림을 보지 못한다. 화가는 과연 생명이 담긴 그림, 영혼이 담긴 그림, 피가 흐르는 그림을 성공적으로 완성한 것일까? 영화는 그 결과에 대해 아무런 설명도 하지 않는다. 그러나 카메라는 클로즈업된 마리안느의 얼굴을 비춤으로써 그림 속의 여인과 실제 마리안느의 얼굴이 하나임을 암시한다. 마리안느의 얼굴 표정과 그 이후의 그녀의 눈물을 통해 우리는 마리안느가 그림에서 자신의 참모습을 보았고 그로 인해 절망했음을 알게 된다. 자신의 얼굴에서 자기밖에 모르고, 남을 사랑할 수 없는 '차갑고 메마른' 이기적인 인간의 모습을 발견한 마리안느는 니콜라를 떠날 수밖에 없다. 그리고 다시 또 다른 가면을 쓰고 다른 삶을 살기를 선택한다.

화가의 부인 리즈는 소설에는 존재하지 않는 인물이다. 소설 속 카트린느 레스코는 실제로는 존재하지 않는 그림 속의 모델일 뿐이다. 리즈는 십 년 전 프렌호퍼의 유일한 모델로서 '아름다운 싸움꾼'의 영감을 주었던 여인이지만, 이제 더 이상 그녀는 화가에게 영감을 주지 못한다. 착하고 부드러운 리즈와 독립적이고 강한 성격의 마리안느, 볼륨 없고 깡마른, 중성적인 리즈의 몸과 성적 매력이 넘치는 젊고 풍만한 마리안느의 몸은 서로 대조를 이룬다. 그뿐만 아니라, 리즈는 생명을 죽음으로 바꾸는 박제사이다.

새로운 모델과 작업을 시작한 남편에 대한 리즈의 감정은 이중적이다. 프렌호퍼를 사랑하기에 그녀는 그가 다시 그림에 대한 열정이 생긴 것을 다행스러워하면서 슬럼프에 빠진 남편에게 용기를 주기도 한다. 그러나 십 년 전 그녀 자신과 함께 보냈던 창작을 위한 공동체 생활, 즉 함께 숨 쉬고, 함께 생각하고, 함께 기뻐하고 절망했던 그 삶을 그가 다른 여자와 나누고 있다는 생각에 그녀는 고통스럽다.

미셸 에스테브는 〈누드 모델〉을 보면서 에드거 앨런 포Edgar Allan Poe의 단편 「어셔가의 몰락」을 떠올린다. 그 작품에서 화가는 아름다운 부인의 초상화를 그리면서 그림 속에 그녀의 영혼을 담고자 한다. 그러나 생명이 담긴 그림이 완성된 후 기쁨의 탄성을 외치며 돌아섰을 때 화가는 죽어버린 아내를 발견하게 된다. 이 작품은 1920년대 프랑스 아방가르드 영화를 대표하는 장 엡스탱Jean Epstein에 의해 영화로 만들어졌다. 엡스탱은 포의 소설을 영화로 만들면서 영혼이 담긴 것처럼 보이는 초상화 속 이미지를 제시한다.

프렌호퍼가 '처음에는 그녀를 사랑했기에 그녀를 그리고 싶어했고, 또한 그녀를 사랑했기에 더 이상 그녀를 그리고 싶어하지 않았다'면 그는 포 소설 속 주인공처럼 영혼이 담긴 아내의 초상화를 그림으로써 아내를 잃고 말 것이라는 것을 알았기 때문일까? 자신의 예술을 위해 리즈를 포기할 수 없었던 화가는 결국 예술을 포기하고 만다.

프렌호퍼가 마리안느를 그릴 수 있다는 자신감을 가지게 되었을 때 처음 한 작업은 리즈의 초상화를 마리안느의 몸으로 덮어 버린 것이다. 과거의 '추억과 회한을 안고는 도저히 그림을 그릴 수 없었기' 때문이다. 이

6 Michel Estève, 앞의 논문, p. 123.

장면에서 감독은 초상화 속의 리즈의 얼굴과 마리안느의 얼굴을 번갈아 클로즈업하면서 두 여인의 갈등 관계를 암시한다. 그런데 리즈의 초상화를 보면서 우리는 그녀의 기형적으로 큰 손을 주목하게 된다. 신체의 한 부분에 대한 페티시즘적 집착은 발자크의 작품에서 영감을 얻은 것처럼 보인다. 발자크의 '아름다운 싸움꾼'은 화폭 전체가 카오스 상태이고 그 안에는 아무 형태도 존재하지 않은 채, 한 귀퉁이에 조그맣고 섬세한 발만 보인다. 소설과 달리 영화에서의 페티시즘은 손으로 모아진다. 아마도 박제하는 여인의 손, 생명을 죽음으로 바꾸는 손에 대한 강박적 사고가 화가로 하여금 커다란 손을 그리게 했을 것이다. 삶을 고정시키는 박제사의 커다란 손은 생명이 충만한 살아 있는 여성의 몸, 그 중에서도 특히 생식을 상징하는 마리안느의 엉덩이로 대체된다.

3. 재현에서 현존으로

발자크는 「미지의 걸작」에서 회화, 즉 이미지에 생명과 영혼이 담겨 있어야 한다는 19세기 사실주의 예술론을 피력한다. 문학은 언어라는 기호의 표현이므로 발자크는 언어로 예술론을 피력할 수밖에 없었고, 따라서 그의 「미지의 걸작」은 사건이나 인물들의 행위보다는 관념적인 예술론에 대부분의 페이지를 할애하고 있다. 그러나 발자크의 소설이 보여 주듯 이미지에 영혼을 불어넣고 싶어했던 19세기 사실주의의 꿈은 실현이 불가능해 보인다. 영화라는 매체의 출현은 회화가 행하지 못했던 움직임, 소리, 그리고 시간의 재현을 통해 이미지에 영혼을 불어넣는 꿈이 어쩌면 실현될 수도 있을 것이라는 희망을 갖게 했다.

19세기 후반에서 20세기 초 사이 유럽에서는 인류학, 종교학, 사회학 등이 발달하면서 타일러Edward B. Tylor, 프레이저James G. Frazer, 뒤르켐Émile Durkeim 등을 중심으로 애니미즘에 대한 연구가 활발히 진행되었다. 애니미즘이란 생물이나 무생물을 막론하고 모든 것은 살아 있는 것이라고 주장하는 사상이다. 루이 델뤽Louis Delluc, 장 엡스탱, 제르멘느 뒬락Germaine Dulac 등 1920년대 프랑스 아방가르드를 대표하는 영화 감독들은 애니미즘 연구의 영향을 받아 만물에 영혼이 있다고 생각하게 되었고, 그러한 생각은 영화나 회화의 재현된 이미지에도 영혼이 담겨 있다는 사고로까지 발전하게 된다. 그들에게 이미지는 더 이상 재현의 수단이 아니라, 살아 숨쉬면서 현존하는 주체가 되는 것이다. 엡스탱에 의하면 영화는 "그것이 지시하는 모든 것에 생명의 외양을 부여하는" 일종의 "애니미스트적 언어"[7]가 될 수 있다. 영화는 렌즈, 마이크 편집, 속도 조절, 절단 등 그것의 모든 기술과 장치를 동원해 생물이나 무생물을 막론하고 세계의 모든 사물을 감정이 있는 존재로 바꾸어 놓는다. 특히 이미지의 "가속과 감속의 기술은 산 것과 죽은 것 사이의 경계를 허물며 무생물에 생명을 부여한다. 사물들의 생명을 드러내고 돌을 식물화하고 식물을 동물화하며 짐승을 인간화하면서, 이 모든 존재들을 우리의 감각과 우리의 이성에 더 가까이 가져다 놓는"[8] 영화를 엡스탱은 추구했던 것이다.

애니미즘적 사고가 추구하는 것은 만물에 이름이 있고 영혼이 있던 태초 원시 시대로 돌아가는 것이다. 재현을 넘어서 현존에 이르는 예술을 추구하는 화가들에게 나체의 여인은 태초의 원시 상태를 상징한다. 영화 속 프렌호퍼가 말하듯 알몸의 여인에게서 화가가 보는 것은 여인의 "가슴이나 배, 허벅지, 그리고 엉덩이"가 아니라 "소용돌이, 우주, 파도, 블랙

7 Jean Epstein, "De quelques conditions de la photogénie"(1923), *Ecrits sur le cinéma : 1921–1953*. Editions Seghers, 1974, p. 140.

8 Jean Epstein, "L'intelligence d' une machine"(1935), 같은 책, p. 244.

홀" 즉 "근원의 혼돈"인 것이다. 발자크의 프렌호퍼가 완성한 마지막 걸작에서 두꺼운 물감들이 뒤엉킨 혼돈밖에 볼 수 없었다면 그것이 바로 근원적 존재의 진실이기 때문이 아닐까?

리베트는 젊은 시절부터 실시간 동안의 촬영과 상영이라는 영화적 장치를 통해 실제 시간을 느끼게 함으로써 영화는 재현 매체가 아니라 현존 매체임을 알리고자 노력했던 영화인이다. 그는 〈누드 모델〉을 통해 발자크의 19세기 회화론에서 제기되어 왔던 재현과 현존의 문제에서 출발하여, 대상에 대한 입체적 재현 및 대상에 대한 해체적 · 분석적 재현을 통해 회화의 마지막 단계, 즉 영혼이 담긴 그림을 그리고자 하는 화가의 고뇌를 표현하고자 한다. 그가 창조해 낸 프렌호퍼라는 화가는 세잔이 추구했던 입체적 재현, 그리고 피카소가 탐구했던 해체적이고 분석적이며 입체적인 재현을 뛰어넘어 영혼이 담긴 진짜 현존에 이르는 그림을 그리고자 했던 것이다.

앞서 우리는 영화 속 인물들의 분석을 통해 생명이 담긴 그림을 그리기 위한 화가의 노력을 살펴보았다. 그렇다면 리베트는 예술적 재현을 넘어서 현존에 이르는 영화를 만들기 위해 어떤 영화적 장치를 사용하고 있을까? 결론부터 말하자면 리베트는 시간과 공간, 그리고 소리를 확대함으로써 관객으로 하여금 실제감과 현존성을 느끼면서 그 상황에 함께 존재하도록 유도한다.

시간

모든 서술에는 두 가지 시간성이 존재한다. 하나는 서술된 사건의 시간성, 즉 스토리의 시간성이고, 다른 하나는 서술하는 행위 자체의 시간성이다. 제라르 주네트Gérard Genette는 하나의 이야기에서 사건은 스토리의 시간 순서, 사건의 지속 시간, 그리고 사건 개입의 빈도에 의해 정의될 수 있다고 주장한다. 그리고 지속 시간에는 휴지, 장면, 요약, 생략 등의 주요 서술 리듬이 존재한다.[9] 주네트의 서사 이론은 영화에도 적용될 수 있다. 특히 영화에서 지속 시간은 소설과 차별을 이루는 중요한 요소이다. 언어라는 단성적인 매체로 씌어진 텍스트인 문학과 달리 영화에는 말, 글(자막)뿐 아니라 더 분명한 시간성을 지닌 필름 촬영의 시간과 상영의 시간이 존재하기 때문이다. 또한 독서의 시간이 가변적인 문학에서보다 상영 시간이 정해진 영화에서 지속 시간은 더 큰 중요성을 지님은 자명한 사실이다.

리베트는 영화라는 매체에서 가장 중요한 것은 시간성이며, 영화의 진실은 지속 시간에 있다고 생각한 감독이다. 그는 특히 지속 시간의 네 범주 중 서술된 사건의 시간과 행위 자체의 시간이 일치하는 '장면'을 시간 구축의 주요 요소로 사용했다. 일반적으로 영화는 시간의 축약을 통해 시간의 흔적을 보여 준다. 그러나 리베트는 사건이 일어나는 실제 시간을 느끼게 함으로써 관객으로 하여금 그 사건에 함께 동참하도록 한다. 다시 말해서 리베트에게 시간은 재현을 넘어 현존에 이르는 예술을 표현하기 위해 가장 중요한 영화적 장치였던 것이다. 그런 점에서 그가 회화라는 매체를 선택한 것은 우연이 아니다. 자크 오몽Jacques Aumont은 일반적으로 그림을 그리는 것은 시간과 관계됨을 지적한다. 근본적으로 회화란 그려진 것의 영구화, 시간 흐름의 유예, 물리적 시간에서 초월적 시간으로의 변형이기 때문이다.[10] 그러나 영화인들에게 시간과 회화 사이의 관계

9 휴지는 서술의 일정 지속 시간에 대해 스토리의 지속 시간은 전혀 없는 경우이다. 장면에서는 서술의 시간과 스토리의 시간이 동일하다. 요약은 서술의 시간이 스토리의 시간보다 짧은 경우이며, 생략에는 서술의 시간이 스토리의 시간보다 무한대로 더 많다(앙드레 고드로, 프랑수아 조스트, 『영화서술학』, 송지연 옮김, 동문선, 2003, 162쪽).

는 그러한 특별한 관계를 넘어선다. 오몽은 엡스탱의 〈어셔가의 몰락〉에서 그 예를 찾는다. 오몽에 따르면 엡스탱은 시간 자체와 동등해지고 시간에 동화되며 시간 안에 들어가는 것을 목표로 하는 화가 로드릭을 통해 회화에서 중요한 것은 시간을 그리고, 시간이 되고, 시간과 함께 시간으로 존재하는 것임을 보여 주었다는 것이다.[11]

소설 「미지의 걸작」에서 그림 그리는 과정은 생략된다. 단 몇 줄로 화가가 그림을 그리고 있음을 알려 줄 뿐이다. 문자라는 단일 매체로밖에 표현할 수밖에 없는 문학에서는 예술가의 고뇌를 표현하기 위해 화가의 탐구 과정을 길고도 장황하게 설명해야 한다. 그러나 영화는 예술가의 입을 빌려 자신의 고통을 길게 나열할 필요가 없다. 며칠 간의 그림 그리는 모습, 수많은 스케치, 잠 못 이루는 밤, 그의 표정과 행위 등을 영상으로 보여 줌으로써 관객은 화가의 고뇌를 읽을 수 있기 때문이다. 따라서 〈누드 모델〉의 경우 고통이 담긴 창작 과정이 영화의 주된 내용을 이룬다. 화가의 망설임, 몸짓, 노력, 점과 선들, 물감 반죽, 습작들의 시도, 그리고 펜, 목탄, 붓 등의 도구 등 창작 과정에 필요한 모든 것들과 함께 지속 시간은 기호로서 작용한다.

〈누드 모델〉은 첫날의 만남과 나흘 간의 그림 제작, 그리고 마지막 날의 그림 발표 등 총 엿새에 걸쳐 일어난 일이며, 관객이 보는 시간은 네 시간이다. 리베트는 특히 나흘 간의 제작 과정 중에 일어나는 준비 과정, 펜과 목탄의 놀림, 붓과 물감의 터치 등을 거의 실제 걸린 시간과 유사하게 보여 준다. 그는 시간의 흔적을 보여 주는 것이 아니라 시간 그 자체를 보여 주는 것이다.

10 자크 오몽, 『영화 속의 얼굴』, 김호영 옮김, 마음산책, 2006, 179쪽.
11 같은 책, 179쪽.

관객들은 배우 미셸 피콜리의 표정과 더불어 화가 베르나르 뒤푸르의 현란한 손동작을 보면서 그림이 제작되는 과정에 참여한다. 관객들은 화가의 손과 화가의 얼굴, 그리고 그림들을 번갈아 본다. 그리고 다양한 각도의 수많은 그림들을 그리면서 모델의 움직임과 정신까지도 끌어내려는 화가의 탐색 과정에 동참하게 된다. 지루하게 느껴지는 롱 테이크의 화면을 통해 실제 시간을 느끼게 함으로써 관객으로 하여금 영화라는 매체가 단순한 재현을 넘어서 현존에 이를 수 있음을 보여 주고자 하는 것이다.

그림을 그리기 시작한 첫날, 아틀리에로 들어가 그림 그릴 준비를 하는 과정의 장면은 관객들이 지루할 정도로 길다. 오랜 시간 동안 버려져 있던 화구들을 찾고, 의자들을 정리하고, 화첩을 꺼내고 펜과 잉크를 준비하는 과정은 6분에 걸쳐 길게 그려진다. 첫날 총 다섯 개의 포즈가 영상에 담기는데 그 포즈들은 각각 2분, 4분, 4분, 5분, 그리고 7분 동안 지속된다. 33분 가량 지속되는 첫날의 아틀리에 장면은 침묵으로 일관한다. 그 시간 동안 관객에게 들리는 소리는 물건을 치우는 소리, 종이 넘기는 소리, 펜 소리, 붓 소리, 목탄 소리뿐이다. 펜 소리는 너무 날카로워 관객들의 귀에 거슬릴 정도이다. 그들의 대화는 거의 없다. 33분 동안 관객이 듣는 대사는 "그냥 이렇게 시작해요. 아무렇게 시작해도 좋아요. 고마워요.", "아무데나 앉아요.", "앉아요, 날 보세요.", "위에 가운이 있어요.", "안 올 줄 알았어요." 등에 불과하며 화가와 모델의 대화는 거의 없다.

둘째 날의 아틀리에 장면은 40분이 넘게 계속되지만, 그림 제작 과정보다는 모델의 다양한 포즈를 통해 입체감과 운동감, 그리고 영혼이 담긴 그림을 그리고자 하는 탐구 과정과 화가의 이야기에 초점이 맞추어지면서 화가의 예술론이 펼쳐진다.

셋째 날은 마리안느가 스스로 주체가 됨으로써 프렌호퍼가 다시 그림을 그리기에 이른 날이다. 화실 장면의 시간은 26분 정도이며, 그 중 리즈를 지우는 그림을 그리는 과정은 8분에 가까운 긴 시간 동안 지속된다. 관객들은 화가의 손, 배우의 얼굴, 그리고 두 개의 겹쳐진 그림을 비추는 카메라를 따라가면서 하나의 그림이 지워지고 새로운 그림이 그려지는 과정을 실제로 경험하게 된다.

넷째 날, 마지막 그림을 완성하는 과정은 축약된다. 관객들은 단지 그림을 바라본 후 자신이 어떤 존재인지를 깨닫게 되면서 분노하고 절망하는 마리안느의 모습만 볼 수 있을 뿐이다.

공간

모든 서술은 행위를 수용하는 공간적 틀을 필요로 한다. 특히 영화 서술의 기본 재료인 영상은 '본질적으로 공간적 기표'이다.[12] 문자라는 하나의 매체로 표현되는 문학은 행위와 그 행위가 일어나는 배경 등 모든 것을 동시에 말할 수 없다. 하나의 공간에서 여러 개의 사건이 벌어진다 해도 작가는 그것을 따로따로 말해야 한다. 그러나 영화는 공간적 좌표에 대한 모든 정보와 더불어 한 공간 안에서 일어나는 여러 사건을 한꺼번에 보여 준다. 카메라에 대한 기술적 발전은 영화 서술의 측면에서 다양한 표현 방식을 제공했다.

리베트는 공간적 기호를 잘 사용한 감독이다. 남프랑스라는 공간, 프렌호퍼의 대저택, 그리고 화실과 박제실이라는 두 작업 공간은 감독에 의해 독창적으로 표현된다. 남프랑스의 밝은 햇살과 자연의 아름다움은 아틀리에의 어두운 조명, 그리고 예술가의 고뇌와 대조를 이루고, 밝은 빛이 가득하고 창문이 늘 열려 있는 리즈의 작업실은 닫힌 공간인 아틀리에와 대

12 앙드레 고드로, 프랑수아 조스트, 앞의 책, 125쪽.

립적이다. 대저택의 위용, 벽에 걸린 키메라 태피스트리, 테라스로 통하는 침실 등 모든 공간들은 상징적이다. 그러나 이 영화에서 가장 중요한 공간은 프렌호퍼의 아틀리에임은 의심의 여지가 없다.

리베트는 카메라의 자유로운 이동과 움직임을 통해 아틀리에라는 공간을 단순한 재현적 기호를 넘어 현실적으로 존재하는 공간으로 만든다. 공간을 표현하기 위해서는 트래블링 쇼트를 사용할 수도 있었을 것이고, 여러 개의 쇼트를 편집하는 몽타주 기법을 사용할 수도 있었을 것이며, 홍상수처럼 고정 쇼트를 사용할 수도 있었을 것이다. 그러나 리베트는 실내 공간을 최대한 현실적으로 느끼게 하기 위해 롱 쇼트와 더불어 카메라를 몸에 부착하여 돌아다니면서 찍는 스테디캠steadicam[13] 쇼트를 많이 사용함으로써 공간을 입체적으로 보여 준다. 그리고 입체적인 공간은 영상에 현실감을 부여한다.

또한 수많은 그림들, 여기저기 널려 있는 이젤들, 그리고 창문과 문 등을 통해 프레임을 이중 삼중으로 겹치게 함으로써 깊은 초점과 심도 있는 화면을 제시한다. 액자 속 액자 구조의 이미지는 현실과 허구, 재현과 현존의 상호 침투성에 대한 일종의 기호이다. 그뿐만 아니라 화가의 손과 배우의 얼굴을 하나로 만들기 위해 대상들을 잘라내어 파편화된 이미지로 만든다. 예술가의 고뇌가 담긴 배우의 얼굴, 그리고 현란한 솜씨의 화가의 손놀림은 번갈아 제시되지만 관객들은 두 사람을 구별하지 못한 채 그림 그리는 화가의 솜씨와 고뇌를 동시에 본다.

재현에서 현존으로 넘어가기 위한 또 하나의 영화적 장치로 클로즈업

13 1970년대 중반 미국의 가넷 브라운Garnet Brown에 의해 고안된 스테디캠은 카메라를 갑옷처럼 몸에 부착시킨 후 자유자재로 돌아다니면서 찍음으로써 핸드헬드(들고 찍기)의 단점을 보완한다. 핸드헬드는 걸어다니면서 찍을 수 있기에 생생한 느낌을 주지만 화면이 흔들린다는 단점이 있다. 장뤽 고다르Jean-Luc Godard는 핸드헬드의 흔들리는 영상 자체를 부각시킴으로써 영화는 영화일 뿐임을, 즉 영화는 하나의 허구임을 강조했다.

을 들 수 있다. 엡스탱은 영화 이미지의 독자성은 정신적인 것을 드러내는 데 있다고 주장한다. 그러면서 한편으로는 영화 이미지의 정신적 특질에 해당하는 개념으로 '포토제니'[14]를 제시하고, 다른 한편으로는 '영화의 영혼'을 담아낼 수 있는 형식으로 '클로즈업'을 강조한다. 즉 클로즈업이 포토제니이고, 포토제니가 클로즈업인 것이다. 특히 포토제니가 순간의 가치인 이상 클로즈업은 짧을수록 더 효과적이며, 실제로 하나의 얼굴 쇼트는 "순간적으로만 포토제니가 될 수 있다." 그런 점에서 공간적 확대인 클로즈업은 중요한 영화적 장치이다. 〈누드 모델〉에는 클로즈업 혹은 클로즈업 화면이 여러 번 등장한다. 앞서 언급했듯이 클로즈업된 마리안느의 얼굴에서 처음에는 벗은 몸으로 남자 앞에 선 수치심과 더불어 함부로 다루어짐에 분노를 읽을 수 있었다면, 그림 완성 후의 마리안느의 얼굴은 자신이 어떤 존재인지 깨닫고 난 후의 고통과 절망하는 심리를 보여준다. 이처럼 확대된 얼굴을 통해 관객들은 그 속에서 인물의 정신적 특질과 심리적 상태를 읽는다. 순간적으로 포토제니를 가능하게 함으로써 관객들은 영화라는 재현을 넘어 현존하는 얼굴, 영혼이 담긴 얼굴을 보게 되는 것이다.

소리 역시 재현으로부터 현존에 이르게 하는 영화적 장치로 사용된다. 특히 실제의 다른 소리들은 모두 삭제된 채 그림을 그릴 때의 펜 긁는 소리와 목탄 소리, 물감 섞는 소리, 붓놀림의 소리 등을 극도로 증폭시킴으로써 실제감을 느끼게 하는 동시에 현존에까지 이르게 한다.

14 엡스탱은 다음과 같이 포토제니를 정의한다. "영화적 복제에 의해 그 정신적 특질이 증가된 사물들, 존재들, 영혼들의 모든 외양을 나는 '포토제닉하다'라고 부른다"(Jean Epstein, "De quelques conditions de la photogénie," 앞의 책, p.140).

4. 나오는 말

리베트는 젊은 시절부터 실시간에 가까운 상영 시간의 영화를 시도하면서 영화란 단순한 재현 매체가 아니라 현존 매체임을 깨닫게 하고자 노력했던 감독이다. 단순한 재현에 그치는 소설을 넘어 현실감을 느끼게 하는 소설을 원했던 발자크에 동감한 리베트는 발자크의 인물 프렌호퍼를 창조하여 발자크의 꿈을 다시 한 번 시도해 보고자 한다.

발자크 소설 속 화가는 자신이 완성한 그림에서 실제 살아 있는 완벽한 여인을 본다. 자신의 작품 '아름다운 싸움꾼'에서 살아 숨쉬는 여인을 보는 프렌호퍼의 말을 들어보자.

> 예술이 어디 있는가? 사라졌어! [……] 난 정말로 이 여자가 살아 숨을 쉬고 있다고 생각하네! 이 가슴이 보이는가? 아아! 누가 무릎 꿇고 경배하지 않겠는가? 살결이 파닥거리고 있어. 그녀가 일어나려고 하네(발자크, 1997: 120).

그러나 포르뷔스의 눈에도 푸생의 눈에도 그것은 혼란스러운 물감 덩어리에 불과할 뿐이다. 결국 화가는 그 그림을 천으로 덮은 채, 다음날 그림들과 함께 죽어 버린다. 리베트의 프렌호퍼 역시 그림을 벽 속에 감추어 버림으로써 아무도 그것을 보지 못한다. 화가 자신과 마리안느, 그리고 리즈만이 그 그림을 보았을 뿐이다. 그러나 리베트의 프렌호퍼는 죽음을 택하지 않는다. 노년의 일상적 행복을 깰 용기가 없기에, 예술적 성취를 획득했다고 생각하는 순간 그는 더 이상의 미련 없이 아내와의 일상적인 행복을, 지상에서의 아름다운 삶을 선택한다. 리즈가 지적하듯 그것이 비록 예술가로서는 죽음과도 같은 삶일지라도 말이다. 리즈의 말을 들어보자.

오늘 아침 당신이 자는 모습을 보면서 무슨 생각을 한지 알아요? [……] 당신이 죽었다는 것, 나도 역시 죽었다는 것을 생각했지요. [……] 그리고 나면 우리는 아주 희한한 사랑을 나누겠지요. 무덤에서 처음으로 같이 자면서……" (리베트, II, 1 : 38 : 15).

그림의 뒷면에 십자가를 표시하는 리즈의 행위는, 마치 무덤 앞의 십자가를 표시하듯이, 그림의 죽음을, 그리고 나아가서 화가의 죽음을 상징할 것이다.

절대적인 그림을 추구하면서 그림 속의 여인에게서 실재하는 여인, 살아 숨쉬는 여인을 보고자 했던 예술가의 고뇌가 발자크 작품의 주제라면, 리베트는 그 작품으로부터 영감을 받은 영화를 통해 단순한 재현에 그치지 않고 관객과 함께 살아 숨쉬는 영화를 만들고자 했던 영화인의 고뇌를 표현하고자 했던 것이다.

그러나 많은 제작비가 필요한 영화라는 매체는 항상 경제성을 염두에 두어야 한다. 네 시간이라는 영화 상영 시간은 제작자에게나 관객에게나 여간 부담을 주는 것이 아니다. 리베트가 2003년 네 시간짜리 〈누드 모델〉을 두 시간으로 축약 편집하여 〈아름다운 싸움꾼―디베르티멘토〉라는 제목으로 세상에 내놓은 것은 일종의 현실과의 타협이 아닌가 생각된다. 〈누드 모델〉은 리베트 영화사에서 일종의 터닝 포인트였던 것 같다. 그 이후 리베트 영화들의 러닝 타임은 두 시간을 넘지 않는다. 영화 속 프렌호퍼가 더 이상의 모험을 포기한 채 일상의 행복을 선택했듯이, 리베트 역시 실시간 영화 제작의 한계를 느끼고 재현이냐 현존이냐에 대한 갈등을 포기한 것일까?

2007년 리베트는 발자크의 소설 『랑제 공작부인』을 원작으로 한 〈도끼에 손대지 마라〉를 제작한다. 그런데 이 영화는 무대 배경이나 인물들,

주제 등이 발자크의 원전과 거의 일치한다. 다시 말해서 그는 각색이 불가능하다던 발자크의 작품을 각색한 것이다. 그것은 리베트에게 또 하나의 도전, 이전과는 다른 형태의 도전이었을 것이다.

참고 문헌

발자크, 오노레 드,「미지의 걸작」,『사라진느』, 이철 옮김, 문학과지성사, 1997.

Balzac, Honoré de, *Le Chef d'oeuvre inconnu*, T. 6, Paris, Ed. du Seuil, 1966.

Rivette, Jacques, 'La Belle Noiseuse' (DVD), Alto media, 1991.

고드로, 앙드레 · 조스트, 프랑수아,『영화서술학』, 송지연 옮김, 동문선, 2003.

김호영,『프랑스 영화의 이해』, 연극과 인간, 2003.

마니, 조엘,『시점』, 김호영 옮김, 이화여자대학교출판부, 2007.

모나코, 제임스,『뉴 웨이브』 전 2권, 주은우 옮김, 한나래, 1996.

바누아, 프랑시스,『영화와 문학의 서술학』, 송지연 옮김, 동문선, 2003.

보니체, 파스칼, 홍지화 옮김,『영화와 회화: 탈배치』, 동문선, 2003.

서정남,『영화 서사학』, 생각의 나무, 1997.

스피겔, 엘런,『소설과 카메라의 눈』, 박유희 · 김종수 옮김, 르네상스, 2005.

시에티, 엠마뉴엘,『쇼트』, 심은진 옮김, 이화여자대학교출판부, 2006.

오몽, 자크,『영화 속의 얼굴』, 김호영 옮김, 마음산책, 2006.

한택수,「아뜰리에와 여성: 영화 텍스트를 통한 문학 텍스트 읽기 : 발자크의 단편 소설「미지의 걸작」과 리베뜨의 영화 〈아름다운 싸움꾼〉을 중심으로」,『프랑스 어문교육』 제23집, 2006.

Baron, Anne-Marie, *Balzac cinéaste*, Paris, Méridiens Klincksieck, 1990.

____, '*Le Chef d'oeuvre inconnu*, de Balzac à Rivette,' *L'Année balzacienne*, 1994.

Bonitzer, Pascal, "Inscrire la peinture au cinéma," *Art press* N° 163, Ed. Art Press, Novembre 1991.

Chateau, Dominique, "La Visite de l'atelier dans <La Belle Noiseuse>," *Etudes cinémathographiques*, Vol. 63, Jacques Rivette critique et cinéaste, présenté par Suzanne Liandrot-Guigues, Lettre moderne minard, Paris-Caen, 1998.

Epstein, Jean, *Ecrits sur le cinéma : 1921-1953*, Paris, Editions Seghers, 1974.

Estève, Michel, "<La Belle Noiseuse> ou la recherche de l'absolu," *Etudes cinémathographiques*, Vol. 63, Jacques Rivette critique et cinéaste, présenté par Suzanne Liandrot-Guigues, Lettre moderne minard, Paris-Caen, 1998.

Garcia, Alain, *L'Adaptation du roman au film*, Paris, If Diffusion, 1990.

한국에서 프랑스로, 소설에서 만화로:
『짜장면』의 경우*

이수진

1. 프랑스로 간 한국 만화

문화권이라는 경계를 넘어 번역된 작품이 소개되었을 때, 그 원작이 창작된 문화권에서 느낄 수 있는 고유한 특성이 있는 것일까? 다른 문화권의 독자들은 그것을 인지하는가? 예술 작품이 그 나라의 문화를 반영하고 정서를 표현하는 중요한 매체라는 관점은 보편타당한가? 각 개별 작가는 혹은 작품은 문화권의 경계를 내재하고 있는가? 내재된 경계는 문화 소통에 부정적인가 긍정적인가? 사실 "경계의 메커니즘이란 나와 남, 주체와 타자, 내부와 외부를 가르는 '대립적 분할'의 기능에 전적으로 귀속되는 바, 그것은 개인 심리의 개체적 차원에서 특정한 민족 문화의 차원까지 걸쳐 있는 정체성의 일반 원리"[1]에 복무한다고 할 수 있다. 따라

* 이 글은 『한국프랑스논집』 제63집에 게재된 논문을 수정·보완한 것임을 밝혀 둔다.

서 경계에 관한 사유는 곧 정체성의 문제를 고민하는 지점과 통한다고 하겠는데, 이 글은 한국 문화권의 경계를 넘어 프랑스에 소개된 작품이 내재하고 있는 '한국적인 감수성'에 관한 호기심에서 출발했다고 할 수 있다. 문화권의 경계를 선 긋는 (혹은 흐리는) 그리하여 문화권을 넘어서는 공감을 이끌어 낼 수 있는지에 대한 답을 찾으려는 과정에서, 만화라는 구체적인 경우를 통해 생각해 보고자 한다.

2008년 1월 28일 한국 만화가들이 프랑스 퐁피두센터에서 개최된 독자와의 만남 행사를 위해 초대되었다.

> 최근 유럽에 유행하고 있는 아시아 예술 장르에 대한 호기심과 열정 속에, 한국 만화에 대한 관심 역시 높아지고 있다. 이는 특히 몇 년 전부터 한국 만화를 프랑스에 소개하고 있는 선견지명의 몇몇 출판사 덕분이라 하겠다. 다양하고, 새롭고, 우리의 호기심을 자극하는 한국 만화의 대표 작가 8명이 프랑스 독자에게 그들의 작업을 알리려 서울에서부터 파리까지 긴 여행을 했다. 대중 지향 만화에서부터 작가주의 만화까지, 너무나 다양한 장르로 한국의 흥미롭고 개성 있는 문화를 소개하는 한국 만화의 지평을 발견하는 특별한 기회가 될 것이다.[2]

제35회 앙굴렘 국제 만화 페스티벌(2008. 1. 24~1. 27) 폐막식 바로 다음 날 파리에서 개최된 이 행사는, 5년 전부터 프랑스에 소개된 한국

1 김수환, 「경계 개념에 대한 문화기호학적 접근」, 『기호학연구』 23집, 2008, 496쪽.

2 퐁피두센터 공공정보도서관 BPI은 2006년 앙굴렘 국제 만화 페스티벌의 협력 사업으로 평균 2개월에 한 번 〈만화 영역〉이라는 제목의 토론회를 개최하고 있다. 또한 페스티벌에서 매년 선정된 50권 정도의 단행본을 도서관 내 예술 분야에 비치, 만화 소장사업도 진행 중이다(토론회 〈한국과의 만남〉 초대 작가 : 김동화, 이두호, 이희재, 이현세, 오세영, 강도하, 이현숙, 김수용).

만화의 발전상을 증명하는 의미 있는 자리라 하겠다. 한국 만화는 제30회 앙굴렘 페스티벌에서 주빈국으로 초대된 것을 계기로 처음 'Manhwa'라는 이름으로 프랑스 독자들을 만나기 시작했다. 이후 꾸준히 번역 발행된 작품들은 어느덧 750편을 육박하고 있고, 프랑스 출판 만화 시장에서 아시아 만화의 시장 점유율이 2007년 통계 43.12%를 차지하는 데 적지 않은 비중을 차지하고 있다. 1990년대 중반 망가manga를 본격적으로 수입하기 시작한 프랑스 만화 시장에서 이미 아시아 만화의 강세는 인정할 수밖에 없는 문화 현상이 되었으며, 2000년대 후반 아시아 만화는 더 이상 일본 망가와 동의 개념이 아닌 세분화 작업이 진행되고 있는 중이다. 이 과정에서 중추적인 역할을 하는 나라가 바로 한국일 것이다.

프랑스 사람들에게 일본 망가와 한국 만화를 구별하는 일은 흥미로워 보인다. 사실 그들에게는 닮은 것 같으면서도 다른 두 문화를 구별하는 일조차 약간은 버거울 터인데, 그 중에서도 특히 비슷하게만 보이는 두 문화권의 만화들을 구별하는 일이란 재미있는 도전이 아닐 수 없다. (그들이 발견한 혹은 한국이 주장하는) 차이를 간략하게 말하자면, 한국 만화는 '다양'하고, '역동'적이란 특색을 지닌다. 이는 책의 판형, 유통망 등 산업적인 측면에서도 논의되지만, 다양한 장르와 작가군의 폭넓음이란 창조의 측면에서도 이야기된다. 잡지 연재 후 단행본 발행이라는 생산 구조가 지배적인 일본에 비해 한국은 이 밖에도 학습 만화, 대본소, 신문 연재, 기획 출판, 인터넷 만화 등의 공존으로 좀 더 열린 구조를 지니고 있다. 김동화, 이현세, 허영만, 이희재 등 50~60세 연령대의 노장 작가와 더불어 강풀, 강도하, 변기현, 변병준, 최규석 등 20~30대의 젊은 작가들, 황미나, 신일숙, 천계영 등 남성 작가만큼이나 활동적인 여성 만화가 등등, 작가군의 다양성을 들 수 있다. 그뿐만 아니라 『천추』(프랑스 발행 한국 만화 최대 판매 부수 기록, 2007년 3만 부 인쇄), 『프리스트』, 『오디션』, 『모델』 등 대중적인 장르 만화와 더불어 『꽃』, 『빨간 자전거』, 『위대한 캐츠비』, 『달려라 봉구야』, 『습지생태보고서』 등 작가주의 만화라고 지칭되는 작품까지 내용적인 측면에서도 다양하다.

2. 프랑스에서의 한국 만화와 『짜장면』 작가들

2003년 1월 한국 만화가 프랑스 대중에게 처음으로 공식적인 인사를 할 무렵, 최규석과 변기현은 만화과 재학 중 유망주로 각광받으면서 그들의 작품을 소개했다. 이들은 졸업 후 한국에서 각자 창작 활동에 매진하며 『로또 블루스』(2005), 『고양이 Z』(2007)와 『공룡 둘리의 슬픈 오마주』(2004), 『습지생태보고서』(2005) 등을 발표한다. 그리고 이 작품들은 각각 *Lotto Blues*(2006), *Z le chat*(2007), *L'amour est une protéine* (2006), *Le Marécage*(2006)란 제목으로 프랑스에서 번역되었다. 두 작가의 첫 작품부터 가장 최근작까지 모두 프랑스에서 발행되었다는 사실은 프랑스 출판사들이 두 작가에게 지대한 애정을 표현하며 그들을 지지한다는 것을 간접적으로 혹은 직접적으로 증명해 준다. 또한 이 두 작가는 본인들의 작품을 출간한 출판사 다르고와 카스터만의 초청으로 2006년, 2007년 앙굴렘 페스티벌에 초청되는 기회도 맞게 된다. 2003년 한국을 대표하는 작가 19인의 전시에 작은 공간조차 없었던 대학생들이 3년 후 출판사의 초청으로 의연하게 독자와의 만남, 사인회의 주 초청 작가가 되었다는 사실은 작가들 개인적으로도 뿌듯하고 기쁜 일이겠으나, 좀 더 확장된 해석을 적용해 보자면 한국 만화가 어렵게 본연의 이름을 Manhwa로 알리려 첫걸음을 시작한 시기부터 3~4년 후 나름의 독자를 확보하며 독자적인 영역을 구축해 가고 있는 현상의 모범 사례라 말할 수도 있을 것이다.

1996년, 다르고출판사는 이현세의 『엔젤 딕』, 『아마게돈』을 번역 발행하면서 '카나'라는 아시아 만화 컬렉션을 출범한다. 하지만 그때까지도 아시아 만화에 낯설었던 프랑스 독자들에게 이현세 만화는 철저히 외면당하고, 카나는 한국 만화 대신 일본 망가를 본격적으로 수입한다(2007년 ACBD[3] 결산 보고서에 따르면 카나는 현재 출판 만화 시장의 33% 점유율). 이후 다시 프랑스 출판사들이 한국 만화를 찾기까지는 7년이란 시간이 소요된다. 2002년 프랑크푸르트 도서전과 2003년 앙굴렘 행사를 보고 한국 만화에 관심을 갖게 된 씨베데 편집장이 본격적으로 한국 만화를 소개하기 시작한 것이다. 씨베데의 전략은 망가와 비슷한 형식과 내용의 한국 만화를 들여와 상업적으로 성공하자는 것이었다. 이에 장르 만화가 대거 번역되었고, 2007년 프랑스 만화 시장에서 전체 판매량 3%를 점유하는 출판사로 성장한다. 씨베데와 동일 전략으로 아시아 만화 컬렉션을 만든 솔레이으 역시 2006년경부터 한국 장르 만화들을 소개하는데, 2008년 시점에서 이 두 회사는 결국 MC프로덕션이라는 모회사에 합병되어 동일 계열사가 된다. 요컨대 2003년 하반기부터 2005년 하반기까지 대략 2년 정도를 한국 만화 번역의 초창기라고 볼 때, 대원, 학산, 서울문화사 3대 한국 만화 대형 출판사들의 단행본을 중심으로 상업성이 검증된 소년, 순정 등 장르 만화가 집중적으로 번역되었다.

2003년 이후 한국 만화를 소개하고자 하는 정부의 노력은 한국문화콘텐츠진흥원의 지원 아래 한국만화가협회, 부천만화정보센터 등의 주관

3 ACBD(Association des journalistes et Critiques de Bande Dessinée, 2009년 현재 회원 74명) : 프랑스어권 만화 비평가, 신문과 잡지 기자, 출판계 종사자 등이 모여 1984년 결성한 협회. 이 글에서 제시되는 프랑스 만화 시장에 관한 통계 자료는 ACBD의 연례 보고서에 근거한다. http://www.acbd.fr/bilan-2007.html

표 1 프랑스 만화 시장에서의 한국 만화 신간 발행

연도	2001	2002	2003	2004	2005	2006	2007
만화 신간 전체 발행 종수	1,292	1,484	1,730	2,120	2,701	3,195	3,312
번역물 신간 발행 종수	433	586	767	1,020	1,470	1,799	1,787
아시아(일본 망가 포함) 만화 신간 발행 종수	269	377	521	754	1,142	1,418	1,371
한국 만화 신간 발행 종수	언급 없음	언급 없음	Manhwa 언급	137	195	259	130

으로 앙굴렘 페스티벌에 지속적으로 참여하면서 계속된다. 그뿐만 아니라 서울국제만화애니메이션 페스티벌, 부천만화축제, 동아 · LG국제만화페스티벌 등의 만화 행사를 통해 프랑스 측과의 교류도 활발히 진행된다. 〈표 1〉은 앙굴렘에 주빈국으로 초대된 2003년 이전과 이후, 한국 신간 만화의 발행 편수를 정리한 것으로서, 전혀 만화에 대한 언급조차 없었던 2002년에 비해, 만화를 망가와 구별짓는 계기가 된 2003년 그리고 2004년부터 만화 신간 종수를 구체적으로 통계에 포함시킨 최근까지, 한국 만화가 프랑스 만화 시장에 소개되는 변화 과정을 추적해 볼 수 있는 자료이다.

프랑스 만화 시장은 전통적으로 만화를 전문으로 하는 20여 개 정도의 대형 출판사가 독점하는 추세인데, 신간 발행 종수 순위대로 예를 들면 1위 델꾸르, 2위 (다르고, 뒤피, 롬바르를 계열사로 둔) 메디아파르티시파시옹그룹, 3위 (솔레이으와 씨베데의 모회사) MC프로덕션, 4위 (카스터만, 플뤼드글라시알을 보유한) 플라마리옹그룹, 그리고 5위 글레나그룹을 들 수 있다. 프랑스 만화 시장은 20여 개의 대형 만화 전문 출판사들이 전체 생산량의 4분의 3, 판매량의 80% 이상을 차지한다. 흥미로운 점은 모든 대형 출판사들이 아시아 만화를 발행하는 컬렉션을 보유하고 있다는 사실이다. 아시아 만화는 〈표 1〉에서 관찰되듯이, 5년 사이 2배 이상 급성장하면서 프랑스 만화 시장의 40%를 점유하고 있기 때문에, 황금알을 낳는 종목임에 틀림없다. 이 치열한 경쟁 구도 속에서 2005년 만화 출판사 2위 그룹 계열사 다르고의 카나가 1996년 실패를 잊고 한국 만화를 다시 주목한다. 그뿐만 아니라 4위 그룹 계열사 카스터만도 한국 만화에 관심을 갖게 된다. 범람하기 시작한 망가 대신 새로운 콘텐츠를 확보하려는 전략이었으리라. 하지만 이 두 회사의 전략은 3위 그룹 솔레이으, 씨베데와는 달랐다. 다시 말해 이 두 회사는 상업 장르 만화 대신 '작가주의 만화'로 구분할 수 있는 작품성과 대중성을 겸비한 작품을 소개하고자 한 것이다.

다르고의 카나, 카스터만의 〈한국〉[4]이 그 중추적 역할을 하고, 파케, 쥘마, 악트쉬드 등 문학 도서 출판사들도 참여하면서, 한국 만화는 점차 망가와 구별되는 무언가를 프랑스 독자들에게 인정받게 되는데, 이들이 소개하는 작품들은 2004년 이후 창립된 한국 신생 출판사들의 책이 주류를 이룬다. 새만화책, 길찾기, 행복한 만화가게, 거북이북스 등으로 대변되는 신생 출판사는 만화를 수단으로 대하지 않고 목적으로 삼는다는 표방 아래 서점용 만화 단행본을 최우선으로 기획하기에 이르는데, 한국 출판 만화 시장의 변화가 프랑스 출판사들의 요구와 맞아떨어져 양질의 작품을 유럽에 소개하는 근간이 된 것이다. '유럽의 예술적 만화 스타일과 일본의 스토리 중심의 만화를 결합시킨 새로운 만화', '프랑스어권 만화에 없던 하이브리드 스타일', '감성도 높은 그래픽과 문학적 감수성이 돋

4 프랑스에서 발행되는 한국 작가주의 만화의 상당량이 카스터만 한국을 통해 소개되고 있다. 장경섭의 『그와의 짧은 동거』, 김동화의 『황토빛 이야기』, 박흥용의 『구르믈 버서난 달처럼』, 김보현의 『나블루스』, 오세영의 『3부자 이야기』, 이희재의 『간판스타』, 강풀의 『아파트』, 『바보』, 강도하의 『위대한 캣츠비』 등.

보이는 작가주의 만화' 등이 최근 몇몇 한국 만화를 설명하는 수식어로 자리 잡는 중이다. 이는 한국 만화가 프랑스 내에서 수여되는 우수 작품상에 경쟁작으로 선정되면서 좀 더 확고해지는 듯하다. 김동화의 『빨간 자전거』가 ACBD 우수 만화 비평대상 2005년 최종 경쟁작 5편 중 하나로, 변병준의 『달려라 봉구야』는 PACA(프로방스-알프스-코트-아쥐르 지역) 문학상 2006년 후보로, 권윤주의 『고양이에게』는 동물보호협회 3백만 친구상을 2006년에 수상했고, 박건웅의 『꽃』과 『노근리 이야기』는 2007년 1회 Asie-ACBD 최종 후보작에 선정된 것 등이 그 사례이다.

> 처음으로 Manhwa가 우리 협회의 비평대상 후보에 올랐다. Manhwa는 한국 만화를 지칭하는 이름이다. 일본 망가의 막강한 영향을 받았다고 생각되어 왔으나 (독서 방향이 왼쪽에서 오른쪽으로 우리와 같다는 점은 다르지만), 김동화의 『빨간 자전거』를 보면 인식의 전환을 가져올 법도 하다. 철학자이자 시인인 한 우체부에 관한 이야기를 다양한 색감으로 전달하는 이 작품은 영화 〈일 포스티노〉나 혹은 다니구치 지로의 작품을 연상하게 한다. 아름다운 작품임에 틀림없는 『빨간 자전거』는 소박한 멋을 내며 명상에 잠기게 하는 신선한 매력이 있다. 그림으로 쓰인 시라고 할까?[5]

프랑스 사람들이 좋은 한국 만화라 평가한 글들을 보면, 인용한 짧은 서평에서도 볼 수 있듯, 일반적으로 독창적인 그래픽(붓과 먹의 사용, 목판화 느낌, 수채화, 혹은 웹툰처럼 컴퓨터 툴을 사용한 그림체 등)과 이에 걸맞은 내용에 가장 많은 점수를 주고 있다. 혹은 역으로 독창적인 내용과 이에 걸맞은 형태라고 할 수도 있을 것이다. 여기에 작가의 개성이

5 Selection 2005, ACBD사이트, http://www.acbd.fr/selection-2005-de-l-acbd.html

강하게 드러나는 작품이 우선시된다. 다시 말하면 내용, 형태, 그리고 작가의 개성 혹은 영혼이 조화를 이룬 만화가 '한국 만화다움'이라고 생각되는 것이다.

3. 소설 『짜장면』과 만화 『짜장면』

『짜장면』

프랑스에 소개된 일련의 '작가주의 만화' 중 비교적 초기작에 해당하는 『짜장면』[6]은 2005년 카나 컬렉션을 통해 프랑스에 소개되었다. 사실 『짜장면』은 최규석과 변기현 두 작가가 막 졸업하던 무렵(2003년), 신생 출판사의 기획에 따라 안도현의 소설 『짜장면』(2000년 작), 『연어』(1996년 작, 출간 11년 만에 100쇄를 돌파한 베스트셀러)로 '어른들을 위한 동화'라는 장르를 개척한 시인의 세 번째 이야기를 각색한 작품이다.

> 우리가 졸업할 무렵 교수님께서 문학 작품을 각색한 단행본을 기획하는 출판사가 있으니 한 번 생각해 보겠냐고 하셨죠. 출판사 측에서는 여러 종류의 소설을 보여 줬는데, 그 중 안도현의 『짜장면』을 선택했습니다. [……] 원작은 약 120쪽인데, 만화로 풀기에는 좀 많은 분량입니다. 따라서 우리 관점에서 그림으로 표현하기에 재미없다고 생각되는 장면들을 생략하거나 축

6 Byun, Ki-hyun et Choi, Kyu-sok, *Nouilles Tchajang*, Kana, 2005. 17cmx24cm 크기, 204쪽 분량의 컬러 단행본. 변기현 · 최규석, 『짜장면』, 행복한 만화가게, 2003. 이 글에서는 『짜장면』의 프랑스판이 (말풍선 안의 대화가 번역된 점에서 차이를 보인다는 것 외에는) 한국판과 거의 동일한 형태이고 논지 전개상 번역의 문제를 다루지는 않을 것이기에, 한국판만을 인용하고자 한다.

약하는 단계를 거쳤습니다.[7]

원작은 성장기의 고통이라는 주제를 수려한 문체에 실어 잔잔한 감동을 선사하고 있는데, 만화 『짜장면』은 이를 잘 살려 만화적 언어로 재구성하고 있다. 요컨대 젊은 두 만화가의 첫 단행본으로서 깊이 있는 내용과 아름다운 문체가 수채화 그림과 어우러져 대중적인 장르 만화와 차별되는 매력을 지닌다. 『짜장면』을 한마디로 표현하자면 성장기에 대한 노스탤지어라 하겠다.

열일곱 살의 '나'는 중국집 만리장성의 '철가방', 가출한 뒤 일자리를 찾아다니다 짜장면 냄새와 최신형 오토바이에 끌려 취직했다. 바닷가가 고향인 나는 초등학교부터 고등학교 때까지 1등을 놓쳐본 적이 없는 모범생이었고, 아버지는 이런 나를 매우 아껴 주셨다. 심지어 오토바이 타는 법을 최초로 가르쳐 준 사람도 초등학교 교사였던 아버지였다. 그런데 아버지는 내게는 매우 자상하고 너그러우셨지만 엄마에게는 소리만 버럭 지르며 냉대하셨다. 어느 여름, 서울로 외출하신 아버지 몰래 친구들과 오토바이 경주를 하다 사고를 내고 만다. 화가 난 아버지는 애꿎은 어머니를 심하게 구타하셨다. 하지만 용기 없던 나는 방에 처박혀 꼼짝도 못하고 숨어만 있었다. 이 사건을 계기로 가출, 만리장성 배달원을 하면서 오토바이 폭주족과 어울리기도 하고, 동네 미장원의 예쁜 여자아이와 풋풋한 첫사랑도 경험한다. 어느덧 열여덟 살, 무리들과 어울리다가 폭주족

7 Nouilles tchajang. *Interview de Byun Ki-Hyun et de Choi Kyu-Sok*, 만화 전문 사이트 시나리오, 2006. 1(기사 업로드일). http://www.sceneario.com/sceneario_interview_TCHAJ.html, 프랑스판이나 한국판이나 책 표지에 원작자를 정확히 밝힐 뿐만 아니라 원작자가 만화에 대해 생각하는 바를 간략하게 소개한다. "제 글이 만화의 몸을 받아 다시 태어나게 되었습니다. 만화 『짜장면』은 천천히 음미하며 읽어야 할 것 같습니다. 왜냐하면 그림이 보기 드물게 시적인 상상력을 자극하고 있기 때문입니다. 마치 싱싱한 느낌의 수채화를 보는 듯합니다" (만화 『짜장면』, 5).

단속에 쫓기게 된 나는 겨우 도망치기는 했으나 한 친구가 경찰에 잡혀갔다는 소식을 듣는다. 그 일로 결국 여자아이와 헤어지게 되고, 이를 잊으려 달리다 실수로 해안의 벼랑에서 추락 사고를 당한다. 그리고 9년의 세월이 흐른다. 한때 짧은 방황과 통과 의례를 무사히 거친 나는 결국 보통의 성인이 됐다. 과거의 내가 그토록 갑갑해 했던 지극히 평범한 어른의 모습이 된 것이다. 빛나던 청춘은 지나가 버렸다.

소설에서 만화로의 매체 전이

만화 『짜장면』은 소설의 줄거리를 시간 순으로 거의 똑같이 차용한다. 주인공의 성격이나 그에게 중요한 주변 등장 인물들 역시 원작에서 그대로 가져온다. 심지어 소설 문장을 통째로 가져와 지문으로 사용하는 경우도 종종 발견된다. 그렇다면 이를 충실한 각색이라 선불리 말할 수 있을까? 아니면 표현 형태를 변형한 새로운 창작이라 다시 한 번 성급하게 말할 것인가?

각색이란 일반적으로 다른 표현 양태 속에서의 전환을 의미하는데, 한 텍스트에서 다른 텍스트로의 이행 혹은 변형 등을 지칭한다. 이 관계망에 위치한 두 작품의 구성 요소들을 두고 그 등가성을 따져 충실한 재생산, 형식적인 번역, 해석적인 변형 혹은 전이 등으로 규정할 수 있다. 만화 『짜장면』은 표현 매체가 달라지면서, 표현 언어 역시 완전히 변화한 경우이므로 이 과정에서 각색 주체의 해석이 필연적이라 하겠다. 내용의 중요성을 결정하여 집중하거나 생략하거나, 혹은 소설에서 제시된 언어학적 실체를 시각적인 담화로 변형하는 작업이 각색 과정 혹은 매체 전이 과정의 중심부에 있는 것이다. 움베르토 에코Umberto Eco가 본인의 소설 『장미의 이름』이 장 자크 아노Jean-Jacques Annaud 감독에 의해 영화로 각색된 것을 두고 다음과 같이 말했다.

> 이것은 책에 대한 하나의 해석이다. 이것은 책과 동일한 언어에 의한 해석이 아니라 무엇보다도 시각적인 언어에 의한 해석이다. 영화에서는 책에서는 언급되지 않은 하늘(물론 하늘에서 발생하는 모든 내포를 통해)에 채색한다. 책에서는 설명이 없는 깊이 있는 어떤 것이 영화에서는 필연적으로 드러난다. 이것은 누가 책을 읽느냐에 따라 달라지는 하나의 여정이자 동시에 장르에 대한 요구이다.[8]

에코의 지적은 만화 『짜장면』에도 고스란히 적용된다. 만화 『짜장면』은 소설 원작에 대한 하나의 해석이다. 이것은 책과 동일한 언어 즉 언어학적 기호에 의한 해석이 아니라 시각적으로 형상화된 이미지에 의한 해석이다. 만화에서는 책에서 묘사하지 않은 '나'의 얼굴을 즉각적으로 제시한다. 소설에서는 주인공이 오토바이에서 추락하는 동안 사방이 깜깜했다고 언급할 뿐이지만, 만화에서는 그 하늘을 붉은 색으로 채색한다. 어떤 독자는 문장을 읽으며 어슴푸레 동이 트는 새벽이었다고 상상했을 수도 있을 것이다. 변기현과 최규석의 독서에서 이 하늘은 새벽녘 붉은 태양이 떠오르는 수평선에 가까웠나 보다.

만화란 무엇보다 이미지로 재현하는 것이다. 만화에서 시각적으로 형상화된 등장 인물은 직접적인 방식으로 세계를 제시한다. 이는 원작 소설과는 매우 다른 표현 형태이다. 소설 텍스트에서 단어와 문장이 (글자 형태, 크기, 줄 간격 등) 비슷한 형태로 축적되는 동안, 독자는 이를 인지하고 해석하는 과정에서 상상력을 동원하여 추상적으로 형상화한다. 반면 만화

8 앙드레 엘보, 『각색, 연극에서 영화로』, 이선형 옮김, 동문선, 2002, 30쪽에서 재인용.

는 글로 설명된 (혹은 전혀 설명되지 않은) 인물, 사물, 배경, 자연 등을 그림으로 만들어 낸다. 인물들의 생각 혹은 말, 사물에서 나는 소리, 행동에 수반되는 소리 등 모든 종류의 소리를 시각화하고 심지어 움직임이나 감정까지 의성어, 의태어 등으로 표현한다. 그리고 이 요소들을 한 칸에 배치하고, 어떻게 그 칸 속에서 보여 줄 것인가를 결정하고, 그 칸들을 연결한다. 한 페이지 안에 몇 개의 칸이 어떤 크기로 배치될 것인가도 중요한 창작 과정 중의 하나이다. 다시 말해 만화는 시각 기호들의 집합을 연결시키면서 소설 문장을 분절하고 재구성하는 것이다.

만화 『짜장면』은 분명 원작 소설의 서사 구조를 충실히 따르고 있다. 원작의 수려한 문체, 그 문체를 통해 표현된 감성도 잘 포착하여 반영한다. 어찌 보면 이 만화는 느리다. 특별한 사건이 발생하지 않는다. 하지만 절대 독자는 지루하지 않다. 아니 더 정확하게 말하면 이 작품에는 한 가지 거대한 사건만이 있다. 주인공이 번데기에서 나비가 되는 사건. 요컨대 원작의 느낌을 제대로 살리고 있다. 그러나 만화 『짜장면』은 만화이다. 한국의 젊은이가 비록 찰나이긴 했으나 폭발하는 듯한 비상을 경험했던 성장기에 대한 그리움, 노스탤지어의 느낌을 만화 『짜장면』은 그만의 언어로 전달한다.

4. 『짜장면』이 만화 언어로 표현하는 감수성: 채색과 이미지 내레이션의 리듬

컬러가 지배적인 프랑스 만화 시장[9]에서 만화 『짜장면』은 흑백이 주를 이루는 한국 만화, 일본 망가와 차별화되는 분위기로 주목받는다. 가는 펜 선으로 윤곽을 그리고 수채 물감으로 채색한 그래픽은 전체적으로 이야기와 조화를 이루어 붓끝에 실어 나르는 창작자의 감수성이 살아 있다. 만화 『짜장면』의 그림체는 각 인물들뿐만 아니라 배경까지 세밀한 데생, 장면의 느낌을 제대로 전달하는 채색, 전체적으로 남기는 서정적 인상 등의 감상평 이외에도 정밀한 분석을 필요로 할 만큼의 의미를 지니고 있다. 간혹 독립 만화, 교양 만화, 학습 만화 등 비주류 만화에서 흑백인(소년, 순정, 성인 등의) 장르 만화와 달리 채색을 하는 경우가 있다. 그러나 단순히 관심을 끌기 위한 채색, 스케치를 화려하게 보이려는 채색은 분석을 요구하지 않는다. 컬러가 작품 구조에 영향력을 행사할 때, 의미를 축적하는 체계 속에서 주요 요소로 기능할 때만이 독자의 시선을 머물게 하는 것이다.

"열일곱 살. 나도 이 세상에 대해 책임을 좀 지고 싶었다. 그런데 막상 열일곱 살이 되었을 때 나에게는 책임질 일이 아무것도 없었다"(『짜장면』, 7). 『짜장면』은 작품 전체 서사 구조로 볼 때, '나'의 1인칭 관점에서 서술된다. 소설, 만화 모두 '나'의 열일곱 살 시기, 중국집 만리장성에 취직하는 장면을 도입부로 한다. 특히 만화는 전체 197쪽 분량에서 2쪽과 1/3을 제외하고는 모두 열일곱, 여덟 살 시절의 사건을 중심으로 한다. 그러나 순차적 시간 배열로 이야기 흐름을 따라가다 보면, 전체 분량으로 봤을 때 아주 미미한 2쪽과 1/3 즉 9칸으로 인해 극적 반전이 발생하는 것을 발견하게 된다.

"벌써 9년 전의 일이다. 그 동안 나는 학교도 마치고, 군대도 갔다 왔다. 어른이 되기 위한 과정들을 무사히 통과했다. 몇 번의 연애 실패, 두 번의 취직 시험 낙방……. 그때마다 줄줄이 빨아대는 담배……"(만화

9 프랑스 만화 비평가 티에리 그로엔스틴에 의하면 1985년 프랑스 출판 만화 4분의 3 분량이 컬러로 제작되었다고 한다. Thierry Groensteen, *La bande dessinée est-elle soluble dans la couleur directe?*, 함부르크 만화 살롱 전시(1993. 5. 3-27) 「Couleur Directe」 도록.

『짜장면』, 196, 소설 『짜장면』, 116). 이 지점까지 현재 진행형이라 생각하고 있었던 서술과 묘사가 과거 시점으로 반전되면서 우리의 주인공은 26세의 청년으로 순간 '늙어버린다'. 즉 스물여섯 살의 청년이 열일곱 살 시절을 회상했던 '과거—현재'라는 시간 진행의 서사 구조로 귀결되는 것이다. "내 인생을 통틀어 처음으로, 그리고 유일하게 내 날개로 바람을 가르던 시절.", "열일곱, 열여덟 내 나머지 인생은 모두 그 시절에 대한 부연 설명일 뿐이다"(만화 『짜장면』, 9). "정말 눈 깜짝할 사이에 나의 색은 바래 버렸다"(만화 『짜장면』, 196). "내 생애에서 가장 찬란했던 빛은 열일곱, 여덟 살 그 부근에서 서서히 꺼져갔다"(만화 『짜장면』, 198, 소설 『짜장면』, 121). 나이 들어버린 청년이 현실에 적응하면서 지루한 일상을 보내는 시간 동안, 찬란했던 그 어린 청춘을 그리워하는 이야기인 것이다.

만화에서는 주제와 연결되는 시간적 배열이 색깔로 극명하게 표현된다. 찬란했던, 자유로운 시절 열일곱, 여덟 살 과거는 컬러로, 스물여섯 살 빛 바래고 지루한 현재는 흑백으로. 관습상 영화나 만화 등 이미지 내레이션 장르에서 흑백은 과거를, 컬러는 현재를 상징하는 경우가 많다. 그런데 만화 『짜장면』은 이 관습 코드를 탈피한다. 특히 과거 시점의 오토바이 추락 부분은 페이지 양쪽을 활용한 과감한 연출과 태양이 떠오르는 새벽녘의 붉은 빛으로 인해 시각적으로 매우 강조되는 장면이다.

"나는 정말 날개도 없이 날아갔다. 수평선 너머로 짜장면 배달을 가는 중인가 하고 잠깐 생각했다"(만화 『짜장면』, 194-195). 주인공에게 무슨 일이 생겼나. 죽었나. 긴장된 순간, 페이지를 서둘러 넘겼을 때에는 앞 페이지와의 대조로 더욱 두드러지는 흑백, 탈색된 느낌이 연결되어 있다. "정말 눈 깜짝할 사이에 나의 색은 바래 버렸다"라는 지문이 깊이 공감되

만화 『짜장면』, 194-195쪽

196-197쪽

[그림 1]

는 구성이 아닐 수 없다. '컬러—흑백/과거—현재'라는 선택은 그리 독창적이지 않을 수도 있다. 문제는 왜 현재가 흑백으로 표현되었는가?이다. 과거와 현재 사이에서 컬러와 흑백이라는 색채가 만드는 극적 긴장감과 의미 구조가 바로 만화 『짜장면』이 그 기본 창작 과정인 '미장센', '프레임 넣기', '편집' 그리고 '페이지 구성'을 제대로 생각한 끝에 얻은 결과물이란 평가를 내리는 이유라 하겠다. 여기에 소설과의 차이도 짧게 언급할 필요가 있다.

> 나는 정말 날개도 없이 날아갔다. 내 의지와는 전혀 상관없이 오토바이와 함께 벼랑 아래로 말이다. 벼랑에서 추락하면서 나 자신에 대해서, 그리고 오토바이에 대해서 내가 할 수 있는 일은 아무것도 없었다. 사방은 여전히 깜깜했고, 오토바이는 오토바이대로 헤드라이트를 켠 채 내 손을 벗어나 벼랑 아래로 떨어져 내리고 있었다. 그 시간에 해수욕장 쪽에서 누군가 일찍 일어나 벼랑 쪽을 바라보고 있었다면 아마 이렇게 말했을 것이다. "우와! 저렇게 큰 별똥별이 떨어지는 것은 처음 보는구나!" 나는 벼랑에서 떨어지면서 수평선 너머로 짜장면 배달을 가는 중인가, 하고 잠깐 생각했다. (페이지 넘기기 - 필자 삽입) 벌써 9년 전의 일이다. 그 동안 나는 학교도 마쳤고, 군대에도 갔다 왔다(소설 『짜장면』, 115-116).

소설은 언어적 표현을 통해 상황을 설명하고 인물의 심리를 전달한다. 물론 이 과정에서 페이지 구성을 어떻게 하느냐에 따라 책장을 넘기는 행위로 만들어지는 긴장감을 계산할 수도 있다. 하지만 만화와의 근본적인 차이점은 글로 풀어 쓰는 매체인 만큼 이미지로 집약되는 맛이 덜하다는 점이다. 만화 『짜장면』은 바로 이 점을 고려하여 원작 소설이 이야기하고자 하는 것들을 핵심 문장 한두 줄로 축약하고 그 느낌만을 그림으로 살리려 했다. 붉은 태양을 향해 공중에 붕 뜬 열여덟 살의 어린 청춘, 죽는다고 여겼을 그 위험천만한 순간, 삶과 죽음의 경계를 향해 날아가는 순간, 이미지의 힘을 최대한 발산한 것이다. (이 페이지는 양쪽 면의 중앙에 태양이 위치하고 좌우로 선을 그어 수평 분할된다. 하늘과 바다가 맞닿은 지점인 수평선은 그 특성상 경계라는 상징이 강하다. 화면을 수직 분할해 보면 중앙의 태양과 인물의 머리가 겹쳐진다. 즉 인물과 태양은 화면 정중앙에 위치하는데, 비상도 추락도 아닌 그 중간 지점, 허공을 가르는 찰나의 자유로움을 표현한다 하겠다.)

『짜장면』의 주인공이 열일곱, 여덟 살 시절에 특별한 의미를 부여하는 이유는 가출, 첫사랑, 폭주 그리고 죽음이라는 아찔한 순간들이 한꺼번에 발생했던 시기이기 때문이다. 그 시발점이 된 사건은 가출이다. 그렇다면 왜 가출을 하게 된 것일까? 『짜장면』은 과거 속의 과거, 대과거로 돌아간다. 가출한 과거 시점에서 회상해 볼 때, 대과거 속 나는 바닷가 작은 마을의 평범한 모범생이었다. 나한테는 자상했지만 어머니에게는 엄격한 보수적인 아버지 밑에서 재미없는 생활을 하고 있었다. 그러던 어느 날,

> 아버지를 태운 버스가 출발하자, 나에게는 해방이 왔다. "야 한번 뛰자." 네 명이 모였다는 연락이 왔다. 여름방학인데도 보충 수업을 하러 학교에 나가야 했던 우리는 그날을 손꼽아 기다렸다. 그 해 여름에 해수욕장을 개장한 이후 가장 많은 피서객이 모여든다는 날이기도 했다. [……] 앞뒤로 자동차가 보이지 않는 직선도로에서 우리는 폭주족 흉내를 좀 내보기로 했다. [……] 내가 친구를 앞질러 선두로 나서려고 할 때였다. 갑자기 도로 위에 얼룩덜룩한 구렁이 한 마리가 가로누워 있는 게 보였다. [……] 최대한 속도를 내 요철을 뛰어넘기로 결심했다. 나는 액셀러레이터를 잡아당겼고……, 앞바퀴가 요철에 닿는 순간이었다. 아버지의 마그마는 공중으로 날아오르더

니 요란한 엔진 소리와 함께 길바닥 위로 나동그라지고 말았다. [……]

그리고 그 다음에 아버지가 서울에서 받은 상패를 들고 자랑스럽게 집으로 돌아온 후에, 어떤 일이 일어났는지 나는 다시 생각하기도 싫다. 아버지는 나를 내 방으로 보낸 뒤에 방문을 잠갔다(소설 『짜장면』, 44-45).

주인공의 가출에는 모험을 즐기려는 철없는 행동으로 발생한 오토바이 사고와 이를 계기로 아버지의 무분별한 폭력성을 대면한 사건이 있었다. 아니 아버지의 폭력 그 자체에 놀라서라기보다는 바보처럼 순종적인 어머니와 그런 어머니를 구하지도 못하고 외면하고만 있었던 본인의 비겁함 때문이라고 하는 편이 더 옳다.

원작 소설에서는 상세하게 표현된 사건 정황과 인물의 심리 묘사가 주를 이루는 시퀀스를 만화 『짜장면』은 화면을 작게 분할하는 칸들을 연결하여 비교적 빠른 리듬으로 연출한다. 이 과정에서 결정적인 역할을 하는 요소는 의성어와 의태어이다. 의성어는 (인간의 말을 제외한) 소리를, 의태어는 움직임을 언어로 표현하는 기법이다. "동영상이 아닌 만화 그림은 사실 인물의 움직임을 고정된 상태로밖에 보여 줄 수가 없다. 이 고정된 이미지들이 연속되어 독자의 머릿속에서 행동을 연결하고 속도를 창조하기도 하지만, 결국 만화 한 칸 이미지에는 움직임이 결여된다. 이 표현의 한계를 극복하는 수단이 의태어와 상태 변화와 움직임을 표시하는 그래픽 기호의 사용이다."[10] 이를 '그림 같은 글자' 혹은 '글자처럼 생긴 그림'이라고 하기도 한다.

[그림 2]에서 제시된 4쪽에서 인물만큼이나 시선을 끄는 것은 진하고

10 이수진, 『만화기호학』, 씨엔씨레볼루션, 2004, 86쪽. '그림 같은 글자' 혹은 '글자처럼 생긴 그림'이란 표현은 프랑스 만화이론가 베르나르 투쌩이 처음 사용했다(*Communications 24 : La BD et son discours*, Seuil, 1976, p. 85).

만화 『짜장면』, 82-83쪽

85-86쪽

[그림 2]

굵은 글씨의 의성어, 의태어이다. '부앙', '텅', '그아아앙', '꽈직', '쾅', '맴맴맴', '퍽', '철썩', '맴맴맴' 등. 각 소리와 움직임은 그 크기 정도에 따라 굵기가 다르게 표현되어 있는데, 이러한 측면에 주목하여 '그림 같은 글자'라 하겠다. 즉 글자의 그래픽적인 측면을 사용하여 소리를 시각화한 것이다. 82~83쪽 장면은 주인공이 오토바이 사고를 당하는 위기 순간인데, 소설에서는 앞에서 인용한 "난처했다. [……] 나동그라지고 말았다." 부분에 상응한다. 주인공의 생각을 구체적으로 설명하는 원작과 달리 만화에서는 이를 작게 분할한 칸으로 처리한다. (일반적으로 대화나 혼잣말이 들어가는) 말풍선은 전혀 쓰지 않았고, 돌발 상황을 강조하기라도 하려는 듯, 비뚤어진 사다리꼴의 칸들을 지그재그 형태로 배치했다. 페이지 하단, 인물이 솟아오르는 부분에서 상단의 8칸보다 넓은 칸을, 그리고 오른쪽 페이지에서는 칸 구분 없이 화면 전체를 배경삼아 지문을 상, 하단에 배치한다.

일반적으로 만화 독서 리듬은 그림의 복잡성보다 말풍선과 지문의 존재 유무에 따른다. 즉 말풍선이 많거나 지문이 긴 경우, 독자는 이 언어들을 이해하기 위해 시간을 할애하고 속도를 늦춘다. 이러한 맥락에서 사고가 일어나는 지점의 독서 리듬은 매우 빠르다. 말은 없고 크고 굵게 제시된 '그림 같은 글자'들이 중심이 되기 때문이다. 반면 오른쪽 페이지는 상황을 이해하기 위한 설명이 주를 이룬다. 주인공이 어떻게 큰 부상을 모면했는지에 관해서 말이다. "다시 생각하기도 싫다"라는 문장과 함께, 책장을 넘기고, 장소의 전환과 함께 아버지가 등장한다. 아버지가 문을 잠그는 대목은 '철컥'이라는 의성어로, 어머니를 구타할 때 나는 소리는 '철썩'과 '퍽'으로, 여기에서 의태어는 사고 때 난 소리보다 더 강한 느낌으로 전달된다. 특히 인물이 머리를 싸매고, 귀를 막고 웅크려 앉아 있는 모습에 겹쳐진 그림 같은 글자들은 그의 참을 수 없는 고통을 시각적으로 잘 집약해 내고 있다. "엄마는 정말 쥐가 되어 방구석에 죽어 있었다. 매미는 여름날 며칠을 울기 위해 4, 5년 동안 몇 번씩 허물을 벗는다. 나는 열일곱 살이 되도록 여태 허물 한 번 벗지 못한 매미였다"(만화 『짜장면』, 86). 여기에서 부각시킨 매미 소리는 물론 실제 여름날 창 밖에서 들려오는 매미 소리일 수도 있으나, 주인공이 스스로의 비겁함과 철없음을 자각하며 듣는 비판의 소리이기도 하다. 우리의 주인공은 못난 자신의 무기력함, 이를 충격적으로 깨닫게 한 부모로부터 도망쳐 나온 것이다. 어른이 되는 성장통은 부모의 울타리를 벗어나는 과정, 그리하여 자신의 정체성을 찾아가는 과정에서 겪는 아픔일 것이다.

『짜장면』이 독자들의 가슴을 울리는 이유는 바로 이 지점에 있다. 누구나 공감할 수 있는 정서를 이야기하기 때문이며, 힘들지만 아쉽기도 하고 그립기도 한 철모르는 순수함을 찬양하기 때문이다. 이는 분명 문화권을 막론하고 전 세계 사람들의 보편적인 감정일 것이다. 그리하여 프랑스 독자에게도 공감대를 형성할 수 있었을 것이다. 하지만 같은 감수성일지라도 현재 프랑스 사회에서 발생하는 상황과는 사뭇 다르다. 따라서 여기에 한국이라는 개별적 상황이 개입하는 것이며, 가부장적인 제도에서 만나게 되는 아버지의 권위와 어머니의 순종, 그리고 공부 잘하는 모범생을 강요하는 교육 제도 등이 바탕이 되는, 프랑스와 다른 한국적 상황이 감수성을 지지하는 기반이 되는 것이다. 이것이 바로 『짜장면』이 내포하는 한국적 감수성이 아닐까? 이를 만화 언어로 표현하는 데 성공한 『짜장면』, 그래서 프랑스 사람들이 말하는 독창적인 내용과 조화를 이루는 형식, 이 균형 속에 드러난 작가의 개성이 잘 녹아 있다고 감히 말할 수 있는 것이다.

5. 넘어서는 경계, 열린 경계, 그리하여 소통하는 경계

『짜장면』 한 작품만을 통해 '한국 만화다움' 혹은 '한국 만화의 감수성'을 논하기란 쉽지 않다. 또한 이 글에서 설명한 몇몇 면모만으로 프랑스와 한국 문화권의 경계 넘나들기를 가능하게 한 것이 무엇이다라고 정의하기도 쉽지 않다. 그러나 그럼에도 불구하고 최근 문화예술계에 전 지구적으로 확산되고 있는 소통과 교류 현상에 관해 주목할 필요를 느끼는 것은 사실이다.

디지털 기술의 진화와 함께, 점점 더 기존의 문학 작품이 각색되어 TV 드라마, 영화 혹은 만화로 변형되는 현상이 문화적으로 정착되고 있는데, 예술 장르 간의 경계가 허물어지는 포스트모던 시대에서는 더욱 열린 텍스트를 강조하며 이미 존재하는 것을 새로이 하는 시도가 각광받는다고 하겠다. 만화 강국이라고 여겨지는 일본, 프랑스, 미국 그리고 한국에서도 소설을 만화로, 만화를 영화로, 뮤지컬로, 애니메이션으로 매체 전이하는 작업이 유행처럼 21세기 초반을 장식하고 있다. 장르 간의 넘나들기뿐만 아니라 다른 문화권의 작품을 각색하거나, 번역 발행하는 일도 점점 증가하고 있다. 문화권 간의 경계 역시 허물어진 것이다. 실로 탈脫경계의 시대라 하지 않을 수 없다. 이러한 시대적 · 문화적 요구에 부응하는 일련의 작업들이, 특히 한국에서는 이제야 겨우 저급 문화라는 편견을 벗어나기 시작한 만화 작품들을 중심으로, 매체 간의 경계를 그리고 문화권 간의 경계를 넘나들기 시작한 것이다. 이 과정에는 상업성에만 편승하지 않는 용기 있는 이들의 역할, 일본 망가의 아류작, 망가의 사촌, 혹은 망가의 복제라는 모방의 범주에서 벗어나 만화가 독자적인 분야를 개척하고 정체성을 찾아가는, 즉 새로운 시도를 하겠다는 프랑스 측과 한국 측의 몇몇 용기 있는 이들의 움직임이 크게 작용했다. 그 중에서도 특히 개성 있는 창작자가 영혼을 담아 작업한 결과물이 가장 중요한 동력이었으며, 이를 격려하는 혹은 인정하는 출판사의 안목 그리고 작품을 감상하고 사랑하는 독자의 존재가 필수적 요소였다.

문화권이라는 경계를 넘어 번역된 작품이 다른 문화권에서 나름의 독자를 확보하고, 또 나름의 정체성을 확보하기 위해서는, 아이러니하게도 경계 긋기가 선행되어야 한다고 (감히) 주장할 수 있다. 그 원작이 창작된 문화권에서 느낄 수 있는 고유한 특성이 우선적으로 전제될 때 다른 경계 내부에서 다른 것에 휩쓸려 변별력을 상실하는 일이 발생하는 것을 다소나마 피해 볼 수 있다. 그래야지만 다른 문화권의 독자들이, 그들의 문화와 차이를 보이는 무언가에 관심을 표명할 것이다. 이 과정이 어쩌면 문화와 문화가 소통하는 첫 번째 단계라고 할 수 있을 것이다. 『짜장면』의 경우, 그 경계는 첫째로 만화라는 표현 매체의 독창성에 근거한다. 소설의 서사, 주제, 감수성을 어떻게 만화라는 경계 안에서 풀어낼 것인가의 문제를 예술적으로 잘 대답하고 있기 때문이다. 둘째, 한국이라는 개별적 문화 컨텍스트에 근거한다. 현대 한국 사회의 젊은이라서 고통받는, 즐거워하는, 경험하는 정서 말이다.

그러나 동시에 너무 완고한 경계, 닫힌 경계, 굳건한 경계는 소통이라는 긍정적인 측면을 배제시킨다고 할 수 있다. 따라서 다른 문화권에서 보편적 공감을 불러일으킬 수 있는 무엇인가를 내재해야 할 것인데, 이에 기반을 두어 역사적, 문화적, 사회적, 언어적 상황의 차이를 극복하고 여러 지역의 사람들이 문화 생산물을 공유할 수 있게 될 것이다. 『짜장면』의 경우, 이 탈경계적 요소는 첫째로 만화라는 표현 매체의 공통적 특성에 있다. 문화권을 막론하고 이미지와 말로 서사를 풀어내는 형태 말이다. 언어학적 기호에만 의존하는 소설과 달리 이미지란 시각 기호는 좀 더 친근하게 독자의 감성에 호소하는 언어이다. 둘째, 인간의 보편적 정서에 있다. 힘들지만 아쉽기도 하고 그립기도 한 철모르는 순수함, 청소년기에서 청년기를 거치는 성장통, 아버지, 어머니와의 애달프면서 어찌할 수 없는 원초적 관계 등에 말이다.

이제 우리는 각 개별 작품에 내재된 경계가 문화 소통을 하는 데 부정적인가 긍정적인가의 문제에 어느 정도 답할 수 있을 듯하다. 요컨대 넘어서는 경계, 열린 경계, 그리하여 소통하는 경계를 견지할 수 있는 마음 혹은 여력이 우리의 문화 소통을 긍정적으로도 부정적으로도 이끌 수 있는 것이 아닐까? 정해진 길은 없다. 모색과 시도만이 있을 뿐이다.

참고 문헌

변기현 · 최규석, 『짜장면』, 행복한 만화가게, 2003.

안도현, 『짜장면』, 열림원, 2000.

엘보, 앙드레, 『각색, 연극에서 영화로』, 이선형 옮김, 동문선, 2002.

이수진, 『만화기호학』, 씨엔씨레볼루션, 2004.

____, 「한국 만화와 영화로 향한 프랑스의 시선」, 『한국프랑스학논집』 제60집, 2007.

____, 「현대 프랑스 만화, 색으로 표현하는 베데아스트bedeaste의 감수성」, 『프랑스학연구』 제43집, 2007.

Byun, Ki-hyun et Choi, Kyu-sok, *Nouilles Tchajang*, Kana, 2005.

Ciments, Gilles, "La couleur dans la bande dessinée," *Les musées imaginaires de la bande dessinée*, Angoulême, Editions de l'an2, 2004.

CinémAction Hors-Série, "Cinéma et bande dessinée, Paris," Télérama, 1990.

Groesteen, Thierry, " La bande dessinée est-elle soluble dans la couleur directe?," 함부르크 만화 살롱 전시(1993.5.3-27)「Couleur Directe」도록.
Febrand, Stephane, "Qu'est-ce que le Manwha?," Animeland, 2003.

인터넷 사이트

만화 전문 사이트 악튀아베데
Christophe Lemaire, *Aujourd'hui, le gâteau, même s'il est important, s'est réduit pour tout le monde*, http://www.actuabd.com/spip.php?article4733
만화 전문 사이트 베데제스트
http://www.bdgest.com/chronique-1244-BD-Nouilles-Tchajang-Nouilles-Tchajang.html
만화 전문 사이트 시나리오 *Nouilles tchajang. Interview de Byun Ki-Hyun et de Choi Kyu-Sok.*
http://www.sceneario.com/sceneario_interview _TCHAJ.html
문화 관련 사이트 에벤느, *L'art du manhwa, Interview de Oh Sé-Young,*
http://www.evene.fr/livres/actualite/interview-oh-se-young-feux-manhwa-1142.php
ACBD협회 홈페이지, Gilles Ratier, 2007 연차 보고서 http://www.acbd.fr/
Arte TV채널 공식 홈페이지 만화 코너 *Interviews mangaka & dessinateurs Byun Ki-hyun,*
http://www.arte.tv/fr/art-musique/mangarte/Planete-Manga/Interviews-mangaka---dessinateurs/1523310.html
카스터만 출판사 공식 홈페이지
http://bd.casterman.com/catalogues_list.cfm ?CategID=964&OwnerId=436
퐁피두센터 공식 사이트 *Rencontre coréenne,*

http://www.centrepompidou.fr/Pompidou/Manifs.nsf/0/5B790F8B01E71B3AC12573AF00341E93?OpenDocument&sessionM=&L=1&view=

영상 매체에서 문자 매체로의 전이:
알렉산더 클루게의 『감정의 힘』을 중심으로*

천현순

1. 들어가는 말

오늘날 우리는 거대한 영상물의 홍수 속에 살고 있다. 이전과 비교해서 급속도로 빠르게 여러 형태의 영상물들이 텔레비전, 영화, 비디오, 컴퓨터 등 대중 매체를 가득 메우고 있다. 이런 영상물의 범람 시대를 미국의 매체이론가 토머스 미첼Thomas Mitchell은 "그림으로의 복귀 현상"이라 칭하고, 이와 유사하게 독일의 이미지 이론가 고트프리트 뵘Gottfried Boehm은 "그림으로의 회귀 현상"이라 부르고 있다.

이처럼 영상물이 범람하는 오늘날 문자 매체인 문학과 다른 시청각적인 영상 매체들 사이의 관계를 비교해 보면 서로 모순된 양 극단적인 면을 살펴볼 수 있다. 한편으로는 문자 매체인 문학이 더욱 더 대중들을 현혹

* 이 글은 『뷔히너와 현대문학』 제30호(2008년 5월)에 게재된 논문을 수정·보완한 것임을 밝혀 둔다.

시키는 시청각적인 요소들로 인해 위협당하고 있으며, 다른 한편으로는 이들 시청각적인 영상 매체가 아이러니컬하게 다시 문자 매체로 전이되어 읽혀진다는 것이다. 예를 들어 발터 켐포브스키Walter Kempowski는 그의 『블룸즈데이 '97Bloomsday '97』(1997)에서 여러 채널에서 동시다발적으로 상영되는 텔레비전 방송물을 다시 문자 매체로 전이함으로써 새로운 문학 작품으로서의 가능성을 보여 주고 있다. 그런가 하면 톰 티크베어Tom Tykwer는 자신의 영화 〈롤라 런Lola Rennt〉(1998)을 다시 책으로 출판했고, 최근에는 라울 루이즈Raoul Ruiz 감독이 제작한 영화 〈클림트Klimt〉(2006)를 크리스티네 아이헬Christine Eichel이 다시 소설화했다.

왜 그렇다면 오늘날 시청각적인 영상 매체들이 다시 문자 매체로 전이되어 문학 작품처럼 읽혀지는 것일까? 이러한 영상 매체들이 문자 매체로 전이됨으로써 나타나는 효과는 무엇이고, 이때 문자 매체가 다른 영상 매체와 비교해서 갖는 강점은 무엇일까? 본고는 이러한 문제 제기를 시작으로 해서 서구 문화의 일부분에서 보여지는 문자 매체로의 전이 현상, 특히 여기서는 영상 매체인 영화가 문자 매체인 문학으로 전이되는 현상에 대해 집중적으로 살펴보고자 한다.

오늘날 문학과 영화의 관계를 살펴보면 일반적으로 문학의 영화화를 떠올리기 마련이다. 문학의 영화화와 연관하여 지금까지 다루어진 내용들은 크게 세 가지 경우로 요약될 수 있겠다. 첫째는 개별 문학 작품과 이것이 영화화된 사례를 비교한 경우인데, 예를 들어 폰타네Theodor Fontane의 소설 『에피 브리스트*Eiffi Briest*』와 파스빈더Rainer Werner Fassbinder의 영화 〈에피 브리스트Eiffi Briest〉를 비교 분석한 경우가 이에 해당한다. 둘째로는 영화가 탄생된 초기부터 현대에 이르기까지 문학 작품이 영화화된 사례들을 역사적으로 추적한 경우가 이에 해당한다. 셋째로는 문학의 영화화에 대한 개념을 이론적으로 분석한 경우가 이에 해당한다.

지금까지 다루어진 내용들과는 다르게 여기서는 국내에서 아직 구체적으로 연구가 되지 않은 '영화의 문학화'에 대해 살펴보고자 한다. 영화의 문학화란 영화가 영화적 수단을 통해 문학적으로 서술된다는 의미가 아니라, 영화가 구체적으로 문자 매체인 텍스트로 전이되어 문학 작품처럼 읽혀진다는 것을 말한다. 영화의 문학화는 그러나 현대에 들어와 새로이 나타난 특징은 아니다. 이미 영화가 등장한 20세기 초 무성 영화 시기에도 영화를 문자 언어로 재현하려는 시도가 있어 왔다. 여기서는 우선 영화가 문자 매체로 전이되는 현상을 무성 영화 시기부터 비디오가 등장한 1980년대까지를 시대적으로 간략하게 살펴보고, 이러한 현상에 대한 구체적인 실례로서 알렉산더 클루게Alexander Kluge에게서 나타나는 매체 전이 현상에 대해 집중적으로 알아보고자 한다.

2. 영상 매체에서 문자 매체로의 전이 현상에 대한 시대적 고찰

영상 매체인 영화가 문자 매체인 문학으로 전이되는 현상은 이미 영화가 등장하기 시작한 20세기 초에도 관찰된다. 20세기 초 무성 영화 시기에 영화가 문학으로 전이된 예는 프랑스 영화 감독인 루이 푀이야드Louis Feulliade의 영화가 소설의 형태로 출판된 것에서 찾아볼 수 있다. 예컨대 『드라큘라*Les Vampires*』(1915), 『주덱스*Judex*』(1916), 『티 민*Tih-Minh*』(1918), 『플리뷔스티에의 아들*Le Fils du Flibustier*』(1922) 등이 이에 해당한다. 푀이야드의 영화가 소설로 출판됨에 따라 '시네 소설'이라는 새로운 문학 장르가 독자들의 인기를 점유하게 되었다. 그 밖에도 이 시기에는 다수의 영화가 영화 잡지 및 영화 간행물 등에 실려 읽혀졌다. 예컨대 영화 잡지 『프티 일루스트라시옹 시네마*Petit Illustration Cinéma*』에는 독일 영화 감독인 프리츠 랑Fritz Lang의 영화를 소설로 옮긴 테아 폰 하르부Thea von Harbou의 『메트로폴리스*Metropolis*』(1926)가 실리기도 했다.

무성 영화 시기에 '시네 소설'이 대단한 성공을 거둘 수 있었던 이유는 크게 두 가지 점에서 이야기될 수 있겠다. 하나는 이 시기에 관객들은 빠르게 움직이는 영상 장면들로 인해 영화에서 말하고자 하는 바가 무엇인지를 파악하기가 어려웠다. 따라서 영화를 다시 책으로 출판하여 읽게 함으로써 영화에 대한 관객의 이해를 높이고자 함이었다. 이에 대해 알랭 비르메Alain Virmaux는 다음과 같이 언급하고 있다.

> 왜 움직이는 그림을 보고 사람들은 문자에 의존하려고 할까? [……] 관객은 무엇보다도 빨리 지나가는 영상 때문에 혼란스러워했다. 사람들은 전혀 준비되지 않은 채 빠른 리듬과 충돌했고, 그래서 연속적으로 진행되는 것에 저항하려고 했으며 이 지속적인 과정을 잡아둘 수 있는 수단을 찾으려 했다. [……] 문자로 씌어진 텍스트는 반항적인 영상을 확보할 수 있도록 했다(패히, 1997 : 178).

이처럼 문자로 씌어진 텍스트는 빨리 지나가는 영상들로 인해 혼란을 겪는 관객들에게 영화를 이해시켜 주는 기능을 했다. 무성 영화 시기에 '시네 소설'이 성공을 거둘 수 있었던 또 다른 이유로는 이 시기에 영화는 하층 계급이 즐기던 일종의 오락적인 장르였는데, 영화를 책으로 출판함으로써 문학적인 효과뿐 아니라 영화에 대한 위상도 높일 수 있었기 때문이다.

영화를 텍스트로 전이하려는 경향은 그러나 1930년대 유성 영화가 등장한 이후로 점차 감소하게 된다. 유성 영화는 구술 언어를 통해 영화에서 말하고자 하는 의미를 직접적으로 전달할 수 있었고, 이에 따라 영화에 대한 관객의 이해도 더욱 수월해졌다. 유성 영화는 이로써 과거 '시네소설'의 역할을 떠맡게 되었다. 유성 영화는 또한 언어 전달을 통해 문학적인 서술을 가능하게 했고, 이에 따라 영화의 위상을 예술적 수준으로까지 끌어올릴 수 있게 했다. 유성 영화가 등장한 이후로 문자 매체로의 전이 현상은 점차 감소되어 소수의 영화만이 텍스트로 전이되어 읽혀졌다.

무성 영화 시기의 맥을 이어받아 1970년대 들어서면서 다수의 영화들이 다시 책으로 출판되어 읽혀졌다. 예를 들어 빔 벤더스Wim Wenders는 자신의 영화 〈시간이 흐르면Im Lauf der Zeit〉(1976)을 영화 사진과 함께 책으로 출판했고, 게르하르트 츠베렌츠Gerhard Zwerenz는 라이너 베르너 파스빈더의 영화 〈마리아 브라운의 결혼Die Ehe der Maria Braun〉(1978)을 동일한 제목으로 소설화했다. 이 시기에는 영화를 영화 잡지나 영화 간행물 등에 생생히 기록해 두려는 시도가 있어 왔다. 이로 인해 '영화책'이 독자들의 인기를 점유하는 장르가 되었다. 이 시기에 영화가 책으로 출판되어 읽혀진 것은 그러나 20세기 초 무성 영화 시기와는 다른 의미를 지니고 있다. 비디오가 아직 보편화되지 않은 1970년대에 영화를 간직할 수 있는 유일한 수단은 인쇄 매체였다. 이 시기에 인쇄 매체인 책은 영화를 보존할 수 있는 유일한 수단이었고, 이후 이러한 보존 수단으로서 책의 기능은 비디오가 보편화됨으로써 점점 약화된다.

1980년대에 들어서서 새로이 등장한 매체는 비디오인데, 비디오는 시청각적인 영상물을 저장해서 시간이나 공간의 제약 없이 반복해서 볼 수 있도록 해 주었다. 이 시기에 비디오가 일반인들에게 보편화되었음에도 불구하고 일부 감독들은 영화를 끊임없이 문자 매체로 옮기는 과정을 계속한다. 예를 들어 헤르베르트 아흐턴부쉬Herbert Achternbusch는 자신의 영화 〈유령Das Gespenst〉(1982)을, 베르너 헤어초크Werner Herzog는 자신의 영화 〈코브라 베르데Cobra Verde〉(1987)를 책으로 출판했으며, 빔 벤더스는 자신의 영화 〈베를린 천사의 시Der Himmel über Berlin〉(1987)를 페터 한트케Peter Handke와 함께 책으로 펴냈다. 왜 그렇다면 이 시기에 이들 감독들은 비디오의 등장에도 불구하고 영화를 다시 책으로 출판하여 읽히게 했을까? 이러한 질문에 대한 해명의 실마리를 우리는 알렉산더 클루게의 작품을 통해 좀 더 구체적으로 살펴볼 수 있다. 영화를 문자 매체로 전이한 예는 무엇보다도 알렉산더 클루게에게서 나타나는 가장 특징적인 현상이라 할 수 있기 때문이다.

3. 알렉산더 클루게에게서 나타나는 매체 전이 현상

알렉산더 클루게는 1960년대 중반부터 현재에 이르기까지 자신이 직접 제작한 다수의 영화와 텔레비전 방송물을 끊임없이 문자 매체로 옮기고 있다. 이 가운데 1966년에 제작된 클루게의 영화 〈어제와의 이별Abschied von Gestern〉은 예외적으로 영화평론가인 엔노 파탈라스Enno Patalas에 의해 프로토콜 형식으로 전이되었다. 이후에는 클루게 자신이 직접 영화를 문자 매체로 전이하는데, 예를 들어 1967년에 제작한 영화 〈곡마장의 곡예사, 어쩔 줄 모른 채로 있다Die Arstisten in der Zirkuskuppel: ratlos〉를 이듬해에 같은 제목으로 출판했다. 1970년대에 들어서서 클루게는 본격적으로 영화를 문자 매체로 전이하는 일에 착수하는데, 1973년에 제작된 영화 〈한 노예의 임시적인 일Gelegenheitsarbeit einer Sklavin〉을 같은 해에 책으로 펴냈다. 또한 영화 감독 에드가 라이츠Edgar Reitz와 1974년에 공동으로 제작한 영화 〈위험하고 절박한 경우에 중도를 지키는 것은 죽음을 가져온다In Gefahr und größter Not bringt der Mittelweg den Tod〉를 영화가 제작된 이듬해에 잡지 『쿠르스부흐*Kursbuch*』에 문자 매체로 전이하여 실었다. 연이어 1979년에는 영화 〈애국자Die Patriotin〉를 제작해서 같은 해에 책으로 펴냈고, 1983년에는 자신의 마지막 영화 〈감정의 힘Die Macht der Gefühle〉을 제작해서 이듬해에 같은 제목으로 출판했다.

왜 그렇다면 클루게는 영화를 이처럼 끊임없이 문자 언어로 전이하여 책으로 출판하는 것일까? 그에 대한 이유는 어디에 있는 것일까? 클루게의 영화 제작 과정에서 두드러지게 나타나는 특징 중 하나는, 그가 다른 영화 감독들과는 다르게 영화에 필요한 대본을 쓰지 않는다는 점이다. 그 대신 클루게는 이미 제작된 영화를 문자 언어로 옮기는 일을 한다. 영화를 문자 매체로 전이하는 것은 우선 클루게 자신이 소설가로서 시각적인 영상 장면보다는 문자 언어 자체에 더 큰 신뢰감을 가지고 있기 때문이다. 이에 대해 그는 "나의 걸작들이야말로 나의 책들이다"라고 말하고 있다. 하지만 더 궁극적인 이유는 영화가 가지고 있는 제약 조건 때문이라고 할 수 있다. 영화는 빠르게 진행되는 속도로 인해 시간의 제약을 받는 매체이다. 따라서 관객들로 하여금 영화에서 말하고자 하는 의미를 파악하는 데 충분한 시간적인 여유를 주지 못한다. 이에 반해 문자 언어로 씌어진 텍스트는 시간보다는 공간의 제약을 받는 매체이다. 따라서 텍스트는 독자들로 하여금 영화에서 말하고자 하는 의미를 파악하고 체계화할 수 있는 시간적인 여유를 가질 수 있게 해 준다. 영화가 가지고 있는 또 다른 제약 조건은 개념의 전달 방식에 있다. 영화의 주된 수단은 텍스트와는 다르게 시각적인 영상 장면들이다. 시각적인 영상 장면들은 슬픔, 분노, 기쁨 등과 같은 단순한 내용들은 전달해 줄 수 있지만, 형이상학적인 개념들은 시각 매체가 지니고 있는 한계로 인해 전달 방식이 제한되어 있다. 이에 반해 문자 언어는 그 자체의 고유한 특성으로 인해 시각적인 내용뿐 아니라 형이상학적인 개념들도 표현해 줄 수 있다. 영화를 문자 언어로 옮기는 이유에 대해 클루게는 다음과 같이 언급하고 있다.

> 영화에서 의미하는 당파적인 성격이란 내가 어떠한 인지의 힘과 결부되어 있는가에 달려 있다. 이때 영화의 내용이 영화의 당파적인 성격을 좌우하는 것이 아니라, 오히려 스크린에서 보여지는 영화 장면과 관객의 머릿속에서 재현되는 '영화' 사이에서 공동으로 일어나는 생산 관계와 생산 방식이 영화의 당파적인 성격을 좌우하는 것이다. 하지만 이러한 것이 영화를 보는 방식에 익숙하지 못할 경우에는, 또 영화라는 장르로서 구체적으로 제시되지 못할 경우에는 한 가지 독특한 현상이 나타나게 된다. 즉 비언어적인 영화의 장면들을 담화 형식의 텍스트로 이야기해 주어야 한다는 것이다(Kluge, 1975 : 70).

클루게의 영화 제작 과정에서 가장 특징적인 것은 그가 항상 관객을 영화에 참여시키고자 한다는 점이다. 그렇기 때문에 클루게에게 관객은 만들어진 영화를 단순히 감상하는 수동적인 관찰자가 아니라, 영화에서 제시하는 의미를 매개로 하여 끊임없이 자신의 사고를 전개시키면서 영화에 적극적으로 참여하는 동참자로서 인식되고 있다. 하지만 이러한 동참자로서의 관객이 영화를 보는 방식에 익숙하지 못할 경우에는, 또 영화에서 보여 주고자 하는 의미가 영상 장면으로 구체화되지 못할 경우에는 부득이하게 영화의 장면들을 다시 한 번 담화 형식의 텍스트로 이야기해 주어야 한다는 것이다. 이런 점에서 볼 때, 문자 언어로 옮겨진 영화 텍스트는 영화를 보는 방식에 익숙하지 못한 관객들에게 영화를 이해시켜 주고 영상 장면만으로 표현될 수 없는 의미를 보충해서 설명해 준다고 할 수 있다. 하지만 클루게의 영화 텍스트를 영화에 부수적으로 딸린 '참고 자료'로서 이해해서는 안 된다. 원래의 출발점은 영화를 이해시키는 데에 있지만, 클루게의 영화 텍스트는 그것을 넘어서서 영화와는 다른 문학 작품으로서의 기능도 수행한다. 다시 말해서 클루게의 영화 텍스트는 영화에서 출발하여 새로운 문학 장르로서의 가능성을 열어 주고 있다.

여기서 우리는 클루게의 마지막 영화 〈감정의 힘〉을 통해 '보는 영화'에서 '읽는 텍스트'로의 매체 전이 과정에 대해 살펴봄으로써 영화를 본다는 것과 텍스트를 읽는다는 것과의 차이점에 대해 논의해 보도록 하자. 이를 통해 클루게의 영화 텍스트가 영화와는 다른 새로운 문학 장르로서 제시될 수 있음을 밝혀 보도록 하자.

4. 알렉산더 클루게의 『감정의 힘』

두 가지 유형의 감정

알렉산더 클루게는 자신의 영화 〈감정의 힘〉에서 다루고자 했던 본질적인 내용에 대해 다음과 같이 언급하고 있다.

> 영화 〈감정의 힘〉에서 문제가 되는 것은 감정 그 자체가 아니라, 오히려 감정이 어떻게 진행되는가에 대한 것이다. 즉 우연으로 인해, 낯선 '외부로부터의' 영향으로 인해, 살인으로 인해, 운명으로 인해 감정이 어떻게 진행되는가가 문제인 것이다. 다시 말해서 감정 자체가 어떻게 진행되고, 감정이 추구하고자 하는 행복을 감정이 어떻게 획득하는가가 문제시되고 있다 (Kluge, 1984 : 213).

위에서처럼 영화 〈감정의 힘〉에서 문제시되는 것은 감정 그 자체보다는 인간의 감정이 여러 가지 원인에 따라 전개되는 과정과 그것의 결말에 있다. 이 작품에서 클루게는 26개의 서로 다른 짧은 이야기들을 모자이크 방식으로 구성하여 보여 주고 있다. 다른 영화와 마찬가지로 이 작품에서도 클루게는 서로 다른 이야기들을 스토리 전개에 따라 순차적으로 보여 주지 않고 그의 특유의 낯설게 하기 방식인 지그재그 방식으로, 즉 하나의 이야기를 서술하는 과정에서 또 다른 이야기를 엮어서 보여 주고 있다.

영화 〈감정의 힘〉에서 클루게는 자신이 직접 제작한 영상 장면 이외에도 다른 영화에서 발췌한 장면들을 몽타주 방식으로 보여 주고 있다. 영화에 삽입된 장면들은 주제페 베르디Giuseppe Virdi의 오페라 공연 장면, 프리츠 랑의 영화 〈니벨룽엔Die Liebelungen〉, 제1, 2차 세계대전을 담은 다큐멘터리 영상 장면 등 다수가 있다. 이러한 서로 다른 영상 장면들은 영화에서 시간과 공간의 경계 없이 복잡하게 나열되어 전개되고 있다. 예를 들어 제1차 세계대전 당시인 1918년의 모습에 이어, 1980년 현재 대도시의 모습을 보여 주고, 이어서 제2차 세계대전 당시인 1944년의 모습에 이어, 1920년 프라하에서 공연되는 오페라 장면을 보여 주고 있다. 이처럼 시공간을 초월해서 전개되는 26개의 서로 다른 기록적이고 허구적인 내용들에서 나타나는 공통점은 여러 가지 유형의 감정과 이에 따른 결말에 있다. 이 작품에서 보여 주고자 하는 감정과 이에 따른 결말은 크게 두 가지 측면에서 정리해 볼 수 있다. 하나는 열정으로 시작하여 비극으로 끝나는 감정의 유형이고, 다른 하나는 서서히 힘겹게 시작하여 행복으로 이어지는 감정의 유형이다. 감정에 대한 클루게의 본질적인 생각은 "모든 인간의 감정은 행복을 추구하고자 한다"는 것이다. 그렇다면 어째서 불행을 야기시키는 감정이 존재하는 것이고, 이로 인해 나타나는 인간의 비극이 존재하는 것일까? 이 질문에 대해 이 작품은 관객들로 하여금 끊임없이 사고하도록 유도하고 있다.

영화에서 클루게는 열정으로 시작하여 비극으로 끝나는 감정의 유형을, 예를 들어 베르디의 오페라 〈리골레토Rigoletto〉와 〈아이다Aida〉의 내용을 통해 보여 주고 있다. 3막으로 구성된 베르디의 오페라 〈리골레토〉는 가부장적인 부권 중심의 사회에서 딸이 희생당하는 내용을 담고 있다. 난쟁이 리골레토는 자신의 딸 질다를 유일한 소유물로 생각하고 끔찍이 사랑한다. 어느 날 질다는 만토바 공작에게 자신의 몸을 탐하도록 허락한다. 이에 분노한 리골레토는 살인청부업자를 보내 만토바 공작을 추격하도록 하지만, 결말에는 질다가 공작을 대신하여 칼에 찔려 죽게 된다. 4막으로 구성된 베르디의 오페라 〈아이다〉는 이집트와 에티오피아 사이의 치열한 전쟁을 두 남녀 간의 사랑 이야기를 통해 보여 주고 있다. 이집트 공주의 노예이자 에티오피아 국왕의 딸인 아이다와 이집트군의 지휘관인 라다메스는 서로를 헌신적으로 사랑한다. 그러던 중 라다메스는 아이다에게 군사 비밀작전을 누설하게 되고, 이로 인해 반역자로 몰려 돌무덤에 산 채로 묻히는 형벌을 받게 된다. 아이다는 자신이 사랑하는 라다메스가 돌무덤에 갇히게 된다는 소식을 미리 전해 듣고 그에 앞서 돌무덤에 숨는다. 지하 돌무덤에서 라다메스와 아이다는 자신들의 사랑을 다시 한 번 확인하게 된다. 두 남녀가 돌무덤에 갇혀 있는 동안 기대하지 않은 일이 일어나는데, 무덤 밖에 있던 군중들이 두 남녀를 석방하라고 소리친다. 이러한 군중들의 외침에 두 남녀는 석방되지만, 이들이 오직 사랑에만 관심이 있다는 것에 실망한 군중들은 이들을 돌로 쳐서 죽인다.

영화에서 클루게는 단순히 베르디의 오페라 내용을 서술하는 것에 만족하지 않고, 더 나아가 이를 과거와 현재에 이르는 독일의 역사와 비교해서 보여 주고 있다. 클루게에 따르면, 베르디의 오페라에서처럼 열정으로 시작해서 비극으로 끝나는 감정의 유형은 독일의 역사에서도 그대로 관찰되고 있다는 것이다. 예를 들어 제1, 2차 세계대전은 독일의 역사에서 조국애와 민족애라는 열정으로 시작되었으나, 결말은 죽음과 파멸이라는 비극으로 끝을 맺게 된다. 또한 1980년대 당시 테러리스트들에 의한 암살과 총격으로 얼룩진 독일 사회의 분위기는 비극적인 과거의 역사를 다시 상기시켜 주고 있다. 이에 대해서는 다음 절에서 좀 더 자세히 살펴보기로 하겠다. 베르디의 오페라 내용과 과거와 현재에 이르는 독일의 역사는 이처럼 일정한 유사성을 보이고 있는데, 여기서 유사성이란 열정에서 시작하여 비극으로 끝나는 감정의 전개 과정에 있다.

영화에서 클루게는 열정에서 시작하여 비극으로 끝나는 감정의 유형과는 또 다른 형태의 감정을 보여 주고 있다. 또 다른 형태의 감정이란 서서히 힘겹게 시작되지만 행복으로 이어지는 감정의 유형이다. 영화에서 클루게는 이런 형태의 감정을 영화의 마지막 에피소드를 통해 보여 주고 있다. 창녀 베티와 그녀의 포주 쉴라히는 다른 쌍의 두 남녀인 쉬미트와 멕스헨과 알게 되어 친하게 지낸다. 어느 날 이들 두 쌍의 남녀는 유고슬라비아 출신인 다이아몬드 거래업자 알레비쉬를 알게 되어 집으로 초대한다. 이후 쉬미트와 멕스헨은 금품에 욕심을 품게 되어 친구인 쉴라히의 집에 알레비쉬를 몰래 데리고 들어온다. 쉴라히의 집에서 쉬미트는 알레비쉬의 머리를 쳐서 정신을 잃게 한 후, 금품을 챙겨들고 여자 친구인 멕스헨과 함께 바르셀로나로 도주한다. 일에서 돌아온 베티는 집에 쓰러져 누워 있는 알레비쉬를 발견하고 이를 쉴라히에게 알린다. 베티와 쉴라히는 온갖 힘을 동원하여 혼수 상태에 빠져 있는 알레비쉬의 생명을 구하는 데 전력을 다한다. 이러한 그들의 노력으로 인해 알레비쉬는 혼수 상태에서 깨어나게 되고, 베티와 쉴라히는 알레비쉬를 다시 그의 고국으로 데려다 준다. 이로써 그들은 자신들이 저지르지 않은 사건을 함께 협력하여 무마시키는 데 성공한다. 6주 동안에 걸친 힘겨운 일을 통해 베티와 쉴라히는 더욱 가까워지고 모든 것은 해피 엔딩으로 끝을 맺게 된다.

영화에서 클루게는 베티와 쉴라히라는 두 남녀를 통해 진정한 감정의 전개 방식과 이에 따른 행복으로 이어지는 결말을 보여 주고 있다. 베티와 쉴라히는 자신들이 저지르지 않은 살인 사건에 휘말릴 수도 있다는 당혹스러운 감정에도 불구하고 끝까지 이성을 잃지 않는 모습을 보이고 있다. 결국 이들은 서로 협력하여 합리적인 사고와 판단을 통해 자신들이 할 수 있는 최선의 해결책을 찾아내는 데 성공한다. 클루게는 이 두 남녀를 통해 인간에 내재되어 있는 두 가지 측면, 즉 감정과 합리적인 사고가 서로 조화를 이룰 때에만 진정한 행복을 맺을 수 있음을 보여 준다. 이로써 클루게는 감정 그 자체만으로는 비극을 초래할 수 있으며, 감정이 합리성과 결합될 때 진정한 행복의 결실을 맺을 수 있음을 역설적으로 보여 주고 있다. 이 두 남녀에게서 나타나는 감정은 제1, 2차 세계대전 당시 독일의 역사와 비교해 볼 때 인간적인 사소한 감정이라 할 수 있다. 제1, 2차 세계대전 당시 독일인들이 보여 주었던 감정은 규모가 큰 집단적인 감정이었는데 반해, 두 남녀에게서 보이는 감정은 개인적인 사소한 감정인 것이다. 두 남녀에게서 나타나는 개인적인 감정과 독일의 역사에서 보이는 집단적인 감정의 차이에 대해 클루게는 다음과 같이 언급하고 있다. "이러한 사소한 감정들은 대단히 생산적인 것이고 행복으로 이어지는 출구에 적합한 것이다. 이에 반해 '규모가' 큰 감정들은 본질적으로 파멸에 적합한 것이다"(Ballin, 1998 : 207, 재인용).

클루게는 두 가지 유형의 감정, 즉 열정에서 시작하여 비극으로 끝나는 감정과 서서히 힘겹게 시작하여 행복으로 이어지는 감정을 다시 서로 다른 두 매체의 특성으로 설명하고 있다. 이에 대해 그는 다음과 같이 말하고 있다.

> 나[클루게]는 이러한 감정의 총합, 즉 이러한 [감정의] 밀집된 형태에 관

심을 가져왔다. 두 개의 예술 형식만이 이러한 감정을 표출할 수 있다. 격앙되는 감정으로 시작하다가 마지막에 가서는 죽음을 초래하는 오페라의 경우와, 해피 엔드로 이어지게끔 서서히 감정을 일으키게 하는 영화의 경우가 그것이다. 그런데 감정은 항상 행복으로 이어지는 출구를 원한다(Ballin, 1998 : 204, 재인용).

여기서 클루게는 열정으로 시작해서 비극으로 끝나는 감정의 유형을 표현하는 데 적합한 매체를 오페라로, 서서히 힘겹게 시작하여 행복으로 이어지는 감정의 유형을 표현하는 데 적합한 매체를 영화로 보고 있다. 클루게의 영화에서 해피 엔딩을 보여 주는 방식은 그러나 할리우드 영화에서 보여 주는 해피 엔딩의 방식과는 다르다. 할리우드 영화가 일관된 짜임새를 지닌 허구적인 이야기를 통해 관객들에게 해피 엔딩으로 이어지는 결말을 직접적으로 보여 주는데 반해서, 클루게는 그의 모든 영화에서 낯설게 하기 방식을 사용하여 관객들이 영화에 몰입되는 것을 차단하고 있다. 이러한 차단을 통해 클루게는 영화에서 말하고자 하는 의미를 관객 스스로가 이성적인 사고를 통해 유추하도록 유도한다. 따라서 클루게는 할리우드 영화와는 다르게 행복으로 이어지는 방법을 직접적으로 보여 주는 것이 아니라, 관객으로 하여금 행복으로 이어지는 방법이 무엇인지를 사고하도록 방향 제시만을 해 줄 뿐이다.

새로운 문학 장르로서의 영화 텍스트

알렉산더 클루게의 마지막 영화 〈감정의 힘〉은 1983년에 제작되어 이듬해인 1984년에 책으로 출판되었다. 영화와 동명으로 출판된 영화책에는 영화를 문자 언어로 옮긴 텍스트 이외에도 영화에 대한 클루게 자신의 해석 및 인터뷰 등과 같은 부수적인 이야기들이 부록으로 실려 있다. 클라우스 칸촉Klaus Kanzog은 영화를 문자 매체로 전이하여 얻어낸 결과물을 영화 텍스트라 칭한다. 영화 텍스트를 칸촉은 다시 영화 프로토콜과 영화책으로 분류하고 있다. 영화 프로토콜이 영화를 학문적으로 분석하기 위해 필요한 텍스트 자료에 해당한다면, 영화책은 이와는 달리 영화를 문학 작품처럼 읽는다는 데에 주안점을 두고 있다. 여기서는 칸촉이 제시한 이 두 가지 부류의 텍스트 가운데에서 영화책에 초점을 맞춰 살펴봄으로써 클루게의 영화 텍스트가 갖는 의미에 대해 알아보도록 하겠다.

알렉산더 클루게의 영화 텍스트 『감정의 힘』은 전체적으로 드라마에서 막에 해당하는 로마 숫자로 표기가 된 시퀀스가 있고, 시퀀스 아래에는 드라마에서 장에 해당하는 아라비아 숫자로 표기가 된 스크린으로 구성되어 있다. 하나의 시퀀스는 다시 몇 개의 스크린으로 이루어져 있다. 이런 점에서 클루게의 영화 텍스트는 영화를 단순히 문자 언어로 옮긴 영화소설과는 다른 구조를 보여 주고 있다. 영상 매체가 문자 매체로 전이되는 과정을 좀 더 구체적으로 살펴보기 위해 5번째 스크린 장면을 예로 들어 보자. 5번째 스크린 장면은 우선 굵은 글씨체로 영화에서 움직이는 영상 장면들을 문자 언어로 옮겨 적고 있다.

> **장례 의식. 국무총리에 의해 인도되며 : 미망인. 사진 기자. 수상은 자기 좌석으로 가고 있다**(Kluge, 1984 : 76).

여기서 텍스트는 영상 장면이 장례 의식을 보여 주며, 국무총리에 의해 인도되는 여성이 암살당한 정치인의 미망인이라는 것을 독자들에게 설명해 주고 있다. 영상 장면에 대한 묘사에 이어 텍스트에는 장례를 진행하는 연설자의 말이 보통 글씨체로 씌어 있다.

장례 연설자 :

[……] 일자리를 확고히 다지기 위해 그가 달성한 것이 무엇이었는지를 이런 여정을 통해 알게 되었습니다. 동서가 공동으로 일할 수 있다는 커다란 가능성을 내다보고 있었기 때문에 그는 이런 참여 정치의 옹호자였던 것입니다. 왜냐하면 공동으로 일하면서 내딛는 한 걸음 한 걸음이 평화를 확고히 하는 한 걸음이 된다는 사실을 그는 알고 있었기 때문입니다 [……] (Kluge, 1984 : 76).

이처럼 영화 텍스트는 배우나 해설자가 직접 이야기하는 구술 언어를 문자 언어로 옮겨 적고 있다. 이때 문자 언어는 영화에서와 비슷하게 대화체 형식으로 옮겨졌다. 영화의 구술 언어가 문자 언어로 전이됨으로써 나타나는 특징 중에 하나는 영화에서는 목소리를 통해 이야기하는 사람의 감정이나 내면 세계를 표출해 줄 수 있지만, 텍스트에서는 이러한 표

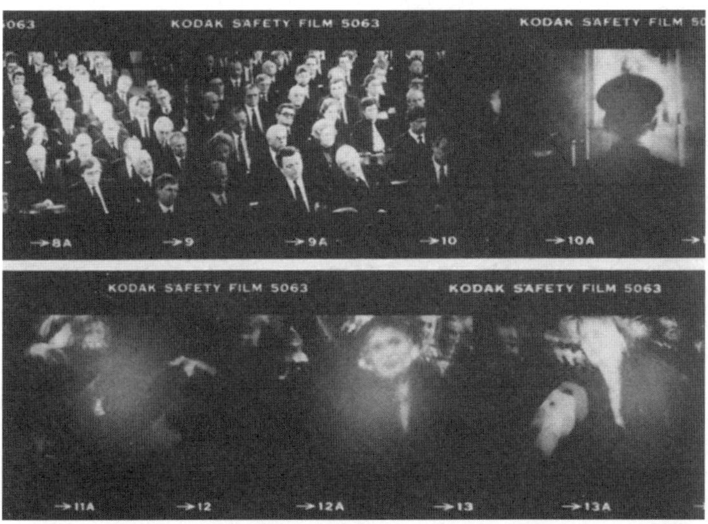

[그림 1] 클루게의 영화 텍스트 『감정의 힘』 5번째 스크린 장면[1]

출이 불가능하다는 것이다. 따라서 클루게의 영화 텍스트는 부분적으로 지문을 사용하여 감정 표출이나 카메라의 움직임 등 텍스트에서 다루지 못하는 부분을 보충해서 설명해 주고 있다.

장례 연설자의 이야기에 이어 텍스트에는 다음과 같은 연속 사진이 삽입되어 있다.

텍스트는 여기서 영화에서 움직이는 영상 장면을 고정된 영상 장면으로 전이시키고 있다. 고정된 영상 장면은 영화 텍스트에서 두 가지 유형으로 나타나는데, 하나는 각각 독립된 사진처럼 삽입되었고, 다른 하나는 위에서처럼 각각의 사진들이 병렬 방식으로 나열됨으로써 연속 사진처럼 삽입되었다. 독립된 사진은 다른 영화 텍스트에서도 흔히 볼 수 있는 현상이지만, 병렬 방식으로 나열된 연속 사진은 클루게의 영화 텍스트에서만 볼 수 있는 독특한 현상이라 할 수 있다. 여기서 클루게의 영화 텍스트는 그에 해당하는 영화를 독자가 현재 보고 있거나, 적어도 한 번 보았다는 것을 전제로 하고 있다. 왜냐하면 영화를 보지 않은 독자는 실제로 텍스트에 삽입된 영상 장면만으로는 영화의 전체적인 흐름을 파악할 수 없기 때문이다. 클루게의 영화 텍스트는 텍스트에서 보여 주지 못하는 영상 장면들을 다시 문자 언어로 묘사해 줌으로써 이를 보충해 주고 있다.

위의 연속 사진에는 텍스트를 읽어 나가는 방향과 동일하게 왼쪽에서 오른쪽으로, 위에서 아래로 일련의 번호가 매겨져 있다. 위의 연속 사진에서 8A부터 10번까지는 1981년 5월 11일 '혁명적인 세포조직 Revolutionäire Zellen'이라는 테러단체에 의해 저격당한 헤센 주의 경제부 장관 하인츠 헤르베르트 캐리Heinz Herbert Karry의 죽음을 추모하는 장례식

1 이 책의 5번째 스크린 장면(Kluge, 1984: 76)이 1981년에 암살당한 헤센 주 경제부 장관 하인츠 헤르베르트 캐리의 장례식 장면이라는 정보를 주고, 더불어 사진의 출판을 허락해 준 이 책의 저자 알렉산더 클루게에게 이 자리를 빌어 진심으로 감사드린다.

광경을 보여 주고 있다. 캐리는 헤센 주 경제부 장관으로 재직하는 동안 한편으로는 경제 성장, 일자리 확보 등에 전력했으며, 다른 한편으로는 핵무기 개발, 아우토반 건설, 프랑크푸르트 공항 활주로 개발 등에도 적극적으로 힘써 왔다. 이러한 그의 정책은 그러나 핵무기 반대자들과 환경단체 종사자들에게 심한 반발심을 일으키게 했으며, 이로 인해 캐리는 이들과 극심한 마찰을 빚어 왔다. 캐리를 저격한 테러단체는 자신들의 범행 동기를 그의 과도한 정책과 연관하여 언급하고 있는데, 이들에 의하면 캐리는 핵무기 개발, 아우토반 건설, 무기 공급 등에 전적으로 책임이 있다는 것이다. 그러나 다른 일각에서는 캐리가 암살당한 또 다른 이유를 유대인이라는 그의 태생 때문이라고 보고 있다. 캐리가 암살당한 구체적인 이유는 오늘날까지 정확하게 밝혀지지 않고 있다. 위에서 제시한 연속 사진의 10A번부터 13A번까지는 6번째 스크린 장면에 해당하며, 제1차 세계대전 당시 독일군이 '조국애'라는 기치를 내걸고 전쟁을 치르러 기차에 올라타는 장면과 기차 밖에서 이별을 고하는 여인의 모습을 보여 준다. 1914년부터 1918년까지 4년간에 걸쳐 치러진 제1차 세계대전에서 독일은 세계제국으로서의 위상을 세운다는 명분으로 전쟁에 참가했으나, 결국은 전쟁에 패하여 막대한 재산 손실과 인명 피해를 보는 비극을 겪게 된다. 클루게는 여기서 과거와 현재의 모습을 보여 주는 서로 다른 영상 장면들을 몽타주 기법으로 연결함으로써 자신만의 독특한 서술 방식을 이끌어 내고 있다. 즉 1980년대 당시의 독일의 정치적 상황과 제1차 세계대전 당시의 과거의 역사는 유사성을 보이고 있는데, 여기서 유사성이란 열정에서 시작하여 비극으로 끝나는 감정의 유형을 말한다. 이로써 클루게는 독일의 역사는 과거와 현재가 끊임없이 반복되어 나타나는 '역사의 연속'이라는 것을 암시적으로 보여 주고 있다.

클루게의 영화 텍스트 『감정의 힘』은 전체적으로 시퀀스와 스크린으로 이루어져 있고, 영화에서 직접 발췌한 영상 장면들을 병렬 방식으로 나열하여 재구성함으로써 영화와 비슷한 분위기를 자아내고 있다. 그러면서도 영화 텍스트는 영화와는 또 다른 면을 보이고 있는데, 영화에서는 움직이는 영상 장면들이 영화 텍스트에서는 정지된 장면으로 나타나고 있다. 이런 점에서 클루게의 영화 텍스트는 영화와 유사하면서도, 영화와는 다른 '패러독스'한 성격을 지니고 있다. 이러한 패러독스한 성격은 클루게의 영화 텍스트가 보여 주는 독특한 면이라 할 수 있다.

영화를 문자 매체로 전이하여 얻어낸 결과물은 텍스트, 즉 책이라 할 수 있다. 영화의 주된 기능이 보는 데에 있다면, 책의 주된 기능은 읽는 데에 있다. 그렇다면 보는 행위에서 읽는 행위로 전이됨으로써 영화 텍스트가 갖고 있는 효과는 무엇이고, 영화와 비교해서 다른 점은 무엇인가? 본다는 것과 읽는다는 것은 동일하게 인간의 감각 기관인 눈과 연관되어 있다. 그러나 영화를 볼 때와 텍스트를 읽을 때의 인간의 인식 과정은 서로 다르게 나타남을 알 수 있다. 레싱Gotthold E. Lessing은 그의 『라오콘 *Laokoon*』(1766)에서 그림을 동시적인 인식 과정으로, 문자 언어 텍스트인 문학을 순차적인 인식 과정으로 분류하여 설명하고 있다. 이와 유사하게 관객이자 독자는 영화에서 보여 주는 여러 장면들을 동시적으로 인식하는 데 반해서, 문학은 언어의 나열적인 서술 방식으로 인해 순차적으로 인식한다. 즉 한 단어에서 다음 단어로 시선을 옮기면서 글자의 의미를 인식해 간다. 또한 관객은 영화에서 보여 주는 시청각적인 요소들을 동시적으로 받아들이지만, 텍스트를 읽는 독자는 텍스트에서 보여 주는 그림과 문자 언어를 순차적인 방식으로, 즉 그림에서 텍스트로 혹은 텍스트에서 그림으로 시선을 옮기면서 인식해 간다. 이렇게 볼 때, 영화를 본다는 것과 텍스트를 읽는다는 것은 서로 다른 시선의 움직임과 그에 따른 서로 다른 인식 과정과 밀접히 연관되어 있음을 알 수 있다.

클루게의 영화 텍스트는 전체적인 구성면에서 영화와 비슷한 분위기를 자아내면서도, 움직임/정지, 보기/읽기, 동시적인 인식 과정/순차적인 인식 과정, 시간에 의한 제약/공간에 의한 제약이라는 대립쌍에서도 알 수 있듯이 근본적으로 영화와는 다른 텍스트로서의 독특한 면을 지니고 있다. 또한 클루게의 영화 텍스트는 영화를 문자 언어로 전이함과 동시에 영화적 기법을 차용하여 서술함으로써 전통적인 텍스트와는 차별성을 두고 있다. 이러한 전통적인 텍스트와의 차별성을 통해 클루게의 영화 텍스트는 '새로운' 문학 장르로서의 가능성을 보여 주고 있다. 여기서 우리는 영화와 텍스트 간의 차이점을 주로 형식적인 측면에 초점을 맞추어 분석했다. 영화와 텍스트 간의 이러한 형식적인 차이점이 구체적으로 내용적인 측면에 어떠한 방식으로 영향을 미치는지에 대해서는 앞으로도 계속 연구가 이루어져야 할 것으로 보인다.

5. 나오는 말

지금까지 우리는 영화 자체보다는 영화가 문자 언어로 전이됨으로써 얻은 결과물인 영화 텍스트, 즉 영화책에 중점을 두어 살펴보았다. 알렉산더 클루게의 예에서 알 수 있듯이 영화에서 문자 언어로 전이된 텍스트는 영화에 종속된 하류 장르로서가 아니라, 오히려 영화에 영향을 받아 탄생된 새로운 형태의 문학 텍스트로서 제시되고 있다. 이전에는 영화가 문학에 영향을 받아 영화의 고급화를 추구하고자 했다면, 클루게의 경우에는 거꾸로 영화에 영향을 받아 새로운 형태의 문학이 탄생되고 있음을 알 수 있다. 즉 클루게의 경우에는 영상 매체인 영화가 문자 매체인 문학을 위협하고 억제하는 것이 아니라, 오히려 영화적 기법을 차용함으로써 문학의 패러다임을 새롭게 하여 새로운 문학 장르로서의 가능성을 열어 주고 있는 것이다. 클루게의 예를 통해 영화와 문학과의 관계가 단순히 문학에서 영화로 전이되는 일방적인 관계가 아니라, 영화가 다시 문학으로 전이됨으로써 쌍방향적인 관계에 놓여 있음을 알 수 있다. 즉 영화와 문학과의 관계는 문학이 영화로 전이되기도 하고, 영화가 다시 문학으로 전이되기도 하는 복잡한 상호작용 속에 놓여 있다고 할 수 있는 것이다.

시청각적인 영상 매체가 지배적인 오늘날 사회의 일각에서는 흔히들 '문자의 종말' 내지 '문학의 위기' 등으로 우리 사회를 진단하는 경향이 늘고 있다. 이러한 성급한 진단에 클루게는 그의 독특한 방식으로 브레이크를 걸고 있다. 즉 클루게의 경우에는 시청각적인 영상 매체에 의해 문자 매체인 문학이 위협당하는 것이 아니라, 오히려 이로 인해 문학의 형태가 새롭게 변화되고 문학의 폭이 확장되어 가는 과정으로서 제시되고 있는 것이다.

참고 문헌

패히, 요아힘, 『영화와 문학에 대하여』, 임정택 옮김, 민음사, 1997.

Ballin, Eva Viktoria, "Happy Endings im Fernsehzeitalter. Über Operndramatik und Kinoverständnis in Alexander Kluges *Die Macht der Gefühle* und Werner Herzogs *Fitzcarraldo*," *Europäische Kinokunst im Zeitalter des Fernsehens*, hg. v. Volker Roloff, Fink.

Kluge, Alexander, *Die Macht der Gefühle*, Zweitausendeins, 1984.

Kluge, Alexander & Edgar Reitz, "In Gefahr und größter Not bringt der Mittelweg den Tod," *Kursbuch* 41, 1975.

제2부

상호 매체성

문학 텍스트와 사진 이미지의 상호 매체성*

조윤경

1. 상호 매체성 이론의 쟁점과 초현실주의 산문 『나자』

초현실주의 시인이자 이론가인 앙드레 브르통André Breton의 대표작 『나자*Nadja*』(1928)는 문학 텍스트에 사진 이미지가 삽입된 작품으로, 소설, 산문, 자동 기술법적 글쓰기, 회화, 영화, 사진 등 장르와 예술 매체들 간의 경계를 자유롭게 넘나들면서 통합 예술의 가능성을 모색했던 초현실주의자들의 미학적 탐험을 대변한다. 이 작품은 영상 이미지 시대에 상이한 예술 매체의 상호 매체적 특성을 분석해 낼 수 있는 중요한 요소들을 내포하고 있다는 점에서 흥미롭다.

상호 매체성 이론은 한젠 뢰베Mia Hansen-Löve가 1983년에 "예술 형식의 변형"이라는 의미로 처음 언급한 이래,[1] 지금까지 활발히 논의가 진행

* 이 글은 『비교문학』 제46집(2008년 10월)에 게재된 논문을 수정・보완한 것임을 밝혀 둔다.

되고 있다. 상호 매체성은 1980년대부터 유럽의 문예학에서 주목받기 시작한 상호 텍스트성과 밀접하게 연관된다. 줄리아 크리스테바Julia Kristeva의 상호 텍스트성 이론에 의하면 "모든 텍스트는 인용이라는 모자이크로 구성되어 있으며, 모든 텍스트는 다른 텍스트의 흡수이자 변형"[2]이다. 상호 매체성은 그러한 열린 대화의 공간을 텍스트를 넘어선 다양한 매체로 확장한다. '사이' 또는 '매개'의 의미를 지니고 있는 '매체'의 개념과 용법은 문학, 미술, 영화 등의 예술 장르를 지칭하는 것으로부터, 멀티미디어, 비디오, TV 등 새로운 테크놀로지와 관련된 전달 수단을 지칭하는 것까지 다양하기 때문에, 상호 매체성이라는 범주는 규정하기 힘든 매우 광범위한 영역까지 포괄하게 된다.

상호 매체성은 상이한 매체들 사이에서 이루어지는 상호적인 대화이다. 각 매체들과 그 상이한 매체들에서 기인한 요소는 그들 간의 경계를 허물고 상호 의존 관계, 상호 보완 관계, 침투, 통합, 간섭, 대조, 중첩 등의 다양한 결과들을 산출한다. 이런 맥락에서 볼 때 상호 매체적 연구에서 중요한 것은 매체 자체가 아니라 매체들 간의 관계이다. 다양한 매체들과 이와 관련된 다양한 예술 행위 간의 관계는 한 편의 영화, 한 권의 책에서도 보일 수 있으며, 텔레비전, 르포르타주, 영화, 사진, 예술가의 설치, 대상이 되는 한 사건에서도 읽혀질 수 있다.[3] 논문 「다매체 시대의 문학과 예술: 상호 매체성의 이론과 실제」를 쓴 임정택 외 네 명의 공동 필자들은 매체와 매체가 단지 상호 소통하고 있다는 것만으로 상호 매체성의 실체가 드러나지 않는다고 말한다. 중요한 것은 매체의 만남과 전이의 과정

1 피종호, 「예술 형식의 상호 매체성」, 『독일문학』, vol. 76, n° 1, 2000, p. 249.
2 Julia Kristeva, *Seméiotiké, Recherches pour une sémanalyse*, Paris, Seuil, 1969, p. 145.
3 CRI(centre de recherche sur l'intermédialité), http://cri.histart.umontreal.ca/cri/fr/vitrine/default.asp

에서 어떤 일이 일어났는가를 규명하는 일이며, 그렇게 해야 두 매체 사이에서 벌어지고 있는 과정을 통해 매체적 변형으로서의 상호 매체성을 더 잘 포착할 수 있다는 것이다.[4] 즉 상호 매체성 이론에서는 여러 매체가 단순히 더해지는 것을 넘어서서, 한 매체의 요소가 다른 매체에 수용되면서 각 매체가 지니는 예술 형식의 특수성을 유지시킨 채 텍스트의 의미를 단절 또는 동화시키거나 소통의 효용성을 창출하는 등 미적 체험을 새롭게 하는 과정을 중시한다.

그렇다면 문학 텍스트와 사진 이미지가 공존하는 『나자』에서는 매체적 변형이 어떻게 이뤄지고 있으며, 그 결과 변화되는 미학적 체험과 의미는 무엇일까? 이 분야에 대한 선험적 연구를 한 세바스티엥 코테Sébastien Côté는 『나자』와 『미친 사랑』을 중심으로 이코노텍스트에 관한 연구를 하는 과정에서 상호 매체성에 대해 잠깐 언급했으나 심도 있는 연구를 개진하지는 못했다. "브르통에 의해 삽입된 자료들은 종종 텍스트와 간섭/충돌/개입되고, 예술 오브제들(혹은 신기한 오브제들)은 종종 주석이 필요함을 쉽게 알 수 있다. 마치 이 이미지들이 작가에 의해 의도된 암시를 받아들이기 위해서는 텍스트의 도움을 필요로 하는 듯이 말이다."[5]라는 코테의 언급은 다음과 같은 의문을 야기한다. 사진 이미지는 반드시 텍스트의 도움을 필요로 하는가? 텍스트는 진정 '주석'의 역할을 담당하는가? 코테는 모호한 사진이 텍스트로 인해 분명해진다고 설명한다. 하지만 『나자』의 사진과 텍스트를 비교해 보면 오히려 평범하고 분명했던 사진이 텍스트로 인해 모호해짐을 알 수 있다. 즉 브르통은 롤랑 바르트Roland Barthes

4 임정택 외, 「다매체 시대의 문학과 예술: 상호 매체성의 이론과 실제」, 『기호학연구』, vol. 9, n° 1, 2001, p. 193.

5 Sébastien Côté, "Les rapports intersémiotiques dans l'iconotexte : *Nadja et L'Amour fou* d'André Breton," *L'ésprit créateur*, summer 2003, vol. 18, n° 2, p. 52.

가 말한 텍스트의 '정박ancrage'의 기능을 전도하고 있다. 그렇다면 텍스트가 사진 이미지의 성격을 규정하고 의미를 제한하는 것이 아니라 그 가능성을 오히려 확장하고 있는 것이 아닐까? 브르통의 사유는 과거와 현재, 진술된 사건과 서술의 순간에 개입되는 생각이나 감정 사이에서 왕래한다. 그렇다면 그 중간 중간에 삽입된 사진은 어떤 역할을 담당하고 있을까? 움직이는 것을 고정시킴으로써 과거를 회상하게 하는 매체인 사진은 그 왕래의 중심 매개적 역할을 하고 있는 것일까? 이 글은 이러한 질문들을 출발점으로 하여 『나자』에 나타난 사진의 역할과 문학 텍스트의 역할이 각각 무엇이며 이 두 매체들이 어떤 관계로 연결되어 있는가를 상호 매체성 이론을 토대로 분석해 보고자 한다.

2. 자전적 텍스트와 기록 사진

『나자』에서는 저자인 앙드레 브르통 자신이 화자가 되어 어느 날 우연히 특별한 여성과 만난 이야기를 기술하고 있다. 브르통은 『대담』에서 루이 아라공의 『파리의 농부』와 자신의 『나자』를 "유랑에의 욕구가 그 절정의 경계에 다다른 정신적 풍경"을 보여 주는 가장 대표적인 책들로 꼽고 있으며, 또한 "표면 아래 숨겨져 있는 것을 보고 드러내는" 목적 하에 "끝없는 추구"에로 자유롭게 내맡긴 책이라고 평가하고 있다.[6]

이 작품에서 브르통은 자신이 겪은 경험에 대한 기술과 그 순간 자신의 머릿속에서 환기된 사회 · 문화적 문제들, 복합적인 감정, 지적인 관심들에 대한 기술을 혼융하는 독특한 글쓰기를 보여 준다. 이야기의 화자로

6 André Breton, *Entretiens 1913–1952*, Paris, Gallimard, 1969, p. 139.

등장하는 작가가 '나자'에 대해 얘기하는 행위를 따라가다 보면, 작가의 내면 일기를 읽는 것과 동일한 효과를 얻게 되며, 이를 통해 작가의 자신을 찾는 여정, 자신과 세계와의 관계에 대한 성찰을 엿볼 수 있게 된다. "나는 누구인가?"로 시작하는 첫 문장은 이 이야기가 존재론적인 탐험임을 명백히 보여 주며, 이때의 '나'는 미학적인 대상이 아니라 다큐멘터리적이고 실제적인 존재를 의미하게 된다.

이 책의 내용은 실재하는 인물의 예기치 않은 만남(엘뤼아르와 페레 등 초현실주의 동료들, 낭트에서 온 처녀), 꿈 같은 만남(밤, 숲 속 나체의 아름다운 여인), 어떤 장소들(10구의 영화관, 모던 시어터)이나 어떤 상황들(미치광이 이야기), 어떤 오브제들(벼룩시장에서 발견된 불규칙한 모양의 실린더, 푸른색 장갑)로 인한 매혹, 기념물들(에티엔 돌레의 조각, 루소의 조각), 간판들(브와 샤르봉, 메종 루즈)에 의해 초래되는 혼란 등으로 구성된다. 그때마다 사진이 그 증거물처럼 삽입되어 제시되고 있다. 브르통은 1964년 출간된 『나자』의 개정판에서 원래 삽입되었던 몇 가지 사진들을 교체하면서, 사진과 텍스트에 관한 자신의 사유의 단초를 보여 주는 서문을 삽입한다. 서문에서 밝힌 내용들과 교체된 사진들은 텍스트와 사진 이미지의 관계가 브르통의 작품에서 차지하는 중요성을 보여 주면서, 이 작품을 분석하는 데 중요한 단서를 제공한다. 브르통은 서문에서 모든 묘사를 삭제하고자 하는 목적으로 사진 매체를 삽입했으며, 의사의 진단서와 같은 방식의 건조한 문체를 일부러 사용했다고 밝힌다. 그것은 "날것 그대로의 현실 위에서 취해진 기록을 어떠한 것으로도 손상시키지 않으려는 결심"[7]을 의미한다. 브르통은 소설의 묘사를 거부하면서 '반

7 André Breton, *Nadja*, Paris, Gallimard, [1928], 1964, p. 6. 각주가 지나치게 늘어나지 않도록 하기 위해 이하 본문에서 괄호 안에 쪽수를 명기하도록 하겠다.

反문학'을 내세운다. 이러한 생각은 또한 "문학 이외의 것들"에 대한 호감을 서술하고 있는 본문에서도 이어지며, 예컨대 이 소설의 화자는 자신이 말하는 것에 실수나 착각, 건너뜀 등이 있어도 무방하다고 말함으로써 있는 그대로 사실을 묘사하는 행위가 필요없다고 역설한다.

즉 브르통은 불필요하다고 판단되는 묘사 대신 사진을 사용했다고 밝혔다. 그런데 정작 『나자』를 읽어보면 이 책이 묘사를 포함한 '문학적'인 서술로 이뤄져 있으며, 서술을 뒷받침하는 배경으로 지극히 평범한 사진들이 제시되어 있음을 알게 된다. 또한 텍스트와 사진을 비교해서 보면, 사진이 묘사를 대신하는 것도, 텍스트에서 묘사가 사라진 것도 아님을 발견하게 된다. 정리하면 브르통은 사진이 있음에도 불구하고 텍스트 속에서 자세한 묘사를 하고 있다. 또한 텍스트에서 언급한 장소나 오브제들의 일부는 사진으로 제시되지 않고 있으며, 사진으로 제시된 장소나 오브제들의 상당수가 다시 텍스트에서 언어로 묘사되고 있다. 또한 텍스트에서 나온 묘사의 일부가 그대로 발췌되어 사진의 설명문으로 제시되고 있기도 하다. 삽입된 사진들도 초현실주의 실험 사진들이 아니라 사실적인 기록 사진들이어서, 로잘린드 크라우스Rosalind Krauss의 지적처럼 "『나자』에서 텍스트는 수수께끼처럼 신비스럽게 존재하는 반면, 사진 이미지들은 아주 범속해 보인다."[8] 사진이 텍스트를 보완하고, 텍스트가 사진을 보완한다기보다는 사진이 텍스트의 '증거'처럼 제시되고 있는 것이다.

크리스티앙 부크레Christian Bouqueret에 따르면 사진과 초현실주의는 태생적으로 양립 불가능하다. 그 당시의 사진이 가장 날것의 리얼리즘과 완벽한 객관성을 추구했다면, 초현실주의는 순수한 심적인 자동주의를 추구했기 때문이다. 그럼에도 불구하고 초현실주의 작가들이 사진에 매혹된

8 로잘린드 크라우스, 최봉림 옮김, 『사진, 인덱스, 현대미술』, 궁리, 2003, 220쪽.

이유는 정해진 장르와 범주를 넘어 충돌과 혼종을 이루게 하는 매체 실험(재프레이밍, 확대, 포토몽타주, 포토콜라주, 이중 인화, 포토그램, 솔라리제이션, 브륄라주) 때문이었다고 그는 보고 있다.[9] 그러나 브르통의 『나자』에 삽입된 평범한 다큐멘터리 사진들의 경우를 본다면 초현실주의와 사진의 관계가 단지 실험성의 문제만은 아니라는 것을 알 수 있게 된다. '날것 그대로의 현실'에 관한 초현실주의자들의 관심은 다큐멘트와 다큐멘터리 사진에 관한 그들의 열정을 설명해 주는 듯하다.

다큐멘터리 사진의 일반적인 특징은 무엇일까? 문서로서의 다큐멘트가 '증거'를 의미한다면, 다큐멘터리 사진은 카메라가 장면을 주시함으로써 알리지 않았다면 묻혀 버렸을 세계를 드러내는 또 다른 방식이 된다. 실제로 낯섦이라는 이 요소는 '다큐멘터리' 사진에서 아주 기본적인 폭로의 의미를 강조한다. 그렇다면 브르통은 자신의 산문에 다큐멘터리 사진을 삽입함으로써 무엇을 '폭로'하고자 했던 것일까?

『나자』에 삽입된 사진은 너무나 잘 알고 있고 흔해서 오히려 우리의 눈에 보이지 않고 존재하지 않는 사물들을 담담한 시선으로 드러내 보여 준다. 이러한 사진들은 '의도된' 다큐멘터리 사진이다. 삽입된 사진은 사건들에 관해서뿐 아니라 주변 상황에 관해서 작가가 말한 것의 진실성을 증명한다. 그것은 독자에게 이야기를 만들어 낸 것이 아니라 실제 장소에서 일어난 일들을 이야기하고 있다고 설득하려 한다. 하지만 『나자』의 사진은 또한 있는 그대로의 기록 사진만은 아니다. 이러한 사진은 있는 그대로의 현실에 대한 증거가 아니라, 보이지 않는 현실, 현실의 다른 모습의 증거를 가시화하려 한다.

프레타 드 보포르Aude Préta-de Beaufort는 사실주의적인 사진처럼 보이

9 Christian Bouqueret, *Histoire de la photographie en images*, Marval, 2001, p. 100.

는 사진들에 대해 " '레디메이드'의 경우처럼, 이 유사 리얼리즘은 전복적이다. 사진은 전통적인 소설과 묘사를 거부하는 데 일조한다. 특히 사진은 독자를 화자가 기이함이 솟아난다고 발견했던 현실의 요소 앞에 위치시킨다"[10]고 분석한다. 브르통은 내면으로 침잠하거나 심리 분석을 하는 대신 무의미해 보이는 일화나 인상에서 출발하는 것을 중시하기 때문에, 표면상 평범하고 의미 없는 사진을 삽화로 수록하고자 했다. 사진은 출발점이다. 브르통의 시도는 현실에 경이로움을 깃들게 하고 일상의 범속함에서 출발하여 환상적인 것을 환기시키는 데 있다. 평범한 사진에서 출발하여 현실의 틈새를 발견하고, 무의식과 내면의 타자를 만나고자 하는 것이다. 사진과 텍스트의 소통이 중요해지는 것은 바로 이 지점에서이다.

3. 『나자』에 나타난 언어 텍스트와 사진 이미지의 '상호 매체성'

브르통은 1964년 개정판에서 원래의 사진에 벡의 동상, 그레뱅 박물관의 여성, 콩시에르주리의 창문, 메종 루즈의 간판, 모르달의 그림, 레스토랑 '새벽LES AUBES'을 지시하는 간판에 대한 사진, 그리고 나자의 눈 사진을 첨가했다. 또한 몇몇 기록 사진들의 각도를 변경했다. 이렇게 사진을 변경하고 첨가한 의미는 무엇일까?

『나자』의 텍스트 끝부분에서 브르통은 설명한다 : "이 이야기가 이끄는 여러 장소들을 나는 다시 보기 시작했다. 실상 나는 마치 몇몇 사람들과 대상의 경우처럼 내가 스스로 생각했던 특별한 각도에서 잡은 사진 이미

10 Aude Préta-de Beaufort, *Le surréalisme*, Paris, Ellipses, 1997, p. 92.

지를 이 장소에 부여하고 싶어졌다"(177쪽). 이 대목에서 우리는 사진의 중요한 요소로 작용하는 '각도'에 주목하게 된다. 예컨대 에티엔 돌레의 동상을 아래에서 위로 찍은 사진(27쪽)은 브르통의 텍스트에서 "파리의 모베르 광장에 있는 에티엔 돌레 동상은 나에게 전체적으로 항상 견딜 수 없는 불편함을 고조시키고 야기했음"을 보여 주기 위해 제시된다. 이 동상은 상당히 아래에서 바라보는 각도에서 촬영되어서 배경의 집들과 같은 높이에서 거만하게 쏘아 보는 듯한 인상을 부여하면서 보는 사람의 '불편한' 심경을 전달하고 있다. 이렇게 사진은 "인간의 의지로 컨트롤할 수 없는 내재적 가치를 가진 사건들"(20쪽)을 이미지화하고 있는 것이다.

사진의 '각도'의 문제는 『나자』에서 중요하게 부각되는 시선의 테마와도 연결된다. 『나자』에는 단 하나의 조작 사진이 존재하는데, 그것은 바로 포토몽타주로 작업한 나자의 눈이다(129쪽, 그림 1). 이 사진에서는 네 번이나 반복해서 나자의 눈만을 보여 주고 있다. 실상 눈만으로 그 사람의 정체성을 온전히 드러내기는 어렵다. 그래서 익명의 사진가가 찍은 나자의 이 사진은 "진짜 나자의 눈일까?" 하는 의심을 불러일으킨다.

브르통은 텍스트에서 이 눈을 다음과 같이 묘사한다: "나는 이 고사리 눈들이 아침에 세상을 향해 열리는 것을 보았다. 거기에서는 광대한 희망의 날갯짓이 공포의 날갯짓들이 내는 소리와 거의 구분이 되지 않는다"(130쪽). 나자를 '눈'으로 대체한 사진이 환유적인 원리를 보여 주고 있다면, 나자의 눈을 고사리로 비유한 텍스트는 은유적인 원리를 보여 주고 있다. 은유와 환유의 원리가 씨줄, 날줄처럼 얽혀 '나자'라는 인물의 상징성을 증폭하고 있는 것이다. 이는 브르통이 쓴 것처럼 나자가 도망가는 존재, 잡을 수 없는 존재임을 보여 준다.

또한 나자의 '눈' 사진을 보고 있으면 삽입된 다른 초상 사진들의 '눈' 전체를 다시 보게 된다. 초상 사진의 대부분은 초현실주의 사진 작가인

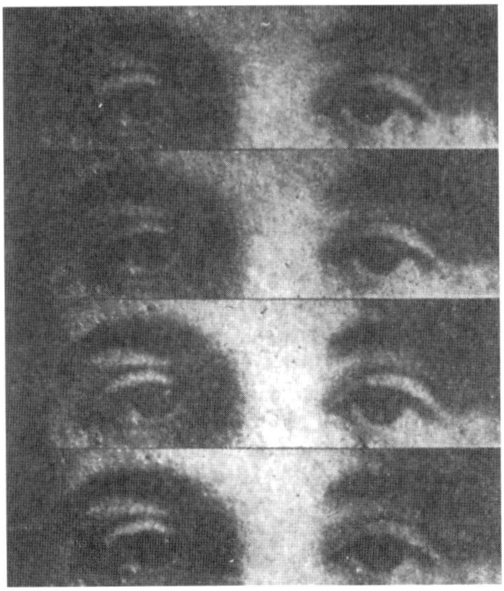

[그림 1] 나자의 눈 사진

만 레이Man Ray와 앙리 마뉘엘Henri Manuel이 찍은 작품이다. 이들의 초상 사진은 관람자들로 하여금 공통적으로 피사체들의 강렬하고 독특한 '눈'과 '시선'에 주목하게 한다. 엘뤼아르의 초상 사진은 유난히 눈의 흰자위가 부각되어 있어서 이 시인의 중요한 시학이기도 한, '보는' 것이 아니라 '보여 주는' 초현실주의의 계시적인 눈을 재현한다. 페레의 웃는 얼굴과 눈웃음은 이 작가의 악동 같은 장난기를 반영하고 있으며, 두 컷으로 된 최면적인 꿈 실험 당시의 데스노스의 초상 사진은 초현실주의의 영매 역할을 한 데스노스의 '깨어 있으면서도 잠자는 자'의 눈을 부각하고 있다. 이는 텍스트에서 브르통이 "데스노스는 내가 보지 못하는 것을 계속해서 보고 있다. 나는 점차로 그가 내게 보여 주는 것만큼만 볼 수 있다"라고 기술한 것을 시각적으로 입증해 보여 준다.

한편 앙리 마뉘엘이 찍은 블랑쉬 데르발(56쪽)의 초상 사진에서는 검고 신비한 데르발의 눈이 부각되어 있으며, 정신과 의사인 클로드 교수의 사진은 "고집 센 태도와 무지한 이마를 가진 생 딴느 병원의 클로드 씨"(161쪽)라는 브르통의 텍스트를 입증하듯, 넓은 이마, 차가운 느낌의 안경을 쓴 눈, 옆으로 쏘아보는 듯한 시선을 드러내고 있다. 마지막으로 사진 작가가 익명으로 되어 있는 예언가 마담 사코의 초상 사진은 유리구슬처럼 투명하면서 세상의 풍경을 단순히 비추는 것이 아니라 그것을 꿰뚫고 이면까지 다다를 것 같은 예언가의 계시적인 눈과 시선을 특징적으로 드러낸다. 이들 모두의 눈은 현실 그대로의 모습에서 현실의 이면으로 가는 통로를 상징한다.

통로의 상징성은 장소를 주제로 한 사진에서도 다른 형식으로 표현된다. 『나자』에 삽입된 상당수의 사진들은 텍스트에서 기술된 브르통과 나자의 여정을 알리는 특정한 장소를 재현한다. 그런데 이러한 사진들의 공통된 특징은 행인이 거의 지나가지 않으며 어떠한 움직임도 일어나지 않는 것 같은 정적인 풍경이라는 점에 있다. 〈라 누벨 프랑스〉(86쪽)라는 카페 사진에서 대로변에 줄지어 놓인 카페의 테이블과 의자는 모두 텅 비어 있다. 브르통이 텍스트에서 나자와 함께 대로변에서 식사를 한 장소라고 언급한 〈포도주 가게〉(95쪽) 사진 또한 가로등과 나무들을 전면에 배치하고 가게를 후면에 작게 포착한 인적 없는 풍경을 보여 준다. 이와는 대조적으로 텍스트는 나자의 경박한 행동, 술취한 행인, 행인의 아내, 카페 종업원 등과의 일화를 기술하고 있다. 즉 동적 사건들을 보여 주는 텍스트와 정적인 풍경을 보여 주는 사진이 서로 대조를 이루고 있는 것이다.

그 밖에도 후면에 작게 보이는 동상과 가운데 홀로 솟구치는 분수의 사진(99쪽), 꽉 찬 프레임으로 상점의 쇼윈도 한 부분을 포착하고 있는 카메 뒤르 상점의 사진(119쪽), 역시 한적한 거리와 샤토의 전경을 보여 주는 생 제르맹 샤토의 사진(131쪽), 한적한 밤거리에 조명만이 강렬한 불빛을 발하는 사진(156쪽) 등이 공통적으로 적막한 거리를 재현하고 있다. 행인이 있지만 건물이나 장소의 규모에 비해 매우 작게 포착되고 있거나(37쪽, 포르트 생 드니) 프레임 구석에 놓여 있는 사진(70쪽, 위마니테 서점), 형체를 알아볼 수 없는 행인들의 뒷모습을 포착한 사진(121쪽, 스

[그림 2] 스핑크스 호텔 사진

[그림 3] 나뭇단-석탄 가게 사진

핑크스 호텔) 등, 이러한 사진들은 전반적으로 무엇인가 불안하고 걱정스러운 분위기를 드러내고 있다.

『나자』에 수록된 사진들의 또 다른 공통적인 특징은 사진 속에 어둡게 처리해 놓은 부분이 있다는 점이다. 스핑크스 호텔 사진의 예가 대표적이다(그림 2). 왼쪽 상단에 드러난 하늘 부분 이외에는 스핑크스 호텔이 있는 건물과 상점의 전경이 형체를 알 수 없이 검게 처리되어 있고, 거리를 걸어가는 행인들 또한 어둠에 묻혀 있다. 이때의 사람과 사물은 철저히 어둠과 익명성으로 존재한다. 어두운 풍경과 대조되어 상대적으로 뚜렷하게 부각되는 간판의 글씨들인 "SPHINX HOTEL"이라든가 표지판의 구획에 의해 글자의 음절이 잘린 "COIF/FEUR"의 경우, 글자 자체가 새로운 의미와 새로운 세계를 지시하는 마술적인 환기력을 발휘하고 있음을 보여 준다. 그 밖에도 '나뭇단-석탄' 가게의 전면과 가운데 문(30쪽, 그림 3) 역시 어둡게 처리되어 있고, 생 뚜엥 벼룩시장 사진에서도 오른쪽

절반은 무슨 사물이 있으며 어떤 일이 벌어지는지 거의 알아볼 수 없는, 어둠과 신비에 싸인 풍경이 연출된다. 위마니테 서점의 사진 또한 가운데의 문이 어둡게 처리되어 있어서 거기 있는 문의 존재를 명확하게 드러내지 않고 있다(70쪽). 이렇게 모호한 상태로 남아 있는 부분들이 평범한 일상의 새로운 기호가 되고, 새로운 일상이 표출될 수 있는 여지와 가능성을 보여 준다.

이런 종류의 조작을 가하지 않은 사진은 현실 자체로 관심을 집중시키면서, 그 평범해 보이는 현실에 낯섦과 기이함이 들어 있음을 보여 주려는 초현실주의자들의 의도를 드러낸다. 즉 겉으로는 평범한 일상의 모습을 담은 다큐멘터리 사진인데, 거기에 깃든 낯선 분위기, 현실의 틈새, 조직망들을 발견하게 하고 있는 것이다.

한편 사진이 불필요한 묘사를 대체할 목적을 가진다고 밝혔던 브르통의 서문과는 달리, 텍스트와 사진 이미지가 중복된 내용을 다루는 경우도 있다. '나뭇단-석탄'의 에피소드와 삽입된 사진(그림 3)을 보면, 브르통은 분명 자신이 배격한 '묘사'를 하고 있으며, 함께 삽입된 사진이 텍스트가 '묘사'한 부분을 대체하고 있지 않음을 알 수 있다.

> "나는 '나뭇단-석탄'이라는 말이 갖는 환각적인 이미지에 의해서가 아니라, 가게 정면 입구 이곳 저곳에, 좀 더 어둡게 칠해진 부분이 있는 동일한 색깔의 잘려진 나뭇단들이 소단위로 그룹지어져 거칠게 그려져 있는 이미지에 의해 충격을 받고, 이끌렸다" (29-31쪽).

부아파르가 찍은 이 사진은 "포장 · 나뭇단 · 석탄 COURTINE · BOIS · CHARBONS"이라고 씌어진 간판과, 브르통이 묘사한 것처럼 건물 정면에 정렬되어 그려진 잘린 나뭇단의 모습을 보여 주고 있다. 아래

보도 블록의 포석이 정렬된 나뭇단의 패턴과 조형적인 조화를 이루고 있으며, 입구는 어둡게 처리되어 있다. 가게 주인도 없고 행인도 지나가지 않는 상황에서, 안에서 어떤 일이 벌어지고 있을지에 대한 것을 '검은 입구의 이미지' 처리를 통해 신비롭게 남겨놓고 있다. 그것은 일상의 표면에서 이면으로의 이행을 암시하고 있는 것일까? 브르통이 텍스트에서 언급한대로 수포와 함께 집필했던 자동기술법을 실험한 텍스트 『자장磁場』의 마지막을 나뭇단과 석탄이 가지고 있는 '연소', '사라짐'의 이미지로 장식한 의미처럼 말이다.

모든 것의 끝

앙드레 브르통 & 필립 수포 나뭇단 & 석탄

브르통은 이 수수께끼 같은 텍스트를 다음과 같이 해설한다. "작가들은 생각했다, 적어도 이 두 사람들은 흔적을 남기지 않고 사라질 것이라 생각함을 가장했다고. 예컨대 '나뭇단과 석탄', 이 초라하고 작은 가게들 중 하나가 갖는 익명성처럼 말이다."[11] 즉 볼 수 있는 것에서 보이지 않는 것을, 알려진 것에서 알려지지 않은 것을 찾는 여정을 이 사진 텍스트가 제공하고 있다. 텍스트와 이미지의 중복은 '나뭇단 & 석탄'이라는 언어적 유희와 브르통이 언급한 동일 패턴의 이미지적 충격이 결합하여 '나뭇단과 석탄'이 체현하는 사라짐의 상징성을 강화하고 있다.

마즈다 전구 사진 에피소드 또한 시각적 유희와 언어적 유희가 함께 어

11 André Breton, *Change*, n° 7, Seuil, 1970.

[그림 4] 마즈다 전구 사진

[그림 5] 위마니테 서점 사진

우러지고 있는 모습을 보여 준다(155-156쪽, 그림 4). 이 사진의 하늘 부분 왼쪽과 중앙에는 'HACHARD'라는 고유명사가 이중으로 반복되어 있어서 '우연hasard' 혹은 브르통이 말한 대로 '격렬한 증인témoin hagard'으로 읽혀지기도 한다. 빛나는 전구가 마치 전복된 태양처럼 어둠을 비추고 있으며, 땅 부분에는 '즐거운 아틀리에Atelier GAI'라는 글씨가 나무와 석탄을 실은 인력거에 반쯤 가려져 있다.

1925년부터 1939년의 시기까지 프랑스의 거의 전 코뮌에 전기가 공급된 이후, 밤은 더 이상 밤이 아니며, 오히려 밤으로부터 비로소 새로운 빛이 작렬할 수 있는 시간이 된다. 이것이 초현실주의자들이 밤의 도시에 주목한 중요한 이유이다. "어둠을 쫓아내는 새롭고도 놀라운 전기는 완전히 표현주의적이며 초현실주의적인 것으로 지각"되었으며, "감각적인 층위의 어둠 속에 힘차게 새겨진 다른 세계에 대한 계시"로 의미화된다.[12] 이런 배경에서 "대로변에서 불 밝힌 마즈다 광고"(156쪽)는 기계적으로 나자가 그린 상징적인 두 자화상을 떠올리게 한다. 텍스트는 'Mazda'가 Nadja의 이름을 왜곡되게 반영한 것일 뿐이라고 설명한다(155쪽). 실제로 이란의 종교에서 태양의 신을 뜻하는 '마즈다'는 '나자'로 읽혀진다. 이처럼 이미지 속 텍스트의 오독은 새로운 의미의 가능성을 낳음과 동시에, 무의식과 현실, 우연과 필연이 조우할 수 있는 계기를 마련한다.

이미지와 텍스트의 전형적인 역할이 역전된 것은 '모던 시어터'에 관한 부분이다(41-42쪽). 사진은 이 건물의 광경을 제시하는 것이 아니라, 작품명과 이에 관한 내용을 두 페이지에 걸쳐 기술한 부분을 보여 주고 있다. 즉 극장의 모습이나 분위기를 사진으로 파악할 수 없고, "지나가는 쥐들이 발에 채이고, 낡고 가라앉은 의자 혹은 뒤집어진 의자"(43쪽)의 예처럼 오히려 브르통이 텍스트로 쓴 부분에서 기억 속 극장의 분위기가 어떠했는지에 대한 자세한 묘사를 읽을 수 있다. 이언 워커Ian Walker가 지적하듯, "사진들은 현존과 부재, 실재성과 허구성 사이의 끝없는 흐름 속에서 텍스트와 상호작용한다."[13] 사진은 텍스트가 말한 것에 대해 의문을 갖게 만들고, 텍스트는 사진에서 본 것에 의문을 갖게 만든다.

주지하다시피 초현실주의 글은 등장 인물들이나 상황을 만들어 내는 것을 목표로 하지 않으며, 그 자체가 기호와 신호로 기능하는 사건들을 이야기하고자 한다. 사진의 경우는 어떠한가? 이를 알아보기 위해 브르통이 자주 뒤지곤 했던 중고 서적들로 가득한 위마니테 서점의 사진(71쪽, 그림 5)을 살펴보자. 이 사진에서는 서점 간판이 부각되기보다는 "서명은 여기에서(ON SIGNE ICI)"라는 사진 속 텍스트와 이미지(화살표)가 전면으로 부각되고 있다.

12 Alain Fleig, *Photographie et surréalisme*, Neuchâtel, Ideas & Calendes SA, 1997, p. 136.
13 Ian Walker, "'Her Eyes of Fern' : the photographic portrait in *Nadja*," *History of Photography*, vol 29, n° 2, summer 2005, p. 113.

'여기'라는 언술과 '화살표'가 무엇인가를 지칭하고 있기는 하지만, 무엇을 의미하는지 또한 어느 곳을 의미하는지는 명확하지 않다. 위마니테 서점의 이러한 화살표와 언술은 사진의 인덱스성을 환기시킨다. 실상 사진은 흔히 모사의 예술, 복사 가능한 예술, 기계적이고 화학적인 작용에 달려 있는 예술로 인식된다. 현실과 맺는 동일성의 관계 때문에 마치 사진은 다큐멘터리적인 기능만을 담당하는 것처럼 여겨진다. 로잘린드 크라우스는 이러한 사진의 재현적 기능에 의문을 제기하면서, 사진이 현실과 관계를 갖고 있다면 그것은 '모사'가 아닌 '인덱스(index, 지표)'를 통해서라고 설명한다.[14]

다른 기호들과는 달리 인덱스는 표지와 의미(또는 지시 대상) 사이의 관계를 인과율적이고 물리적이며 공간적인 축을 따라 설정한다. 그런 의미에서 사진은 인덱스이다. 사진은 광화학적 과정에 의해 획득된 자국이며, 현실의 각인이기 때문이다. 즉 사진은 사건 · 장소 · 대상을 아우르는 현실의 흔적이자 존재의 자국인 것이다. 이 말은 사진이 현실에 대한 해석이 아니라는 것을 알려 준다. 다만 사진은 현실을 구조화된 현실, 코드화된 현실, 글로 씌어진 현실로서 제시할 뿐이다.

브르통은 인덱스를 개성적으로 활용하여, 위마니테 서점의 사진에서 드러난 화살표와 같은 지시 기호들처럼 지시 대상이 사물일 수도 있고 가리키는 방향일 수도 있게 하는 이중의 역할을 부여한다. "서명은 여기에서"라는 표지판은 인덱스의 또 다른 소단위를 구성하는 '신카테고렘syncategoreme'에 속한다. 이는 의미가 텅 빈 기호로 '이것, 저것, 오늘, 내일, 여기, 지금'과 같은 어휘들로 언술된다. 다시 말해, 텅 빈 용기와 유사한 어휘들로 '나는 여기 있다', '오늘은 목요일이다'처럼 공간적 또는 시간적 인접성의

14 로잘린드 크라우스, *op. cit.*, pp. 180, 218.

[그림 6] '새벽' 간판 사진

특수한 계기들을 기다리며, 바로 이 인접성이 그것들에 명확한, 그러나 잠정적일 뿐인 지시 대상을 제공한다.[15]

위마니테 서점 사진과 더불어 레스토랑 '새벽LES AUBES'의 안내 간판 사진(그림 6)의 경우도 '인덱스'라는 이중의 상징성을 내포한다. 사진을 보면 새벽이라는 안내판 아래, 전체 사진의 비율과 거의 흡사하게 축소된 간판이 놓여 있다. 사진 속에 이미지와 텍스트가 공존하는 셈인데, 전체적으로 볼 때에는 텍스트가 전면으로 부각되어 보인다. 하지만 축소된 간판으로 시선을 돌리게 되면, 의도적으로 텍스트가 지워진 이미지의 우위성 또한 동시에 발견하게 된다. 이 간판은 방향을 지시하면서 텍스트를 내포하는 공간화된 간판으로 인덱스의 기능을 한다. 한편 간판이 가리키는 맑은 하늘 쪽으로 시선을 돌리게 되면 다리가 보인다. 다리의 존재는 표면에서 이면으로, 이 세계에서 저 너머의 세계로 이행함을 상징하고 있다. 이와 병행하여 브르통의 텍스트는 이 "낡은 다리는 결국 어린아이의 노래에 묻히게 되었다"(182쪽)고 말한다. 장 아루예Jean Arrouye의 분석처럼 "모든 이미지는 텍스트의 쟁점과 귀결을 보여 주는 알레고리적 '심적 풍경'이 되며, 이미지는

15 *Ibid.*, pp. 220, 234.

텍스트의 지평"[16]이 되는 것이다.

사진의 특징인 '인덱스'가 텍스트 기호에서도 드러나고, 텍스트와 동일화되는 삶 자체에서도 드러난다는 사실은 초현실주의의 미학인 '객관적 우연le hasard objectif'을 나타낸다. 즉 사진 자체의 기능을 텍스트와 삶이 이야기하는 것이다. '객관적 우연'의 개념에 의하면 나자와의 만남은 브르통의 이전 삶의 풍경 속에서 파편적으로 이미 예고되었던 것이다. 그렇다면 그 삶의 풍경들을 담은 사진들은 '객관적 우연'의 증거물이자 '전조'가 된다. 즉 삽입된 사진 한 컷이 완결된 전체의 역할을 하는 것이 아니라 그 파편적인 요소가 나중에 재구성됨으로써 새로운 미래의 현실을 예고하는 역할을 담당하게 되는 것이다. "사진은 현실의 순수한 재현이고자 할 때조차도 결코 이에 충실하지 않으며, 현실의 흔적들만을 포착할 뿐이다. 하지만 이 흔적들은 현실만큼이나 소중하다"[17]고 마그리트 보네Marguerite Bonnet는 언급한다. 그렇다면 삽입된 사진의 역할은 전조를 알려 주는 '미래로 향해 있는 과거'의 역할을 담당한다고 정리해 볼 수 있을까?

이제 우리는 브르통이 자신의 책 첫 부분에서 물었던 "나는 누구인가?"라는 질문을 내가 만난 사람, 내가 걸은 거리의 풍경, 일어난 사건 등 "나를 구성하는 모든 것은 무엇인가?"로 바꿀 수 있다. 또는 "나에게 무슨 일이 일어났는가?"라는 말로도 바꿀 수 있다. 텍스트와 사진, 삶 전체를 아우르는 '인덱스'의 속성에 따라, 내 미래에 일어날 사건들이 과거에 이미 일어난 것일 수 있으며, 현재의 내 행동들은 미래의 전조가 될 수 있는 것이다. "나는 누구인가?"라고 질문한 『나자』의 화자는 자신의 운명의 징후들을 찾아나서는 과정에서 궁극적으로 삶 자체가 기호이며 징후

16 Jean Arrouye, "La photographie dans *Nadja*," *Mélusine*, n° 4, 1982, p. 144.
17 Marguerite Bonnet, "Le regard et l'écriture," *catalogue Breton*, Centre Georges-Pompidou, 1991.

들임을 발견하고, 과거 · 현재 · 미래의 알 수 없는 사건들이 어떤 우연한 계기로 관련성을 맺게 되는가를 깨닫게 된다.

4. 상호 매체성의 미학을 향하여

지금까지 이 글은 상이한 매체들 사이에서 이루어지는 상호적인 대화를 살펴보는 상호 매체성 이론을 통해, 『나자』에 나타난 문학 텍스트와 사진 이미지의 관계를 규명하고자 했다. 이를 통해 우리는 두 상이한 매체의 침투와 간섭이 매체적 변형을 가져오고, 다양한 의미와 새로운 미학을 낳는 과정을 구체적으로 분석할 수 있었다.

사진 속에 등장하는 간판은 의미에 균열을 가져오는 기호이다. 'Coif/feur'의 경우처럼 간판의 틀에 의해 분절된 텍스트, 'Mazda/Nadja', 'Hachard/hasard/hagard' 등 시청각적 착각을 불러일으키는 글자들은 일반 텍스트와 이미지 뒤에 숨어 있는 무의식을 읽게 해 준다. 또한 '오독'이 낳을 수 있는 생산성과 창조성을 보여 주면서, 텍스트와 이미지를 읽는 기존의 방식을 전도시킨다.

브르통은 의미가 텅 빈 기호들인 '신카테고렘'을 활용하여 새로운 의미가 채워질 여지들을 담보했다. 사진 속 어둡게 처리된 공간들, 화살표, 동상으로 된 인물들의 시선, 방향을 지시하면서 텍스트를 내포하는 공간화된 간판 등이 그 예였다. 예언적인 이러한 종류의 기호들을 지시하기 위해 브르통은 인덱스라는 용어를 사용했으며, 이를 삶, 텍스트, 이미지를 아우르는 중심에 놓았다. 사진의 속성인 인덱스가 텍스트와 삶 자체에 적용됨으로써 텍스트와 삶의 변형을 일으키고, 그 변형된 텍스트와 삶은 상호적으로 사진의 독법을 바꾸고 있음을 알 수 있다.

『나자』의 텍스트와 사진이 맺는 관계는 굉장히 복합적이다. 사진 속 간판의 경우처럼 사진 이미지 안에 또 다른 텍스트와 이미지가 들어 있기도 하고, 텍스트 속에 묘사된 기억 속의 모던 시어터의 경우처럼 문학 텍스트 안에 또 다른 텍스트와 이미지가 들어 있기도 하다. 상호 침투, 융해, 변형을 거친 상호 매체적인 이미지와 텍스트는 따라서 독립된 텍스트, 독립된 이미지와 구분된다. 우리는 전자의 경우를 통해 상호 매체적 관계 안에서 텍스트가 이미지에 의미를 부여하고, 이미지가 에피소드들의 현실성을 입증하면서 서로의 미학적 가능성을 확장해 나감을 알 수 있다.

텍스트와 이미지의 상호 매체적 관계는 '다큐멘터리'라는 기존의 개념 또한 전환한다. 『나자』에 삽입된 사진들은 눈으로 보는 그대로의 현실의 사진이 아니라 '잠재된 현실'의 사진이다. 이때의 사진은 현실의 보이지 않는 면, 이전까지 결코 보지 못했던 것을 보게 해 주는 매개 매체가 된다. 삶의 보이는 면을 넘어 보이지 않는 면, 이면을 기록하는 '다큐멘터리'는 우리로 하여금 내면과 외면, 나와 타자가 만나는 지점을 응시하게 해 주면서, 있는 그대로의 현실을 다른 비전으로 전환시킨다.

참고 문헌

임정택 외, 「다매체 시대의 문학과 예술: 상호 매체성의 이론과 실제」, 『기호학 연구』, vol. 9, n° 1, 2001.

크라우스, 로잘린드, 『사진, 인덱스, 현대미술』, 최봉림 옮김, 궁리, 2003.

클라크, 그라함, 『포토그래피: 이미지를 읽는 새로운 방법』, 진동선 옮김, 시공사, 1997.

피종호, 「예술 형식의 상호 매체성」, 『독일문학』, vol. 76, n° 1, 2000.

Albouy, P., "Signe et signal dans *Nadja*," *Europe*, juillet, 1969.

Arrouye, Jean, "La photographie dans *Nadja*," *Mélusine*, n° 4, 1982.

Bonnet, Marguerite, " Le regard et l' écriture," catalogue Breton, Centre Georges-Pompidou, 1991.

Bouqueret, Christian, *Histoire de la photographie en images*, Marval, 2001.

Breton, André, *Nadja*, Paris, Gallimard, [1928], 1964.

_____, *Entretiens 1913-1952*, Paris, Gallimard, 1969.

_____, *Change*, n° 7, Seuil, 1970.

Clébert, Jean-Paul, *Dictionnaire du surréalisme*, Paris, Seuil, 1996.

Côté, Sébastien, "Les rapports intersémiotiques dans l'iconotexte : *Nadja et L'Amour fou* d'André Breton," *L'ésprit créateur*, vol. 18, n° 2, summer 2003.

Fleig, Alain, *Photographie et surréalisme*, Neuchâtel, Ideas & Calendes SA, 1997.

Kristeva, Julia, *Seméiotiké, Recherches pour une sémanalyse*, Paris, Seuil, 1969.

Macey, David, *Lacan in Contextes*, London, Verso, 1988.

Mourier-Casile, Pascaline, *Nadja d'André Breton*, Paris, Gallimard, 1994.

Navarri, Roger, *André Breton: Nadja*, Paris, PUF, 1994.

Osman, Colin, *Histoire de la photographie*, Paris, Bordas, 1986.

Préta-de Beaufort, Aude, *Le surréalisme*, Paris, Ellipses, 1997.

Walker, Ian, "'Her Eyes of Fern': The photographic portrait in *Nadja*," *History of Photography*, vol 29, n° 2, summer 2005.

CRI(centre de recherche sur l'intermédialité).

http://cri.histart.umontreal.ca/cri/fr/vitrine/default.asp

디지털 미디어 모델링을 통한 영시 텍스트의 확장*

김은령

정말로 신의 죽음(니체), 계몽이라는 거대 서사의 종말(료타르), 그리고 웹의 도래(팀 버너스 리) 이래로, 우리에게 세계의 모습이 이미지, 텍스트, 그리고 무한한 데이터 기록들의 구조화되지 않은 집합처럼 보인다면, 세계를 데이터베이스로 모델화하는 것만이 적절할 것이다. 그뿐만 아니라 이런 데이터베이스의 시학, 미학, 그리고 윤리학을 발전시키려는 것 또한 적절할 것이다.

—마노비치Lev Manovich, *The Language of New Media*, 219

1. 들어가는 말: 디지털 미디어 텍스트란 무엇인가?

영문학 연구와 교육에 사용되는 텍스트는 대부분 인쇄 텍스트이며, 기본적 연구 방법을 간략히 서술하자면, 문자 매체를 읽어가면서 그 의미를 이해하고 파악하는 것이었다. 그런데 20세기 중반 디지털 컴퓨팅 기술의 발명 이후, "새로운 텍스트 기술이 도래되었고, 훨씬 유연하면서도 강력한 매체"가 등장하게 되었다. 그리고 디지털 시스템에 저장된 정보와 데이터베이스를 자동화하는 방법과 속도에 따라 "급격히 다른 종류의 텍스트의 실행"이 가능하게 되었는데, 물리적인 측면에서는 "텍스트 자체의 개념을 인터페이스와 저장 매체"라는 두 가지의 독립적인 기술적 수준으

* 이 글은 『영미문학교육』 제12집 1호(2008년 6월)에 게재된 논문을 수정·보완한 것임을 밝혀 둔다.

로 분리시켰고(Manovich, 2001: 64-66), 사회적 측면에서는 우리가 '읽기'와 '쓰기'로 불러왔던 작동들을 컴퓨터를 통해 유사한 방식으로 수행하게 되었다(Aarseth, 1997: 10-11). 그리고 이러한 읽기와 쓰기가 가능한 텍스트는 컴퓨터 기술에 기반한 디지털 미디어를 사용하여 문자 텍스트 외에, 이미지, 소리, 그리고 동영상 등 다양한 매체들을 콘텐츠화한 다매체적 텍스트로 구성될 수 있다.

이렇게 변화하는 텍스트의 지향점은 결국 인간의 두뇌처럼 생각하고 작동하는 텍스트의 구축이다. 일반적으로 디지털 텍스트는 다양한 매체들이 서로 연결되는 하이퍼 시스템으로 구성되고, 하이퍼 텍스트란 용어는 1960년 넬슨Ted Nelson이 부시Vannevar Bush의 '메멕스Memex' 모델에서 영향을 받아 최초로 사용한 유사 개념이다. 부시가 「우리가 생각하는 것처럼As We May Think」이란 제목으로 1945년 발표한 글에서 제시한 메멕스 모델은 원칙적으로 인간 두뇌의 작동 방식을 모방한 생각하는 기계이다. 그가 강조한 바는 인간의 사고가 위계적으로 조직되는 것이 아니라, 하나의 아이템을 포착하는 순간 다음 연상으로 넘어가게 되고 결국 복잡한 선로의 그물망 속에서 사고가 이루어진다는 점이다. 두뇌의 작업이 하이퍼 시스템과 유사하다는 원리를 근간으로 메멕스 모델을 제안한 것이다.

> 어떤 종류의 데이터가 저장되어 있으면, 그것은 알파벳이나 숫자에 따라 분류되어 있으며 하부 분류에서 더 하부 분류로 내려가면서(그것이 가능할 때) 정보를 찾을 수 있다. [……] 인간의 마음은 그런 식으로 작동하지 않는다. 연상에 의해 작동된다. 인간의 마음은 하나의 아이템을 잡게 되면, 뇌 세포들이 운반해 온 복잡한 선로의 그물망을 따라, 사고의 연상 작용이 제시하는 다음 것으로 즉시 넘어가게 된다. [……] 인간이 이런 정신 활동의 과정을 인위적으로 복사할 수 있길 바랄 수는 없지만, 그것으로부터 어느 정도

배울 수는 있어야만 한다(Bush, 2001: 10-11).

실제로 이 시스템은 만들어지지 않았지만, 부시의 제안에 따르면 두 개의 모니터를 이용하여, 독자가 하나의 모니터를 읽어가면서 다른 모니터로 연상되는 그림이나 기호 등을 불러오는 시스템이다. 이 모델이 중요한 이유는 독자가 읽어 가는 과정 중, 자신의 생각과 즉각적인 반응을 텍스트에 직접 첨가할 수 있다는 점 때문이다. 다시 말해, 읽기의 과정 중에 쓰기까지도 포함할 수 있는 것으로, 롤랑 바르트Roland Barthes가 S/Z에서 제안한 다양한 경로, 링크, 자국 등 이상적 텍스트의 요소들과 『텍스트의 즐거움*The Pleasure of the Text*』에서 언급하고 있는 "쓸 수 있는 텍스트"의 요소들을 담은 일종의 하이퍼 텍스트가 되는 것이다(Landow, 2006: 4). 부시의 생각을 발전시킨 넬슨은 전자 텍스트의 한 종류로 하이퍼 텍스트를 규정하는데, 그 주요 핵심은 "비선형적인 텍스트"의 성격에 있으며, 독자들에게 "다른 길"로 갈 수 있는 선택권과 "상호작용이 가능한 스크린"이 부여되는 점이 그 특성이 된다(Landow, 2006: 2-3). 이런 식으로 디지털 텍스트는 하이퍼 텍스트란 개념과 동일하게 사용되고 있으며, 하이퍼 픽션 혹은 디지털 소설 등의 이름으로 유통되는 여러 텍스트들과, 아카이브, 혹은 게임 서사의 연구에 적용되는 텍스트를 통칭한다. 이 텍스트 정의에서 가장 중요한 것은 이미 언급했듯, 비선형성과 상호작용성이다. 그리고 정보의 저장과 추출의 시스템 자체가 자율적 표현과 창조가 가능하도록 만들어지는 텍스트를 지향한다.

그런데, 여기서 의미하는 디지털 미디어 텍스트는 이러한 일종의 디지털 혹은 하이퍼 텍스트와는 조금 차이가 있다. 전자적 장비를 이용한다는 점에서 전자 텍스트에 해당하고, 여러 매체가 다양하게 상호 작동하게 되므로 하이퍼 미디어적이라 할 수 있다. 그러나 이런 특징들을 담고 있지만, 웹상에서 독자가 계속적으로 그 창작에 참여한다든가, 무한히 독자에게 선택권을 부여하는 텍스트를 의미하지는 않는다. 오히려 기존의 영문학적 의미를 온전히 유지하면서 동시에 디지털 미디어를 이용함으로써, 창작 당시 작가에 의해 이루어지지 못했던 텍스트의 해방을 지향할 수 있는 디지털 모델링을 추구하는 텍스트를 의미한다. 이런 텍스트의 가능성을 고찰하는 것은 랜도George P. Landow가 역설하는 텍스트의 완전한 '패러다임 전이'(Landow, 2006 : 1)의 구현을 목적으로 하지 않는다. 기존 영문학 텍스트의 의미와 가치, 즉 문학성을 해치지 않으면서 변화된 현대의 텍스트 조건들을 수용하여 영시가 다매체적으로 표현될 수 있는 텍스트가 영문학적 의미 확장에 더욱 유효할 것이라 믿기 때문이다.

그리고 좀 더 구체적으로 설명하자면, 이 글에서는 디지털 미디어 텍스트를 새로운 시학인 소위 '디지털 시학'의 개념이 반영된 텍스트로 규정하고자 한다. 디지털 시학이라고 하는 것은 디지털 시들을 만들어 내기 위한 기반이 되고 있으며, 이에 이용되는 다양한 매체들은 글쓰기의 다양한 형태적 가능성을 만들어 줄 뿐만 아니라 글쓰기 자체에 대해서도 "다시 규정하게" 하고 있다(Glazier, 2002 : 1). 이러한 글쓰기는 기존의 책들과는 구별되는 종류의 일들을 수행할 수 있는데, "시적 행위로 보이는 전자 글쓰기를 웹에 기반하여 수행하거나 시 속에서 추측될 수 있는 여러 가지 가능성을 강조 혹은 이상화하면서 전자 공간을 시의 공간으로 만들어 가는 것이 그런 종류들이다(Glazier, 2002 : 5). 그리고 최근 수년간 활발한 논의를 거치고 있는 이런 디지털 시학의 가능성은 2004년 베를린에서 열린 "p0es1s.Digitale Poesie" 전시회가 보여 준 창조적이면서 실험적인 작품들에서 분명하게 보여진다(Block & Wenz, 2004 : 13). [그림 1]과 같은 디지털 시는 인터랙티브 미디어 예술에서 파생되어 나온 것으로 인간과 전자 미디어와의 '상호 소통'을 탐구하는 예술 영역

[그림 1] 제프리 쇼Jeffrey Shaw의 〈읽을 수 있는 도시The Legible City〉

이라 할 수 있다(Block & Wenz, 2004: 15). 새로운 매체를 매개로 한 시들은 멀티미디어와 애니메이션을 프로그램화한 새로운 언어 예술을 만들어 냄으로써 활발한 상호작용과 소통이 가능한 공간을 창조할 수 있는 것이다.

따라서 필자가 궁극적으로 구현해 보고자 하는 디지털 미디어 기반 텍스트는 그 자체만으로도 미학적 가치를 가지고 있으며, 동시에 기존 영문학 텍스트의 매체성을 극복하는 모델링의 가능성을 찾고자 하는 목적을 가지고 있다. 그리고 그 파일럿 모델링의 대상으로는 영국 낭만주의 시인 블레이크William Blake의 판화 텍스트를 선택했다. 화가와 삽화가라고 하는 공식적인 직업을 가졌던 블레이크가 자신만의 '양각 판화법'을 이용하여 만들어 낸, 이미지와 문자 텍스트가 공존하는 판화는 당대의 매체성과 그 한계를 고찰하는 데 유용하기 때문이다. 그뿐만 아니라 이 텍스트의 디지털 모델링을 통해 디지털 미디어라는 매체로 어떻게 문학의 재매개가 가능한지, 그리고 왜 그러한 시도가 블레이크 연구에 유효한지 등을 살피고자 한다. 이를 위해서는 블레이크의 시에 대한 연구와 더불어 매체성 연구가 필요하다. 결국 이 연구는 마노비치Lev Manovich가 주창한, '뉴 미디어의 언어'[1] 속에서 블레이크를 재고하는 작업이 된다.

2. 텍스트의 재매개과 상호 매체성의 전통

"정보의 범람으로 압도당한다고 느꼈던 것은 우리의 '정보 사회'가 처음이 아니며, 그 정보들을 조직화하기 위해 '새로운 미디어'를 도입했던 것도 우리가 처음은 아니었다"(O'Gorman, 2006: 46)라는 오고르만Marcel O'Gorman의 언급과 "재매개remediation는 디지털 미디어의 도입과 함께 시작된 것이 아니다. 지난 수백 년 동안의 서구 시각 재현의 역사 속에서 똑같은 과정을 찾을 수 있다"(Bolter & Grusin, 2000 : 11)는 주장은 텍스트의 재매개와 상호 매체성intermediality을 연구하는 데 의미심장하다. 매체 간의 전이와 매체들 간의 상호작용에서 발생하는 미학적 양상을 연구하는 것이 이른바 이미지 주도의, 혹은 정보화 사회로 지칭되는 현대 문화 속에서 처음 일어난 양상이 아니라, 그 유사한 원리가 전통적으로 계속되어 왔다는 것에 대한 확신을 주기 때문이다.

볼터Jay David Bolter와 그루신Richard Grusin은 또 다른 매체의 매개화를 통해 한 매체가 재현되는 것을 '재매개'라고 규정한다(Bolter & Grusin, 2000: 45). 이 논리는 모든 매체의 내용 자체가 또 다른 매체가 된다고

1 실제 마노비치가 뉴 미디어를 어떻게 정의하느냐 하는 것은 약간의 논란이 있을 수 있으나, 그가 책의 앞부분에서 언급한 것을 따라가자면, "모든 존재하는 미디어들이 컴퓨터에서 사용될 수 있는 숫자 데이터로 치환됨으로써, 그래픽, 동영상, 소리, 모양, 공간 그리고 텍스트가 계산 가능한 것으로 변해 컴퓨터 데이터가 되었고, 결국 미디어가 뉴 미디어화된 것이다"라고 설명하고 있다(Manovich, 2001: 25).

[그림 2] 피터 잔츠 센레담Pieter Jansz Saenredam의
1631년 작품 〈할렘의 성 바보 성당S. Bavo in Haarlem〉

보면서, 글쓰기의 내용이 말하기이고, 인쇄물의 내용이 씌어진 글쓰기라고 주장하는 맥루언Marshall McLuhan의 맥락과는 다소 차이가 있다. 맥루언은 단지 재현 시 어떤 매체가 차용된다고 파악한 반면, 볼터와 그루신은 좀 더 정교하게 새로운 디지털 미디어의 특징을 재매개라고 규정하고, 비매개immediacy와 하이퍼매개hypermediacy라는 전략적 원리를 제안한다. 첫 번째 전략이 그 재현의 대상물에 가장 근접하게 사실처럼 재현하기 위한 전략이라면, 두 번째 것은 World Wide Web에서 흔히 볼 수 있는 것처럼, 이질적인 매체들의 요소를 서로 연결하는 것이다. 첫 번째 전략이 '투명한 비매개'를 드러내고자 하는 인간의 욕망을 반영한 것이라면, 두 번째 것은 실제 재현의 실천이나 문화 현상에서 빈번하게 발견되는 양상으로, 멀티미디어로 연결하는 논리와 같은 셈이다(Bolter & Grusin, 2000: 21-44). 그런데 이 두 논리는 양자 모두 오랜 전통의 역사를 가지고 있다. 그 예로, 17세기의 그림인, [그림 2]가 첫 번째 논리를 분명히

보여 준다면, 중세의 성경, [그림 3]에서 보이는 이미지와 문자 텍스트의 상호 관련성은 두 번째 논리의 오랜 역사를 담보해 주는 셈이다. [그림 2]가 눈으로 보이는 실재에 가장 가까운 재현을 시도한 것이라면, [그림 3]은 이미지와 문자가 상호작용하는 관계성을 만들어 내고 인간의 인지 경험 속에서 그 의미가 결정되도록 만들어 놓은 것이기 때문이다.

[그림 3] 1450년경 『시간의 책*Book of Hours*』의 한 페이지

여기서 시도하고자 하는 디지털 모델링은 첫 번째와 두 번째 논리를 모두 만족시키기 위한 노력이다. 연구 대상으로 삼은 『무구와 경험의 노래*Songs of Innocence and of Experience*』가 이미지와 문자(시)가 서로 공존하는 판화 텍스트로 만들어져 두 매체가 서로 공존하는 예술 작품이라는 것은 주지의 사실이다. 물론 이러한 매체들의 공존은 작가인 블레이크가 표현하고자 하는 예술 논리에 근거한 것이다. 따라서 현존하는 판화본을 가장 원본에 근접하게 디지털화함으로써 첫 번째 원리를 만족시키고, 동시에 디지털 기술을 이용하여 소리, 움직임 등이 첨가된 새로운 텍스트로 재매개함으로써 상호 매체적 관계성을 보여 주는 두 번째 전략을 만족시키고자 한다. 이는 블레이크가 근본적으로 고민했던 문자와 이미지의 매체성과 상호 매체성이 만들어 내는 독창적인 통합 예술을 이해하는 단초를 찾기 위함이다.

18세기 말, 블레이크의 통합 예술 창조의 근간이 되었던 문자와 이미지의 관계는 시인 자신만의, 혹은 당대에만 특별히 논쟁거리가 되었던 문제는 아니다. 독일의 대표적 매체 연구가인 호이서Martin Heusser는 문자와 이미지의 복잡한 관계가 "서구 예술과 문학 비평 역사 속에서 뜨거운 논쟁거리였으나, 그러한 논쟁의 열정은 실제 우리가 세계를 더 잘 인지할 수 있는 공통된 토대를 마련해 주지 않고 오히려 두 매체 사이에 벽을 만들어 경계짓기하는 결과를 초래"했다고 보고 있다(Heusser, 1993: 13). 블레이크에 관한 연구의 대다수도 유사한 결과를 낳고 있는 형편이다. 실제 미술사학자들은 19세기 미술을 연구하면서, 블레이크 예술 세계를 의미 있게 다룬다. 블레이크에 대해, 버크Edmund Burke의 『숭고와 미에 관한 철학적 탐구*A Philosophical Enquiry into the Sublime and Beautiful*』(1757)에서 영감을 얻은 낭만주의 화가들 중 한 명으로, 또 로제티Dante Gabriel Rossetti의 예술 세계를 창조하게 한 영감의 원천으로, 혹은 19세기 말 미학 운동의 중요한 개념인 아르 누보가 빚지고 있는 화가로 평가한다(Reynolds, 1985 참조). 그리고 이러한 미술사적 평가와는 별도로 영문학계에서는 그의 독특한 시 작품들로 인해 그를 대표적 낭만주의 시인들 중 한 명으로 인정한다. 그러나 두 분과 학문에서 다루어지는 연구 방법 혹은 그 대상 사이에 만들어진 경계가 공고하기 때문에, 근본적으로 문자와 이미지라는 그 매체 자체에 관한 연구의 바탕 위에서 이루어져야 하는 학제적 연구는 활발할 수 없다. 그뿐만 아니라 디지털 미디어 모델링은 이러한 매체 연구의 바탕 위에서 디지털 미디어화를 시도하는 작업이고, 컴퓨터 공학, 예술학 등 학제적 성격이 강하기 때문에 그 연구가 쉽지 않은 것이 현실이다. 그러나 이미 매체 연구가 활발한 독일에서는 문자와 이미지 사이의 상호 매체성을 역사적으로 심도 있게 연구하고 있으며, 나아가 기술 복제 시대 이후의 문자와 이미지의 관계성을 또한 진단함으로써 향후 매체 연구의 발전 방향을 모색하는 등 앞선 연구가 진행되고 있다. 다행히 상대적으로 매체 연구와 학제적 연구가 빈약한 영미문화권에서도 미첼W.J.T. Mitchell의 연구는 문학과 다른 매체 사이의 관계성을 고찰하는 데 독보적인 권위를 보여 주고 있다.[2]

블레이크 연구를 위해 필수적인 문자와 이미지의 상호 매체성, 그리고 매체 간의 전이 혹은 이동과 관련한 논의들은 이러한 매체 관련 연구에 기반하고 있다. 두 매체의 속성에서 유사한 특성을 찾아낸다든가, 혹은 이미지 속에서 의미하는 바를 밝혀내는 연구, 혹은 시각적 예술을 다시 문자 언어로 표현한 예술 작품을 연구하는 전통이 그러한 예들이다. 서구 예술사 속에서 문자와 이미지의 유비 관계 연구는 이미 기원전 1세기로 거슬러 올라간다. 로마 시인 호라티우스Horatius가 『시론*Ars Poetica*』에서 언급한 "우트 픽투라 포에시스Ut Pictura Poesis"의 전통 속에서 두 매체 간의 유비 관계를 설정하고자 하는 노력이 서구 예술사에서 계속되어 왔다.

2 영미권의 대표적 매체 연구가인 미첼은 현재 미국 시카고대학에서 영문학과 미술사를 가르치고 있으며, *Critical Inquiry*의 편집자로 문학과 조형예술 사이의 상호 관계성을 비롯, 미디어 예술 속에서의 문자와 이미지의 상호 매체에 관해 주로 연구하고 있으며, 미국의 하이퍼 텍스트 이론가인 랜도는 현대 비평 이론과 테크놀로지의 수렴이라는 주제로 하이퍼 텍스트에 대한 철학적 이론들과 기술적 측면 모두를 아우르는 기본적 틀을 제공하고 있다. 독일어권의 대표적 매체 연구가로는 『디지털 시대의 글쓰기』(원제: *Die Schrift Hat Schreiben Zukunft*)의 저자인 유대인 철학자 플루서Vilém Flusser를 비롯하여, 호이서Martin Heusser와 바그너Peter Wagner 등을 꼽을 수 있다. 탈중심적 · 대화적인 미디어 네트워크 속에서 정보가 교환되는 텔레마틱 사회를 지향하는 플루서가 올드미디어와 뉴 미디어의 철학적 해명을 시도했다면, 호이서와 바그너는 문자 혹은 말과 이미지의 관계성, 즉 상호 매체성intermediality에 천착하고 있는 이론가들이다. 특히 이들은 유럽 국가들을 중심으로 진행되는 '말과 이미지에 관한 국제 학술회의' 등을 주도적으로 이끌어가고 있다. 이 밖에도 변화된 텍스트에 주목하고 로제티의 디지털 아카이브를 주관했던 영문학자 맥간Jerome J. McGann 등도 여러 권의 저서를 통해 텍스트성에 관한 심도 있는 논의를 보여 주기도 한다. 한편 한국에서는 국문학자인 최혜실이 디지털 시대의 변화된 패러다임 속에서의 하이퍼 텍스트성에 관한 논의를 활발하게 개진하고 있으며, 독일에서 하이퍼 텍스트와 디지털 미학에 관해 학위를 받은 류현주가 국문으로 된 저서들과 논문들을 통해 매체성 및 매체 미학에 관한 논의를 펼치고 있다. 그뿐만 아니라 영문학 전공자인 박찬길은 디지털 시대의 인문학의 방법론으로 전산 인문학의 개념을 제안하면서, 인문학적 사유 방식으로 하이퍼 텍스트의 문화적 활력과 교육적 기능성을 효율적으로 그리고 포괄적으로 수용할 수 있는 방안을 지속적인 연구를 통해 개진해 가고 있다.

[그림 4]

[그림 5]

그뿐만 아니라 시모니데스 케오스Simonides Ceos가 "그림은 무언의 시"이며, 반대로 시는 "말하는 그림"(Mitchell, 1986: 116)이라고 파악한 전통 또한 동일한 맥락이다.

흔히 도상학圖像學이라고도 불리는 아이코놀로지 또한 유사한 맥락 속에 있다. 이 연구는 "이미지와 말(문자 언어와 음성 언어를 포함한)의 차이가 무엇인가?"라는 질문에서 시작하여, "이미지에 관해 말하는 것"과 "이미지가 말하는 것"에 관해 연구하는 분야이다(Mitchell, 1986: 1-2). 이러한 연구를 통해 시와 이미지가 하나의 판본에 찍혀 있는 블레이크의 판화를 연구 텍스트로 삼아, 시를 통해 우리가 인지하는 것 외에 판화의 이미지에서 어떤 새로운 의미들을 읽어낼 수 있는지에 대한 근간을 제공받을 수 있다. 예컨대 『무구와 경험의 노래』에서 「무구의 노래」와 「경험의 노래」의 표지에 그려진 [그림 4]와 [그림 5]의 이미지를 보면, 각각의 이미지를 통해 앞으로 노래될 시들에 관해 말하고 있는 것을 읽어 낼 수 있다. 파이프를 든 목동, 천사, 나무, 그리고 양들이라는 아이콘으로 구성된 [그림 4]의 판화에서는 천사가 목동에게 무엇인가를 이야기하고 그것을 듣고 있는 목동의 모습이 그려지고 있는 반면, [그림 5]는 똑같은 아이콘들로 구성되어 있지만, 천사와 목동의 표정은 [그림 4]와 상이하다. [그림 4]와 달리, 천사와 목동의 부릅뜬 눈이 독자를 정면으로 향하고 있다. 이들의 눈은 정면으로 향하면서 무엇인가를 분명 직시하고 있는데, 『경험의 노래』의 〈서시Introduction〉에서 "더 이상 외면하지 마시오"라고 외치는 화자의 목소리가 이미 감지되고 있다. 또, 『경험의 노래』에서 중요한 모티브인, 목격하거나 보는 이미지가, 그리고 『무구의 노래』에서 파이트를 들고 노래할 준비가 되었던 목동 화자가 더 이상 아님을 이미지를 통해 분명히 읽어 갈 수 있다.

아이코놀로지 연구에서 다루어지는 이미지와 텍스트 혹은 말과의 관계성은 에크프라시스ekphrasis[3] 전통에서도 상호 매체성을 기반으로 천착되고 있다. 에크프라시스라는 "시각적 재현물의 언어적 재현"(Mitchell 1994: 152 각주 1)으로 정의되기도 하고, "시각적 예술품의 언어적 재창조물"(Wagner, 1996: 10-11 재인용)로 정의될 수도 있다. 독일의 매체 연구가이자 영문학과 교수인 바그너Peter Wagner는 에크프라시스를 상호 매체성에 근간을 둔 일종의 '해석'으로 바라본다. 그리고 '~으로부터 혹은 ~밖으로'의 뜻을 가진 'ek'와, 그리스어로 'lexis' 혹은 'hermeneia', 라틴어로 'dictio' 혹은 'elocutio'와 유사한 'phrasis'로

3 통상 ekphrasis 혹은 ecphrasis로 사용되는데, 그대로 원어로 표기하고 한국어 발음으로 표기한다.

구성된 에크프라시스의 원래적 의미는 '충만하고 생생한 묘사'로 볼 수 있지만, 5세기 즈음부터 그 의미가 예술 작품을 묘사하는 수사학적 용어로 한정되면서 현재의 정의가 되었다고 주장한다(Wagner, 1996 : 12) 다시 말해, 원래 그 의미는 호메로스Homeros의 『일리아드』에서 아킬레스의 방패를 수사학적으로 생생하게 기술하는 것과 유사했다고 추정할 수 있다. 언어적 재현 혹은 표상을 통해 회화적 측면을 부각시킨 전통이었던 것이다. 여기서 시작된 에크프라시스의 전통이 시각적 예술 작품을 언어 예술로 재현 혹은 표상하는 전통으로 변모한 것이다. 영문학 작품에서 찾아볼 수 있는 대표적인 작품들로는, 키츠John Keats의 〈그리스 항아리에 부치는 노래Ode on a Grecian Urn〉, 오든W. H. Auden의 〈예술 박물관*Musée des Beaux Arts*〉, 윌리엄스William Carlos Williams의 〈브뤼겔의 그림Pictures from Brueghel〉 등을 꼽을 수 있다. 이들 작품이 에크프라시스 전통에서 연구될 수 있는 것은 회화 혹은 조형 예술품을 시인이 언어로 일정 부분 해석하면서 언어로 재현했기 때문이다. 이러한 과정을 통해, 내적 눈을 통해 그려지는 심상 이미지와 원래의 시각적 예술품의 이미지, 그리고 그 상호 관계성 속에서 발생되는 의미론적 단계의 연구가 모두 가능한 것이다. 에크프라시스 전통의 맥락 속에서 영시의 디지털 미디어 모델링 방법을 고찰하는 것은 단지 과거에 창조된 예술품들의 매체성을 연구하기 위한 것이 아니다. 오늘날 디지털 미디어를 매개로 생산되는 이미지들과 언어 혹은 문자와의 관계 속에서 어떻게 인간이 그러한 예술 작품 혹은 문화와 소통할 수 있는가의 문제를 해결하기 위해서는 바로 상호 매체성의 이해가 절실히 필요하기 때문이다.

그리고 이런 방식으로 이미지와 문자의 상호 매체성 혹은 재매개화라는 맥락 속에서 문학을 읽어가려 할 때, 혹은 문학 교육을 위한 교육적 도구로 다양한 이미지를 활용하려 할 때 대다수가 고민하게 되는 문제가 있다. 문학 교육, 즉 언어 예술을 이해하는 데 굳이 이미지 혹은 시각 예술이 필요한가? 혹은 그것의 교육적 효과는 무엇인가? 이미지가 상상력을 한정시키는 것은 아닌가? 등의 문제들이 그것이다. 특히 기술 기반의 멀티미디어를 이용했을 때에는 그 논쟁이 더욱 치열해진다. 실제 그러한 교육 방법의 장·단점을 논하는 것은 본고의 연구 영역에서 벗어난 것이기 때문에 차치해 놓아야 하며, 필자가 단지 주목하는 점은 그러한 논쟁과 고민들이 20세기 말 혹은 21세기에 발생한 것이 아니었다는 흥미로운 사실이다. 이미 그 또한 오랜 상호 매체성의 전통에서 논의되었던 바인 것이다.

매체 철학자 맥루언의 지도로 석사학위를, 프랑스의 논리학자이자 교육철학자였던 라무스Peter Ramus(1515-1572)[4]의 연구로 박사학위를 받은 옹Water J. Ong, S. J. 신부는 『라무스, 방법, 그리고 대화의 쇠퇴 : 담화의 기술에서 추론의 기술로*Ramus, Method, and the Decay of Dialogue: From the Art of Discourse to the Art of Reason*』에서 인쇄 기술의 발명을 전후하여, 많은 지식인들이 '엄청난 정보'를 논리적으로 조직화하고, 또 젊은이들에게 지식을 전달하기 위해 '새로운 매체'들을 어떻게 활용했는지 언급하고 있다. 옹은 라무스주의라는 개념을 태동하게 한 아그리콜라Rodolphus Agricola(1443-85)의 논리학을 설명하고 그의 말을 인용하면서, 어떻게 아그리콜라와 라무스가 인쇄 기술의 원리에 맞게 사물들을 '위치'시켜 나갔는지 설명한다. 일반적으로 라무스주의의 기본 원리는 모든 개념들을 '이분법'으로

4 라무스는 아리스토텔레스와 스콜라 철학을 비판하는 글들을 발표함으로써, 그의 저작들은 금서목록에 오르게 되었고, 르네상스 시기의 우상이었던 키케로 등을 비판한 글을 발표함으로써 격렬한 논쟁에 휩싸이게 된다. 그리고 1561년 신교도에 대한 탄압이 거세어지는 상황에서 스스로 신교도임을 고백하여 자신을 후원하던 가톨릭 추기경이나 후원자들로부터 외면당하고 결국 1572년 성바르톨로뮤 대학살 때, 자객들에 의해 살해당한 후 센강에 버려진다. 그리고 이 죽음은 지식인들과 신교도들에게 커다란 충격을 주었고 말로Christopher Marlowe의 『파리의 대학살*The Massacre at Paris*』(1592)에서 극으로 형상화된다(이영훈, 2004: 187).

나누고 점점 더 하부 항목으로 '수형도'를 만들어 가는 것이다. 그리고 옹의 설명에 의하면, 인쇄된 책들은 하부 '장'과 문단을 '담고' 있고, 문단들은 문장들을, 문장들은 단어들을, 단어들은 '생각'을 담고 있으며, 생각은 '진리'를 담고 있다고 보는 것이 일반적 사고 방식이다. 그리고 그러한 논리에 따라 책이 구조화된 것이다. 그러나, 아그리콜라 이전에는 이러한 방식과 달리, "책이 무엇을 이야기하고 있고, 문장들도 무엇인가를 이야기하고, 단어들과 생각들도 무엇을 위한 의미화나 기호화를 담고 있다고 보았다"(Ong, 1984 : 121). 아그리콜라 이후, 책의 인쇄 방식은 점차 하부 항목으로 세밀화되면서 진리를 찾아가는 방식을 보여 준 반면, 그 이전에는 이분법에 의지하지 않고 각각의 항목이 일정한 의미, 즉 그 자체로 완전한 의미를 담고 있다고 보았고 그렇게 책이 만들어졌다는 것이다. 이 지점에서, 옹은 물리적 공간을 차지하게 되는 글쓰기인 인쇄 기술을 도입한 책의 구성 방식과 라무스주의자들의 지식 처리 방식의 유사성을 지적하면서, "인쇄 활자 문화를 새롭게 형성하려는 데 초점을 맞춘 인쇄 공장 그 자체의 존재는 아그리콜라의 변증학이나 라무스주의의 발전에 분명히 중요했으며, 이분법에 기반한 그들의 변증학이 인쇄 기술과 예상치 않게 일치했다"고 주장한다(Ong, 1984 : 97). 인쇄술의 도입 이후 서구 사회는 새로운 방식으로 책이라는 매체를 생산해 내기 시작한 것이다.

옹의 이러한 주장이 의미 있는 것은 그가 인용하고 있는 아그리콜라와 라무스의 정보 처리 방식의 논리가 오늘날 디지털 미디어 시대에 확산되고 있는 아카이브나 하이퍼 기술의 기본 원리와 일맥상통한다고 볼 수 있고, 또 각 시대의 텍스트는 그 시대가 요구하는 방식으로 매개화된다는 사실을 보여 주기 때문이다. 아그리콜라 이전, 모든 지식이 웅변가에 의해 전달되고 그것이 기억의 메커니즘 속에서 저장되었다면, 이후에는 '엄청나게 많은 사물들'의 다양성 속에서 공통된 '머리'를 찾아 '위치'시

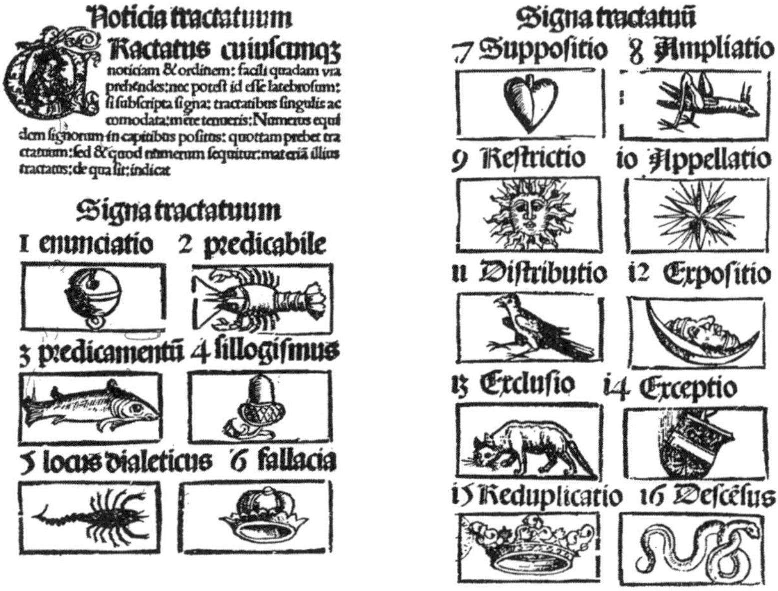

VII. LOGIC FOR LITTLE BOYS (MURNER)

[그림 6]

키는 논리로(Ong, 1984: 117-8) 그 방법이 전환된 것이다. 그리고 이러한 일종의 책 만들기, 혹은 글쓰기의 의의는 기억에 의해 정보가 저장되던 방식에서 탈피하여, 외부의 공간에 씌어지기 시작했다는 점이다. 글쓰기의 기술이라는 것이 일종의 저장 기술이 되었던 것이고, 실제로 이것은 볼터가 '글쓰기 공간'이라는 것이 "특정한 글쓰기 기술에 의해 정의될 수 있는 물리적이고 시각적인 영역"(O'Gorman, 2006: 46 재인용)이라고 정의한 것과 유사한 개념이 된다. 이러한 방식으로 라무스는 당시 인쇄 매체라는 새로운 미디어에 부합하는 지식과 정보의 분류 논리를 만들어 냈다.

그런데 라무스의 시대에는 "파리를 제외한 전 지역에서 적어도 18세가 되면 모든 학문을 익힌 마스터 역할을 할 수 있었기 때문에"(Ong, 1984 : 136-7), 라무스의 논리와 새로운 인쇄 방식으로 만들어진 책들은 젊은이를 교육하는 데 유용한 방법론과 교구로 활용되었다. 세계에 대한 지식을 무한히 이분법적으로, 그리고 책이라는 공간화를 통해 인식해 가는 라무스주의가 젊은이들을 교육시키는 교육적 방법으로도 적용된 것이다. 그런데 옹은 「기하학과 교육법 : 도표로서의 알레고리The Geometry of Pedagogy : The Allegory as Diagram」라는 부분에서 어린 소년들을 위한 교육 논리를 설명하면서, 시각적 자료가 교육에 활용된 흥미로운 교육 사례를 제시한다. 예컨대 머너Thomas Murner(1475-1537)가 제시한 『기억의 논리학 혹은 논리학적인 카드 게임*Mnemonic Logic or Logical Card-Game*』이 그런 예이다. 라틴어 구사 능력이 부족한 젊은이들을 대상으로 하는 그 책의 1/3은 목판화로 그려진 삽화로 구성되어 있다. 그리고 일종의 만화 그림과 유사하게 보이는 이 카드에는 각각 문자와 이미지가 쌍을 이루어 인쇄되어 있다. 책의 시작 부분에서 작은 종은 enunciation을 표상하고, 가재는 predicable을, 물고기는 predicament를 표상한다는 식의 논리만 제시되고 책 전체를 이해하는 논리는 제시되지 않고 내용이 시작된다. 이 카드 외엔 어떤 다른 논리도 더 제시하지 않은 채, 학생들 스스로 책을 읽어가면서 그 속에 담긴 논리를 파악하게 하고 책 전체를 이해하고 기억하도록 돕는 일종의 교육용 보조 도구인 셈이다.

이러한 논리와 교육적 도구가 의미 있는 것은, 기억에 의존하여 인간의 머릿속에서 가상적으로 이루어지던 이미지와 언어의 관계성 자체에 관한 사고를 외면화하여 인쇄물이라는 물리적 매체 속에 그 방법론을 담았다는 사실을 발견할 수 있기 때문이며, 동시에 당대 지식인들이 인쇄술의 발전에 의해 가능해진 새로운 미디어를 어떤 방식으로 교육에 반영했는지[5] 고찰할 수 있기 때문이다. 이 책의 구성 논리는 부시가 제시한 바대로, 인간이 생각하는 것과 같은 논리를 모델화하고 있음을 알 수 있다. 이미 르네상스 시대에 '메멕스 모델'의 원리를 구현하고자 하는 시도가 시작된 것이다. 물론 책이라는 물리적 매체가 가진 한계로 인해 그 완전한 구현은 원천적으로 불가능한 것이었지만, 중요한 사실은 이미 매체적 한계를 극복하고자 하는 시도가 이루어졌다는 점이다. 그리고 르네상스 시기로서는 뉴 미디어였던 새로운 인쇄 기술에 의해 새롭게 구성되기 시작한 책은 지식과 정보를 담고 또 저장하는 매체로 수백 년간 그 역할을 지속했다.

3. 블레이크의 시학과 '지옥의 방법'

영시의 디지털 미디어 모델링의 예로 블레이크의 판화를 채택한 것은 그 스스로가 예술 매체에 대한 근본적인 질문들을 던졌으며 작품의 구성 원리 속에서 당대의 보편적인 인쇄 방식에서 벗어나고자 노력했기 때문이다. 블레이크는 자신의 시에 삽화를 함께 넣어 만든 독특한 시집들을 출판했다. 그는 자신의 작품 『천국과 지옥의 결혼*The Marriage of Heaven and Hell*』과 「유리즌Urizen」 등의 작품에서 삽화를 삭제하도록 친구로부터

5 라무스의 복잡한 수사학과 철학에 대해 알지 못한다고 하더라도, 그가 문학을 독립적으로 공부할 것이 아니라 학제적으로 연구해야 한다고 주장한 바는 의미심장하다. 그가 끊임없이 '웅변'과 '철학'이 일치해야 한다고 주장했다는 것은 주지의 사실이나, 그것의 내용을 요약하자면, 문학 텍스트에 대한 설명을 통해 철학을 가르키는 것이었다고 할 수 있다. 문학은 학예가 아니기 때문에 다른 학문을 설명하고 예시하는 데 활용할 수 있다고 본 것이다. 실제로 자신의 변증학을 설명하면서 아리스토텔레스보다는 베르길리우스의 작품에서 더 명쾌한 설명을 얻을 수 있다는 식의 방법론, 즉 문학을 통한 철학의 이해와 교육 때문에 라무스가 저술을 금지당했지만, 그러한 그의 노력은 고대의 텍스트를 통해 발현된 인간 정신의 기능 작용을 설명하고 새로운 텍스트 생산이라는 목표를 이루기 위한 새로운 독서방법론을 시도한 것이었다고 할 수 있다(이영훈, 2004: 196와 2005: 201, 205 참조).

제의받자, 자신이 만든 작품은 시와 삽화가 완벽하게 함께 어우러져야 하는 것임을 스스로 분명히 밝힌다.

> 제가 험프리 씨를 위해 인쇄한 것들은 가장 훌륭한 것들을 잃어버릴 수 있긴 하지만 글 없이도 인쇄될 수 있는 그런 다른 종류의 책들에서 모은 것들입니다. 왜냐하면 그것들을 완벽하게 인쇄했을 때만 시적 의인화와 행동들이 수반되게 되고 그것들이 없다면 시들은 더 이상 기능할 수가 없었을 것이기 때문입니다(E, 771).[6]

판화 속 삽화들이 완벽한 시적 의인화를 수반하고 있는지에 대한 판단을 비평적 차원의 문제로 돌리고 보면, 블레이크가 위의 글에서 강조하는 바는 삽화가 없다면 시 또한 제대로 기능할 수 없다는 점이다. 물론 두 매체 간의 불가분의 관계성을 염두에 두고 있는 셈이다. 그러나 블레이크의 독창적인 예술 세계가 의미 있는 것은 전통적 철학과 형식에서 탈피하여 독자적인 새로운 형식을 창출하려 했고 당시의 인쇄 방식에서 벗어나려는 시도를 감행했기 때문이다. 문자와 이미지 혹은 시와 그림 사이의 전통적 유비적 관계성을 나타내려는 전통에서 벗어나 매체에 대한 자신만의 독특한 인식을 보여 주기 때문이다.

프라이Northrop Frye를 비롯, 블레이크의 작품 세계를 '복합적인 예술의 급진적인 형태' 혹은 '통합예술'이라 규정하고 시와 삽화들을 함께 읽어야 한다는 논의는 이미 충분히 논의된 바이다(Mitchell, 1978: 3). 그리고 이런 논의의 기저에는 시각 매체와 언어 매체가 만들어 내는 변증법적

6 *The Complete Poetry & Prose of William Blake*.(Ed. David V. Erdman), 이후 E로 약칭하고 쪽수만 기입함.

시학에 대한 신념, 소위 자매 예술 전통이라 불리는 매체 간의 유비성에 대한 믿음의 전통이 자리 잡고 있다. 피상적으로 달리 보이는 매체들 속에 내재된 성질 혹은 특성들이 '번역, 전이, 그리고 보완'이 가능하다고 하는 믿음에 기인하고 있는 것이다(Mitchell, 1978: 17). 그러나 블레이크의 판화가 보여 주는 매체성은 단순한 유비 혹은 자매 예술의 관계가 아니다. 오히려 그 각각의 매체성을 뛰어넘는 더 큰 개념의 매체성이 블레이크의 작품 세계에는 적용될 수 있다.

블레이크의 시와 삽화를 각각 작가의 관념과 사상을 표현하는 언어 혹은 이미지 언어라고 바라보고 있는 미첼은 그의 작품을 '초도상超圖像'이라는 용어를 통해 새롭게 정의한다. 아이코놀로지를 만들어 내는 모든 종류의 이론적 특징과 구성적 특징을 포함하는 일종의 그림에 관해 말하는 그림이라는 메타적 성격을 가진 것이 초도상이다. 물론 여기서 그림이라는 것은 단지 회화적 그림만을 지칭하는 것이 아니라, "모든 인식의 총체, 지식의 이론을 아우르는 것"이라고 정의될 수 있다(Mitchell, 1994: 49). 이 초도상은 플라톤의 동굴과 같이 모든 종류의 이미지들에 대해 생각할 수 있는 모델들을 지칭하는 것으로 정신적인, 언어적인, 회화적인, 인지적인 이미지 모두를 통칭하는 것이다(Mitchell, 1986: 6). 즉 시라고 하는 언어와 삽화라고 하는 이미지를 포함하고 있는 판화 속에 블레이크의 모든 인식의 총체가 들어 있다고 보는 것이다. 그리고 이러한 초도상이 블레이크의 작품에 적용 가능한 이유는 그의 시집의 창작 방식이 당대 책 인쇄 산업의 주된 방식에서 상당히 벗어나 있기 때문이다. 이미 노동의 분화가 반영된 책 인쇄의 맥락에서, 블레이크가 시인, 화가, 판화가, 인쇄공의 역할을 동시에 수행함으로써 그 판화 속에 그의 지식의 총체가 들어갈 수밖에 없었던 것이다.

블레이크의 판화는 역동적으로 변증법적 관계를 맺으면서 상호작용하는 관계성을 잘 보여 주고 있으며, 이러한 예술적 신념은 '지옥의 인쇄 방법infernal method'에서 명백하게 보인다.

> 그러나 우선 인간이 영혼과 구별되는 육체를 가지고 있다는 관념은 지워져야 한다 ; 나는 지옥의 인쇄 방법을 통해, 부식을 통해 이것을 행할 것이고, 지옥에서 그것들은 유익하고 이로운 방식으로, 분명한 또렷한 표면들을 녹여 없애고, 숨겨져 있던 무한한 것을 보여 줄 것이다.
>
> 만약 인지의 문들이 깨끗해진다면 모든 것들은 인간에게 있는 모습 그대로 보여질 것이다 : 무한하게.
>
> 왜냐하면 인간은 자신의 좁은 동굴 틈새들을 통해 모든 것을 볼 수 있을 때까지, 자신을 가두어 왔기 때문이다(E, 39).

[그림 7]

블레이크의 판화 · 인쇄 방식이 차별화되는 이유는 이분법에 대한 비판을 그 방식 자체에서 구현하고 있다는 점과, 이미지를 단순한 시각적 감각의 대상으로 국한시키지 않고 다중 감각적 인지, 혹은 공감각적 인지 경험이 가능한 매체로 봄으로써 일종의 물질성을 만들어 내는 데 주목하고 있는 점 때문이다. 그는 인간의 육체와 영혼의 이분법에 대한 비판적 시각을 『천국과 지옥의 결혼』의 원판본, [그림 7]에서 분명히 보여 준다. 누워 있는 사람 위의 불꽃, 그리고 그 위로, 육체에서 이탈된 것 같으면서도, 완전히 육체에서 벗어나지도 않은 또 하나의 인간 모습을 통해 그 둘 사이의 경계에 대한 블레이크의 인식을 읽어갈 수 있다. 그 둘을 경계짓는 경계선은 일종의 표면과 같은 것이고, 그 표면은 판화 작업에서 '부식'시키는 양각 판화법을 통해 실제로 와해될 수 있는 것임을 보여 준다. 그렇다면 블레이크는 왜 이러한 판각 방식과 인쇄 방식을 '지옥의 인쇄 방법'이라고 칭하고 있는 것인가? 그것에 대한 해답은 라무스주의 이후 진행된 인쇄 문화와 블레이크의 방법을 비교하면 분명해진다.

앞서 언급한 바와 같이, 라무스주의의 핵심은 이분법이다. 라무스에게 "질서 있는 교육적 표현 방식은 정의와 이분법적 나눔에 의해, 일반적 논리에서 특정한 것으로 점차 진행"(Ong, 1984: 30)되는 것이며, 그것은 인쇄 방식에 그대로 적용되어 왔다. 물론 그러한 방식이 인간의 인지 방식과 유사하다는 논리에 근거한 것이다. 그러나 이 논리는 더 이상 블레이크에게 유효하지 않다. 블레이크에게 그 경계는 넘을 수 없는 것이 아니라, 부식을 통해 사라질 수도 있는 것이고, 일반적인 판각 방식, 즉 음각과 양각의 경계가 분명해지는 일반적 판화 양식이 거부된다. 블레이크의 판각 방식과 인쇄 방식에 대해 자세한 고찰을 하고 있는 비스코미 Joseph Viscomi와 에식Robert N. Essick에 의하면, 블레이크는 에칭을 한 후에 다시 붓으로 그림을 덧그리는 형식으로 자신만의 독특한 양각 판화법을 만들어 내어(Viscomi, 1993: 47-88, Essick, 1980: 85-120 참조), 일반적으로 이분법의 논리가 적용되는 판화법을 거부한 것이다.

그리고 블레이크는 예술 매체에 대한 이분법적 사고도 거부한다. 판화를 시각적 예술로, 즉 시각적 감각만을 경험하게 되는 것으로 치부하기 쉽지만 블레이크는 그것을 다중 감각적 인지 경험으로의 장으로 만들고자 하고 있다. 육체와 영혼, 이미지와 문자, 삽화와 시를 동시에 감각의 차원으로 들여오면, 인간의 인식 능력 속에서 일종의 가상적 공간을 또한 만들어 낼 수 있기 때문이다. 표면 아래에서 '숨어 있던 무한한' 것이 드러나게 될 때, 그것은 '있는 그대로의 모습'으로 드러나게 되며, 이것은 시각적 감각만으로는 인지되는 않는 경험이다. 감각을 위한 '인지의 문들'이 깨끗해지고 열릴 수 있을 때, 삼차원, 즉 시간과 공간 속에 존재하는 모습을 있는 그대로 경험하게 되는 것이다. 블레이크는 선형적이기보다는 비선형적으로 인지되거나 읽혀지길 추구하고 있는 것이고, 작품 속의 매체 또한 이분법적 특성이나 유비적 성격을 가진 것들이 아니다. 단지 대립적 항의 위치에 놓여 있으면서 상호 영향을 주고 받는 역동성을 만들어 내는 매체들이다. 블레이크는 이분법적 분리를 거부하고 일종의 자신만의 '혼란의 미학chaosthetics'(O'Gorman, 1984 : 58)을 만들어 내고 있으며, 그러한 인식은 당대의 인쇄 문화의 맥락에서 '지옥의 방법'이 될 수 있는 것이다.

4. 나오는 말: 판화의 디지털 미디어 모델링과 교육적 가능성 및 향후 과제

블레이크에게 이미지는 시를 보완 설명해 주는 단순한 삽화의 기능을 하는 것도 아니고, 라이벌 관계의 반대적 개념도 아니며, 그 '관계성' 자체를 만들어 내게 하는 매체이다. 그리고 그 관계성은 인식의 공감각적 경험을 통해 구현되는데, 오늘날 미디어 기술의 빠른 발전은 그러한 감각적 경험의 실재적 경험이 가능하도록 했다. 인식 차원에서 가상적으로 만들어졌던 인지 경험의 공간이 미디어를 매개로 가상의 공간 속에서 물질성을 가진 매개물로 체현될 수 있기 때문이다. 멀티미디어적으로 구성되는 디지털 미디어는 "여러 미디어들이 병렬식으로 모아진 공간이 아니라 서로 얽혀져 상호간의 관계성을 만들어 내는 디지털 공간"(Glazier, 2002: 23)을 구성해 낼 수 있기 때문이다.

그런데 그러한 공간을 만들어 내는 디지털의 기본적인 원리는 디지털 코드를 만드는 '수적 재현'이다. 그리고 아날로그와 디지털 미디어의 차이는 데이터의 '연속성'을 분절하느냐 않느냐의 차이에 있다. 연속적 데이터를 수적 재현으로 전환하는 것을 '디지털화'라 부르고, 이러한 데이터들은 화소 단위와 같은 일정한 샘플로 추출된다. 우리는 그 빈도를 '해상도'라 부른다(Manovich, 2001: 27-28). 결국 0과 1이라는 비트로 치환되어 버리는 원리는 라무스주의자들이 사용했던 이분법적 논리와 근본적으로 일치하는 방식이다. 그런 의미에서 이브스Morris Eaves는 디지털이 반드시 전자적 도구를 사용할 필요는 없는 것이라고 주장하면서, "디지털화는 전자적 도구가 아니라 기술적 규범이라고 주장"하기도 한다(Eaves, 1992: 186).

이런 의미에서, 디지털화의 원리는 기본적으로 블레이크가 배척하려 했던 바로 그 이분법적 · 기계적 수적 논리에 기반하고 있다고 볼 수도 있고, 블레이크의 판화를 디지털화하는 것은 그가 추구하려 했던 '지옥의 방법'에 부합되지 않는 방식이라고 생각할 수도 있다. 그러나 이러한 디지털화가 일어나더라도 판화 그 매체 자체가 소멸되는 것은 아니다. 다만 디지털화를 통해 디지털 미디어로 재매개될 뿐이다. 그리고 디지털화 자체의 논리는 블레이크의 신념과 다른 것이지만, 미디어를 통해 다시 씌어지는 디지털 미디어 모델링은 이분법적 논리라는 디지털화 자체의 논리를 극복할 수 있는 역설적 방안이 또한 될 수 있다는 점에서 흥미롭다. 단순히 디지털화를 한다는 것은 블레이크의 창작 방식의 맥락에서 보면 그

의도를 오히려 훼손하는 것이 될 수 있지만, 디지털 미디어가 생성해 내는 새로운 공간의 물질성 속에서 글쓰기가 하나의 물질성을 가진 것으로, '체현'될 수 있는 가능성이 열리기 때문이다.

이미지의 체현 가능성은 많은 매체 이론가들의 의해 이론화되고 있다. 예컨대, 핸슨Mark B.N. Hansen은 베르그송Henri Bergson의 순수 지각이론을 통해 새로운 매체 이론과 체현 가능성을 보여 준다. '세상을 이미지들의 총체'로, 이미지를 실재와 재현 사이에 있는 것으로 이해하는 베르그송의 이론에 동의하는 핸슨은 인간의 몸이 그 이미지 지각의 중심에 있다고 본다. 또, 인간의 몸을 '미결정성의 중심'으로 바라보는 베르그송의 입장에 동의하면서, 몸이 몸에게 주어진 이미지들을 어떤 식으로든 추론하고 가공하여 이미지를 만들어 낸다는 것이다. 그는 관념론자들처럼 인식론적 차원에서 이미지가 구성된다고 보지도 않고, 외부에서 내부로 주어지는 것으로도 이해하지도 않기 때문에 결국 몸이 중심에 놓이게 되고, 이것이 '이미지 미디어'를 이해하는 철학적 기반이 될 수 있다고 주장한다. 또 그는 들뢰즈Gilles Deleuze가 이해한 베르그송의 이론 또한 일정 부분 수용하고 있는데, 이미지를 인식할 때 나타나게 되는 '틈' 혹은 '간격'이란 개념에 관해서이다(Hansen, 2006 : 4-6). 들뢰즈는 베르그송을 이해하면서 인지 과정에서의 작용과 반응 사이에 나타나는 틈새라는 것이 이미지를 정의내리기에 충분하며, 특히 '살아 있는 이미지들' 혹은 '물질들'을 정의하게 한다고 본다(Deleuze, 1986 : 61). 이러한 이미지 체현 이론들은 주로 디지털 영상 미디어의 이미지 이해에 적용되는데, 디지털 미디어의 영상을 보면서 경험하게 되는 이미지, 그리고 지각, 인식, 혹은 들뢰즈의 용어를 사용하자면, 잠재태와 현상태 사이의 전이 속에서 가상적 공간성과 물질성이 만들어질 수 있다는 논리이다. 그뿐만 아니라, 디지털 이미지들은 미학적 측면에서도 급진적인 변화를 야기했다. 이미지라는 것이

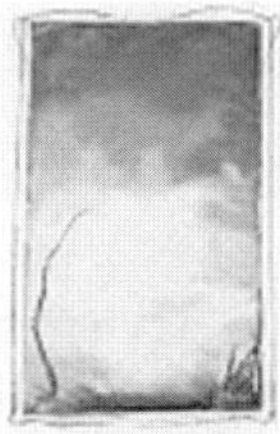

[그림 8]

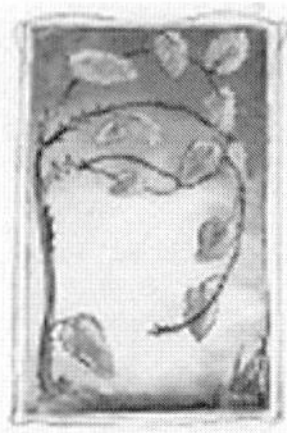

[그림 9]

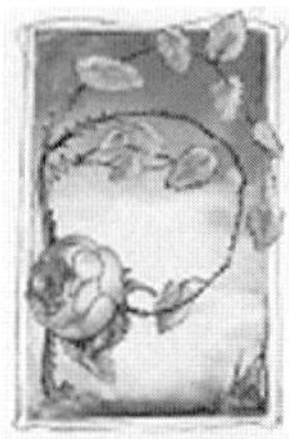

[그림 10]

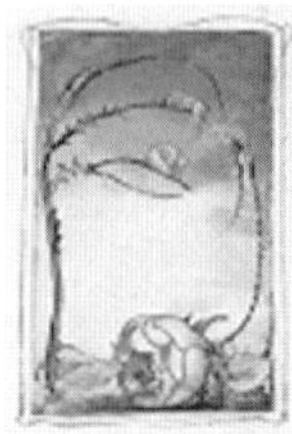

[그림 11]

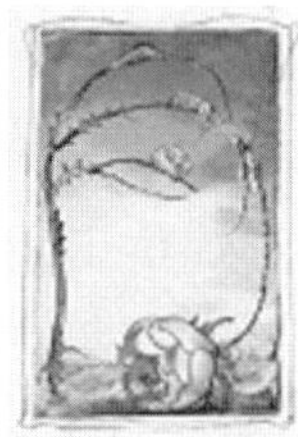

[그림 12]

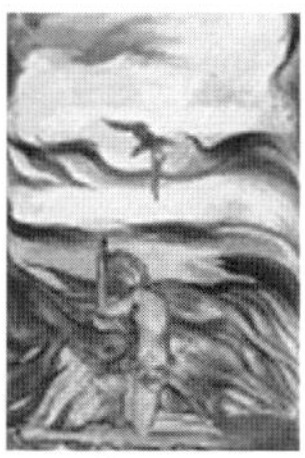

[그림 13]

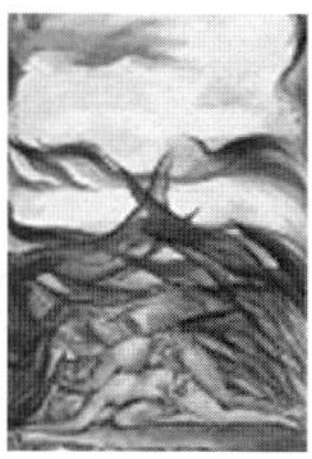

[그림 14]

[그림 15]

[그림 16]

[그림 17]

들뢰즈가 구분한 것처럼, 지각 이미지뿐만 아니라, 운동 이미지, 정념 이미지로 변이되기 때문에, 대상을 통해 인간의 신체에 일어나는 정념은 대상의 작용에 온몸이 맞서게 되는 행동의 일종이 된다(Hansen, 2006: 11-13). 따라서 디지털 미디어를 통한 이미지 인식은 수용자와의 상호 관계를 수반하기에 용이하게 된 것이다. 블레이크의 판화가 매체들 간의 상호 관계성 속에서 가상 현실적 공간 속의 능동적 읽기를 요구하고 있다면, 디지털 미디어화된 이미지로 독자에게 다가오는 판화는 수동적 수용이 아닌, 온몸으로 그 이미지를 지각할 것을 요구할 수 있게 된다. 판화의 삽화와 시라는 매체들을 훼손하지 않으면서 동시에 블레이크가 '지옥의 방법'을 통해 드러내고자 했던 바, 무한한 "모든 것들은 인간에게 있는 모습 그대로" 보여 주면서 그 대상을 온전히 드러낼 수 있는 모델을 구현할 수 있는 것이다. 필자가 파일럿 모델링을 시도한 [그림 8]부터 [그림 17]까지의 예는 판화의 삽화에 애니메이션 기술을 첨가하여, 블레이크의 텍스트를 확장한 예가 된다. 그리고 이 디지털 미디어 텍스트는 위에서 언급한 바와 같이, 살아 있는 이미지와 시를 독자들에게 경험하는 공간을 열어 줄 수 있다.

[그림 18]

블레이크가 자신의 텍스트를 통해 보여 주고자 했던, 무한성, 즉 시간과 공간의 제약을 벗어난 텍스트를 만들고자 했던 그의 소망은 디지털 미디어 모델링과는 또 다른 방식의 디지털화를 통해 시도될 수도 있다. 그것은 웹 공간에서의 디지털화를 시도하고, 독자가 완전히 열린 텍스트로 읽어가도록 하는 방식이다. 이러한 프로젝트는 오고르만 자신이 학생들을 대상으로 한 실험에서 보여 주는 예와 유사하다. [그림 18]과 같이 판화를 디지털화하여 시 텍스트를 없앤 후, 학생들로 하여금 삽화를 이해한 후, 학생 자신들이 적절한 시를 쓰도록 했다. 그리고 웹 상에서 그것을 서로 공유하게 한 후, 블레이크의 원래 시와 비교하도록 했다(O'Gorman, 2006 : 64-67 참조). 이러한 교육적 도구로 활용한 프로젝트는 시와 삽화 두 매체가 한 판화에서 서로 그 의미를 해석해 주는 유비적 관계성을 가지고 있는 것이 아니라, 오히려 복잡한 논리를 인식 속에서 추론하게 하게 함으로써, 블레이크 작품의 상호 매체성을 이해하도록 하는 효과를 가져올 수 있다. 가장 간단한 방식의 디지털화를 이용한 교육적 활용 방안이 될 수 있는 것이다.

그러나 위와 같은 시도는 결국 시의 이해에 삽화가 도구적 역할을 하는 것에 지나지 않는다. 필자는 좀 더 그 판화 자체를 하나의 이미지 덩어리로 이해해 볼 것을 제안한다. 정교한 디지털화의 기술에 기반한 디지털 미디어 모델링을 통해 구현된 판화는 그 자체로 초도상의 역할을 할 수 있으며 다양한 방식으로 읽어갈 수 있는 가능성을 열 수 있기 때문이다. 삽화 자체만으로『무구와 경험의 노래』시집 전체를 다시 읽어가는 방식이 가능할 것이고, 물론 시들을 가장 전통적인 방식으로 읽고 교육하는 것 또한 가능하다. 또 판화 한 장을 하나의 초도상으로 읽어가는 독법도 가능하며 판화 한 장씩이 아니라 결국은 시집 전체가 하나의 초도상이 되어, 그것을 디지털 미디어 예술 작품으로 바라보면서 블레이크의 예술 세계에 대한 기존의 해석과는 다른 새로운 의미 발견을 기대할 수도 있다. 영문학자이면서 뉴욕 주립대학교의 전자 시 연구소의 소장인 글래지어 Loss Pequeño Glazier가 주창한 바와 같이, 새로운 미디어를 이용하여 시의 구조와 형식을 디지털 미디어 위에 가장 온전히 재매개화하고, 시각뿐 아니라 청각 등 다양한 감각 경험이 가능한 공감각적 공간을 열어나가기 위한 모델링이 필요한 것이다. 그리고 이를 위해서는 다른 학문 영역 전문가들과의 적극적인 협력이 필요하다는 과제가 남게 된다. 또 완전히 디지털 미디어로 구현된 시집 전체가 학생들에게 어떠한 교육적 효과를 가질지에 대한 연구는 향후 또 다른 연구 과제로 남겨지게 된다.

참고 문헌

이영훈,「라무스를 위한 변명 : '줄어든 수사학rhétorique restreinte' 논쟁 재고」,『불어불문학연구』vol. 59, 2004.

____, 「르네상스 시기의 수사학과 철학 : 라무스의 '웅변과 철학의 일치'」, 『불어불문학연구』 vol. 62, 2005.

Aarseth, Espin J., *Cybertext: Perspectives on Ergodic Literature*, Baltimore: Johns Hopkins Univ. Press, 1997.

Blake, William, *The Complete Poetry & Prose of William Blake*, Ed. David V. Erdman, New York: Doubleday, 1988. (rpt. 1965).

Block, Friedrich W., Christian Heibach, & Karin Wenz, Eds., *p0es1s. Ästhetik digitaler Poesie(The Aesthetics of Digital Poetry)*, Ostifildern: Hatije Cantz, 2004.

Bolter, Jay David & Richard Grusin, *Remediation: Understanding New Media*, Cambridge: MIT Press, 2000.

Bush, Vannevar, "As We May Think," *Reading Digital Culture*, Ed. David Trend, Malden: Blcakwell Publishers, 2001.

Deleuze, Gilles, *Cinema 1: The Movement-Image*, Minneapolis: University of Minnesota Press, 1986.

Eaves, Morris, *The Counter-Arts Conspiracy: Art and Industry in the Age of Blake*, Ithaca and London: Cornell Univ. Press, 1992.

Essick, N. Robert, *William Blake: Printer Maker*, Princeton: Princeton Univ. Press, 1980.

Glazier, Loss Pequeño, *Digital Poetics: The Making of E-poetries*, Tuscaloosa: University of Alabama Press, 2002.

Hansen, Mark. B. N., *New Philosophy for New Media*, Cambridge: The MIT Press, 2006.

Heusser, Martin Hesser, "'The Ear of the Eye, the Eye of the Ear': On the RelarionBetween Words and Images," *Words & Images Interactions*,

Ed. Martin Heusser, Wiese Verlag Basel: Wiese Publishing Ltd., 1993.

Landow, George P., *Hypertext 3.0: Critical Theory and New Media in an Era of Globalization*, Baltimore: Johns Hopkins Univ. Press, 2006.

Manovich, Lev, *The Language of Mew Media*, Cambridge: The MIT Press, 2001.

Mitchell, W.J.T., *Blake's Composite Art: A Study of the Illuminated Poetry*, Princeton: Princeton Univ. Press, 1978.

____, *Iconology: Image, Text, Ideology*, Chicago and London: University of Chicago Press, 1986.

____, *Picture Theory*, Chicago and London: University of Chicago Press, 1994.

O'Gorman, Marcel, *E-Crit: Digital Media, Critical Theory, and the Humanities*, Toronto: University of Toronto Press, 2006.

Ong, Walter J., *Ramus, Method, and the Decay of Dialogue: From the Art of Discourse to the Art of Reason*, Cambridge: Harvard Univ. Press, 1984.

Reynolds, Donald, *Cambridge Introduction to the History of Art: The Nineteenth Century*, Cambridge: Cambridge Univ. Press, 1985.

Viscomi, Joseph, *Blake and The Idea of The Book*, Princeton: Princeton Univ. Press, 1993.

Wagner, Peter, "Introduction: Ekphrasis, Iconotext, and Intermediality-the State(s) of the Art(s)," *Icon-Text-Iconotexts: Essays on Ekphrasis and Intermediality* (*European Cultures: Studies in Literature and the Arts vol 6*), Ed. Peter Wagner, Berlin: Walter de Gruyter, 1996.

제3부

매체 속의 시선, 기억, 존재

감시의 시선:
앤 소피 시덴의 영화와 비디오 설치*

전혜숙

1. 들어가는 말

스웨덴의 여성 미술가인 앤 소피 시덴Ann-Sofi Sidén(1962-)은 1980년대부터 개념 미술의 영향 아래 퍼포먼스와 비디오 및 영화의 결합을 실행해 왔다. 시덴의 작업은 다양한 매체를 사용해 현대 사회에서의 인간의 심리 혹은 정신을 탐구하거나 권력 구조 안에 숨은 갈등을 드러내는데, 그 중심 내용으로는 인간의 약점과 그것의 노출, 감시와 통제, 폭력, 정상과 비정상, 광기에 대한 재고 등을 들 수 있다.

이 글에서는 시덴이 카메라와 모니터를 통해 의도적으로 작동시키려 했던 감시 및 통제의 방식과 그 심리적 · 정신분석적 의미를 다루게 될 것

* 이 글은 현대미술사학회 논문집 『현대미술사연구』 제23집(2008년 상반기)에 게재된 논문을 수정 · 보완한 것임을 밝혀 둔다.

이다. 그것은 감시와 통제의 문제를 고발하기 위해 작가 자신이 사용한 매체의 메커니즘이 다시 한 번 관람자에 대해 감시와 통제의 권력을 수행하게 되는 효과를 말한다. 이는 미셸 푸코Michel Foucault가 "권력의 미시 물리학"이라고 이름붙인 바 있는, 권력과 사회적 감시 통제의 연결 관계로 설명될 수 있다.

푸코에 의하면 그것은 단순한 정치 권력이 아니라 사회 현상 속에 편재하는 권력의 그물망이다. 따라서 모든 관계는 필연적으로 권력 관계이고 인간의 모든 실천 역시 권력의 효과이다. 푸코는 이러한 권력에 대한 이해를 위해 권력을 '전략'으로 파악하는 새로운 시각을 제시했다(푸코, 1991: 4). 권력과 지식은 서로를 포함하고 있어 지식의 영역과 관계를 갖지 않는 권력이란 존재하지 않으며, 역으로 권력적 관련을 상정하지 않는 지시 또한 존재하지 않고 있다는 푸코의 주장은 시덴 작업의 내용들을 형성하는 데 주된 배경이 되고 있다.

비디오 설치의 경우 관람자의 기대와 바라보기의 유형들에 도전하기 위한 경험들로 이끄는 경우가 많다. 시덴은 편집되지 않은 단순한 다큐멘터리 같은 상태의 이미지들을 비디오 설치에 결합시켜, 평범한 실제 일상적 삶의 기록이 사회, 역사, 정치적인 문제를 상기시키게 되는 방식을 사용하곤 한다. 그녀가 기록한 사실은 허구와 결합하여 새로운 의미를 만들어 내는데, 이는 감시용 카메라에 무방비 상태로 포착되는 현대인의 초라한 자화상임과 동시에 극단적으로 고립되는 사회학적 초상이기도 하다.

2. 누가 누구를 감시하는가

감시의 영역과 감시 방식의 구현

역사적으로 볼 때, '사적인 영역'에 대한 인식은 17세기 네덜란드에서 생겨나 널리 퍼지게 되었다. 그것은 일차적으로는 "일하는 장소와 구분된 가정(집)으로서의 의미이자, 좀 더 친숙한 장소"라는 의미를 지니는 것이었지만, 한편으로는 공적인 통제를 받지 않는 자유로운 공간을 의미하기도 했다. 그러나 도시가 점점 더 커지고 근대화되면서 사적인 공간과 공적인 공간의 구분이 심화됨에도 불구하고, 사람들은 오히려 거대해진 공적인 사회 속에서 익명성과 함께 자유로움을 느끼기도 한다. 이는 근대화된 도시의 군중 속에서 익명성을 가지고 소요하는 보들레르Charles P. Baudelaire의 '플라뇌르flâneur' 개념으로 설명된 바 있다. 그러나 푸코가 지적하듯이, 바로 그 시기, 즉 익명적인 군중들이 공공 영역에서 심리적으로 자유롭게 느끼기 시작한 19세기 도시 근대화의 시점부터 감시 권력으로서의 '파놉티콘panopticon' 체제가 사회 전체에 구현되고 작동하기 시작했다는 것 또한 주목할 만하다.

푸코는 『감옥의 탄생, 감시와 처벌』에서 1791년 제레미 벤담Jeremy Bentham이 감옥 개혁을 위한 모델로 제안한 '파놉티콘' 체제(그림 1)에 대해 분석했다. 관찰 수단에 의한 강제적 메커니즘, 즉 보는 것을 가능하게 만드는 테크닉은, 권력의 효과를 유인해 낼 뿐 아니라 피감시자로 하여금 자신이 항상 감시당하고 있다는 것을 인식하게 함으로써 감시 권력을 피감시자에게 내면화시킨다. 파놉티콘의 권력의 눈은 보이지 않으면서 관찰한다. 이것이 파놉티콘의 가장 교묘한 면모이다. 시각에 의한 권력의 행사, 즉 통제의 장치는 "가시적이지만 확인될 수 없다"는 점에서, 그리

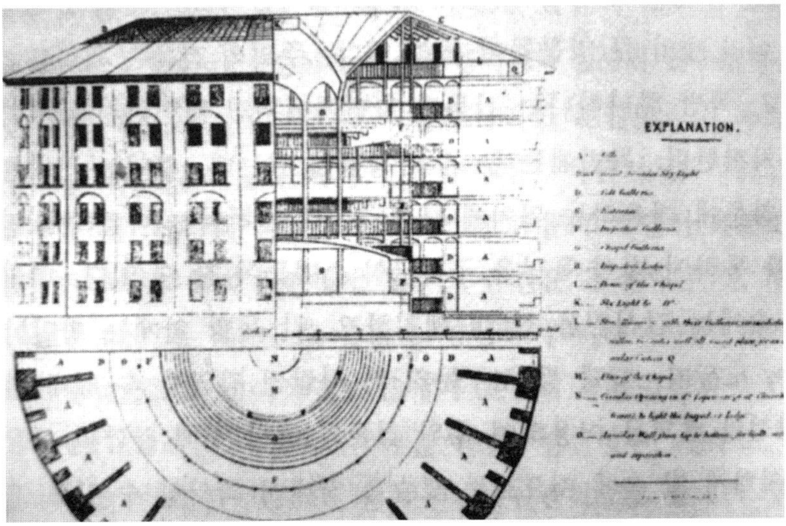

[그림 1] 제레미 벤담, 〈일망감시 시설의 설계도〉, 1791.

고 자동화되고 몰개인화된다는 점에서 자크 라캉Jaques Lacan의 응시와 마찬가지로 큰 타자의 응시라고 할 수 있다(주은우, 2003 : 355-356). 기술의 발달과 함께 파놉티콘의 도식은 사회 전체로 확산되고 일반화된다.

> 파놉티콘 시설의 적용은 다방면에서 이루어진다. 죄수를 교화하는 효과뿐 아니라, 병자를 간호하고 학생을 교육하며, 광인을 가두고, 노동자를 감시하거나, 걸인이나 빈둥거리며 태만한 자를 일하게 만드는 효과를 거둔다. 그것을 하나의 전형 구실을 한다. 즉 공간 속의 신체 배치, 개개인 상호간의 비교 분배, 위계 질서적인 조직 구성, 권력의 중심부와 전달 부분의 배열, 그리고 권력의 도구와 관여 방식의 규정 등 하나의 본보기가 될 수 있는 이러한 형태들은 병원이나 작업장, 학교, 그리고 감옥에서 이용될 수 있는 것이다. [……] 이러한 도식이 적용되는 것마다 권력의 행사는 완전하게 이루어질 수 있다. 그것은 여러 방식을 통해 가능하다(푸코, 1994 : 303).

또한 파놉티콘은 하나의 메커니즘이기 때문에 권력을 행사하는 사람이나 권력 행사의 대상이 되는 사람 모두 권력의 효과에서 빠져나올 수 없게 된다(푸코, 1993 : 193). 이와 유사하게 현대 사회에 일반화되어 있는 감시 체계 역시 현대인들에게 강제로 내면화된 권력으로 기능한다. 시덴은 특히 손쉬운 시각적 통제 방식인 폐쇄회로CCTV 카메라를 이용하는 현대 사회의 모습과, 그러한 제도에 개인이 미묘하고 복잡하게 얽혀 있는 다양하고 다층적인 권력 관계의 모습을 그려낸다.

현대의 미술가들은 다양한 방식을 통해 공적/사적 공간의 문제를 다루어 왔다. "한 공간에서 누가 통제 권력을 지니는가?" 혹은 "누가 누구를 관찰하고 있는가?", "사적인 공간과 공적인 공간에서의 행동 관습을 결정하는 것은 누구인가?" 하는 문제들은 중립적인 전시 공간으로서의 미술관 공간을 벗어나 실제 공간을 사용하는 설치들에 종종 나타난다. 관람자가 좁은 복도 끝에 있는 모니터를 향해 걸어가는 동안 자신의 뒷모습을 모니터를 통해 보게 만들었던 브루스 나우먼Bruce Nauman의 비디오 설치 〈비디오 복도〉(1971) 이후, 카메라는 현대 미술에서 교묘한 시각과 감시 기능을 가진 것으로 암시되어 왔다. 1980년대부터 카메라에 기반을 둔 현대의 감시 기술과 제도적 공간과 공적 공간에서의 감시 문제에 집중해 온 줄리아 쉐어Julia Scher(1954-)의 〈줄리아에 의한 보안〉 시리즈는 공공 장소에서 사람들의 움직임을 모니터링하는 보안 카메라 및 여러 장치들의 침해를 다루고 있다. 여러 장소에 설치되었던 이 작품들은 경비 모니터를 통해 관람자들의 이미지를 보여 준다. 쉐어의 작업은 "관람자들이 기계적인 눈에 의해 감시당하고 있다는 느낌을 고발하고 과장한다"(Robertson & McDaniel, 2005 : 92)는 점에서 시덴의 작업과 같은 맥락에 있다. 이러한 설치의 공통점은 그것들이 명백한 불안을 만들어 낸다는 점이다.

스스로 소외되는 감시자

시덴의 비디오 설치의 특징은 카메라와 시각을 둘러싼 '감시'라는 문제를 암시적이거나 은유적으로 드러내는 것이 아니라 직접적으로 노출시키는 것인데, 이는 시덴이 사용하는 방식, 즉 사회적 · 상업적 · 정치적 · 미학적인 체계가 지닌 형식적 양상들에 대한 경험을 기반으로 허구적이면서도 다큐멘터리 같은 요소들을 나열하는 방식만으로도 쉽게 드러난다.

'감시'를 둘러싼 시덴의 작업 중심에는 실존했던 인물인 앨리스 파비안 Alice E. Fabian이라는 정신과 의사가 존재한다. 파비안 박사의 삶은 특히 정상과 비정상 사이에 의문을 제기하고, 무자비한 이성과 지식의 횡포를 고발하고자 하는 시덴의 작업에 결정적인 영향을 주게 된다. 파비안 박사의 행위와 정신 상태를 추적한 시덴의 작업은, 1994년 뉴욕에서 열린 그룹전 "누가 이 구멍을 키웠을까?"의 장소였던 맨해튼 그리니치 빌리지의 한 아파트에서 1년 전 세상을 떠난 정신과 의사 앨리스 파비안의 삶과 그녀가 남긴 흥미로운 흔적들을 우연히 발견하면서 시작된다. 그녀의 일기와 사진, 자신의 목소리로 녹음한 테이프들, 엄청난 양의 정신의학 서적으로 이루어진 서재, A.E.F.라고 서명된, 벽 위에 남긴 비밀스러운 메시지와 낙서들이 그것이다.

파비안 박사는 혼자 살면서 뉴욕 경찰의 사기와 폭행 전담반에서 범죄자들에 대한 다른 정신분석가들의 보고서를 검토하는 일을 맡고 있었다. 남편의 죽음 이후 그녀는 맥카시(1950년대에 반공산주의 선풍을 일으킨 미국 공화당 상원의원) 시대의 '보안편집증'과 같은 피해망상을 갖게 되었는데, 요컨대 '그들'이 '요원'을 보내 레이저 광선이라든가 전기 장치, 전화 도청 등으로 자신의 집을 비밀리에 통제하고 있다고 믿는 것이었다. 그녀는 일상생활에서조차 자신의 이웃과 동료들을 믿지 못하고 불안과 피해망상의

[그림 2] 〈자신이 정상임을 확인하는 방법은 자신의 이웃을 가두는 것이다 I〉, 1994.

[그림 3] 〈자신이 정상임을 확인하는 방법은 자신의 이웃을 가두는 것이다 I〉, 1995.

행동을 할 뿐 아니라, 이웃의 움직임, 아이들의 오가는 소리, 전화 자동응답기에 녹음된 메시지들도 자신에 대한 스파이의 접근 시도와 공격적인 교란이라고 생각하게 된다. 파비안은 극도의 흥분 상태에서 자신의 일상생활에 대한 치밀한 관찰에 착수하여 자신을 습격한다고 생각하는 모든 것을 감시하기 시작한다. 자신의 일기를 마이크로필름으로 만들어 다시 안전한 상자에 보관함과 동시에 자신의 생각을 녹음하며, 이웃과는 감시 카메라 너머로만 소통했다.

시덴의 설치 작품 〈자신이 정상임을 확인하는 방법은 자신의 이웃을 가두는 것이다 I〉(1994)(그림 2)은 파비안 박사가 살았던 그 건물에서 이루어진 것으로 일종의 '장소 특정성'을 가지는 작품이다. 이것은 관람자들이 '그 장소에 직접 들어가는 일종의 대형 다큐멘터리walk-in documentary' (Widenheim, 2004 : 78)로서, 모든 창문은 파비안 박사가 남긴 정신의학책들로 막아버리고 벽 위의 낙서를 네온으로 강조했으며, 침실에는 그녀가 녹음한 목소리를 크게 틀어놓은 설치 작품이었다(그림 3).

다음 해 시덴은 같은 제목의 작품 〈자신이 정상임을 확인하는 방법은 자신의 이웃을 가두는 것이다 II〉(1995)를 스톡홀름에서 전시한다. 두 개의 방에는 파비안 박사의 아파트에 있던 전선들에 주물을 뜬 금속 구조물들, 전기 담요, 미국 표준 전기 미터 등이 설치되었으며(그림 4), 세 번째 방에는 파비안 박사의 일기 발췌 부분들과 그녀가 폴라로이드로 찍은 사진들을 설치했다(그림 5). 그러나 세 번째 방은 거리로 향한 창문뿐 아니라 들어오는 방문들도 모두 높이 쌓은 정신의학 서적들로 차단되어 있어, 관람자들은 그 방으로 들어갈 수가 없고 감시 카메라에 연결된 흑백 모니터를 통해서만 방 내부를 볼 수 있었다(그림 6). 또한 관람자가 보게 되는 모니터들 중 하나는 밖의 건물의 입구를 보여 주고 있어, 시간 차이를 두고 관람자 자신이 들어오는 모습을 보여 준다. 관람자는 '보고 있는 주체'임에도 불구하고 자신이 결국 보이지 않는 눈에 의해 관찰당하고 있었음을 알게 된다. 이와 함께 모니터를 통해 바라보는 관람자는 그 위에 나타나는 현실, 일루전, 상상력 사이에서 혼란스러워진 경계, 즉 중간 상태에 놓이게 된다(Birnbaum, 1999a : 94).

여기에서 시덴이 제목으로 사용한 "자신이 정상임을 확인하는 방법은

[그림 4] 〈자신이 정상임을 확인하는 방법은 자신의 이웃을 가두는 것이다 II〉, 1995.

[그림 5] 〈자신이 정상임을 확인하는 방법은 자신의 이웃을 가두는 것이다 II〉, 1995.

[그림 6] 〈자신이 정상임을 확인하는 방법은 자신의 이웃을 가두는 것이다 II〉, 1995.

자신의 이웃을 가두는 것이다"(푸코, 1991 : 7)라는 말은 푸코가 『광기의 역사』 서문에 인용한 도스토예프스키Fyodor M. Dostoevski의 "인간은 자신의 이웃을 감금함으로써 자신이 정상임을 확인하는 것은 아니다"라는 말을 역으로 차용한 것이다. 푸코는 인간이 광기라는 '타자성'을 통해 지배적인 이성의 작용 속에서 자신의 이웃을 감금하고, 비광기라는 냉혹한 언어를 통해 서로를 인지하고 교통해 왔음을 고발한다. 실제로 파비안의 글들은 모두 자신이 환자들을 분석할 때 사용하는 정신의학 전문 용어로 일견 객관적이고 정확하게 기록되어 있었다. 그것은 그녀가 매일 대했던 정신과 의사들의 보고서에서 사용된 것과 똑같은 수사법이었다. 시덴의 두 개의 설치는 결국 현실에서는 정상인이라고 여겨졌던 한 의사의 정신적 비정상성을 다루고 있지만, 다른 한편으로는 현대인의 극단적인 소외와 고독을 오버랩시켜 사적인 것과 직업 영역 사이, 그리고 병리학적인 것과 건강한 것 사이에서 발생하는 복잡한 상호 관계로 재생산된다.

카메라의 시선: 감시인가 엿보기인가?

시덴이 1998년 베니스 비엔날레에 설치했던 〈누가 객실 담당 여종업원에게 말했나?〉(그림 7)는 감시 카메라의 관음증적인 단면을 상세히 보여 준다. 2미터 높이의 선반 위에 수건, 화장지, 침대용 린넨천, 청소용 도구 등과 함께 놓여진 17개의 모니터는 시내 호텔의 복도, 승강기 같은 공공 장소로부터 호텔방 같은 사적인 영역에 이르기까지 실시간 감시되고 있음을 보여 준다. 이러한 감시의 기술은 대개 '지금 여기'의 효과를 갖게 되지만, 이 작품에서는 부분적으로 시덴에 의해 미리 기록된 비디오 테이프가 사용되었다. 시덴은 극적인 효과를 주기 위해 다소 복잡한 이야기를 혼합하거나 미술사적으로 알려져 있는 장면들 — 예를 들어 뒤샹Marcel

[그림 7] 〈누가 객실 담당 여종업원에게 말했나?〉, 1998.

Duchamp이 누드의 여인과 체스를 하는 장면—을 넣기도 했다.

이렇게 드러나지 않은 상태에서 모든 것을 보는 객실 담당 여종업원은 원래 시각과 관련된 남성적 관음증의 의미를 뒤집어 여성의 시각에 의한 기술적인 통제 기능을 수행한다(Widenheim, 2004: 97). 이와 연관해 우리는 여기에서 이 비디오 설치의 당사자인 시덴 또한 여성임을 주목할 필요가 있다. 모니터들이 서로 다른 앵글로 호텔의 구석구석을 보여 주는 동안 카메라 하나는 베니스 비엔날레의 전시장 입구를 비추고 있다. 역시 관람자들은 이 모니터를 통해 자신의 모습이 찍힌 것을 보게 되는데, 처음에 어쩔 수 없이 관음증적 호기심에 편승했던 관람자들은 역으로 자신들을 감시하는 숨어 있는 카메라에 대한 존재를 알게 된다.

사실상 미술관이나 화랑의 전시 공간에 감시 카메라가 들어온 이후, 보는 사람과 보여지는 대상 사이에는 새로운 관계가 형성되었다. 즉 '보기' 위해 전시의 공간으로 들어온 관람자는 자신이 '보여지고' 있음을 깨닫게

[그림 8] 〈10번 위치, 다시 제자리〉, 2001.

되고, 그 자체로 충분히 일탈 행위를 방지하는 '훈육적인 효과'가 발생된다는 것이다. 이 작품을 통해 사생활에 대한 관음증적 시선과 중립적인 미술관 제도의 하부 구조에 숨겨진 권력을 결합시키려는 시덴의 의도는 시각과 관련된 권력 메커니즘을 노출시키는 전략을 거치면서 더욱 강화되는데, 그러한 제도 비판의 방식은 대부분 관람자의 불안 경험이 극대화되는 방향으로 실행되곤 한다.

이렇게 '모든 것을 보는 눈'은 마치 '빅 브라더'처럼 시덴의 작업에서 권력의 실행에 대한 상징으로서 효과적으로 작용한다.[1] 그러한 효과는

1 감시와 통제의 시선과 관련되어 대중적으로 알려진 것으로는 '빅 브라더Big Brother' 같은 TV 쇼를 들 수 있다. 이것은 조지 오웰의 『1984』를 바탕으로 제작한 것으로, 빅 브라더는 이 책에 등장하는 거대 전체주의 권력의 중심인 감시자를 말한다. 이 책에서는 대형 텔레스크린이 등장한다. 네덜란드에서 시작된 '빅 브라더' TV쇼는 인간의 원초적 심리를 이용한 오락 프로그램의 성격을 띠기도 하는데, 조지 오웰의 소설과 TV 쇼의 공통점으로는, 우선 감시와 관음증을 들 수 있으며, 인간이 절대적인 권력에 대해 지극히 무력한 존재라는 사실을 드러낸다는 점을 들 수 있다.

2001년 DVD 설치로 제작된 〈10번 위치, 다시 제자리〉(그림 8)에서도 나타난다. CCTV 필름으로 스웨덴 노르쾨핑 소방서 내부의 모습을 기록한 이 작품은 〈누가 객실 담당 여종업원에게 말했나?〉에서처럼, 철제 선반 위에 헬멧, 호스 등과 함께 놓인 18개의 흑백 모니터로 구성된다. 소방수들의 임무 활동뿐 아니라 비어 있는 방, 복도 등의 이미지들이 소방서의 알람 소리, 침묵, 도움을 요청하는 예측 불가능의 호출 등과 같은 소리와 함께 복잡한 연속 장면의 그물망을 만들어 낸다. 카메라의 시각에 의해 감시되고 기록되는 이 작품은 파놉티콘의 효과를 그대로 복제한, 과학적 경영관리법Taylorism의 궁극적인 승리(푸코, 1993: 200), 즉 노동현장을 통제할 수 있는 완벽한 장치를 보여 준다.

이와 같은 시덴의 작업의 특징은 시각을 통한 노동의 통제 장치와 카메라의 역할에 주목하면서 특정 장소에 매체를 결합시킨 또 하나의 작품에서 잘 드러난다. 1999년 독일과 네덜란드 국경 지역 모라비안 교구의 작은 마을에서 열린 '쿤스트베겐 아트 프로젝트Kunstwegen Art Project'를 위한 작품에서, 시덴은 역사적으로 의미와 기능이 바뀐 특정 장소에 대한 관람자의 반응과 움직임을 기록한 바 있다. 이 지역은 제2차 세계대전 중 나치 독일의 캠프로 전쟁 중에 강제로 토탄이 채굴되던 곳이었다. 마을 중심부에 세워진 '토탄土炭 전망대Turf Cupola'는 노동 장소의 감시탑을 생각나게 하는 콘크리트 구조물의 일부였다. 이 프로젝트를 위해 특별히 세운 25미터 높이의 탑에 설치된 16개의 카메라들은 주변의 풍경을 포착해 그것들을 마을 중심부의 토탄 전망대 안에 설치된 모니터들로 전송한다. 관람자들은 그 모니터를 보는 동안 가끔 자신의 모습이 나타나는 것을 확인하게 됨으로써, 시각적으로나 관념적으로나 자신이 관찰하고 있다는 것과 관찰당하고 있다는 것을 동시에 경험한다.

이렇게 시덴은 관람자를 일방적인 수용자의 입장이 아닌 다양한 위치에 놓이도록 만들어, 자신의 설치 효과가 보는 방식의 정치적인 의미와 교차하도록 공간을 창출한다. 그녀의 공간들은 모든 시각이 숨어들어가 있는 장소이며, 그곳에서 관람자와 이미지, 보는 자와 보여지는 것은 혼동된 채 남아 있게 된다.

3. 광기와 비광기 사이

강요되는 정상성

시덴의 1996년 설치 〈데프롤의 약효가 반 고흐의 귀를 구할 수 있었을까?〉(그림 9)는 파비안 박사의 서재에서 발견된 『미국 정신의학 저널』에 실린 약품광고 사진들을 이용한 것이다. 이 잡지는 의학업계지로서, 1950년대부터 값비싼 향정신계 약물 광고가 과학적 외양을 띤 논문들과 함께 실리던 잡지였다(Birnbaum, 1999b : 140). 많은 방식에서 이러한 광고들은 당시의 시대상을 그려낸다. 여기에 실린 광고들은 평범한 가정을 배경으로 우울증에 빠진 여성들에게 감정적으로나 가정 생활에서나 소위 '정상' 상태가 되도록 치료되거나 도움을 받을 수 있다고 강조하고 있다.

이 설치의 제목은 "데프롤은 우울증 환자의 세계를 밝게 하는 데 도움을 준다"(그림 10)라는 항우울제 광고에서 차용한 것이다. 이 광고는 "데프롤의 약효가 반 고흐의 귀를—혹은 아마도 그의 목숨을—구할 수 있었을까? 만약 데프롤을 복용했다면 예술가로서의 반 고흐는 약화되었을지 모르지만 인간 반 고흐는 구할 수 있지 않았을까?"라는 대답 불가능한 질문을 던진다. 여기에는 반 고흐의 두 개의 그림, 즉 의자에 앉아 손으로 얼굴을 가린 〈비탄에 잠긴 노인〉(1890)과 노란색의 밝은 풍경인 〈햇빛

[그림 9] 〈데프롤의 약효가 반 고흐의 귀를 구할 수 있었을까?〉, 1996.

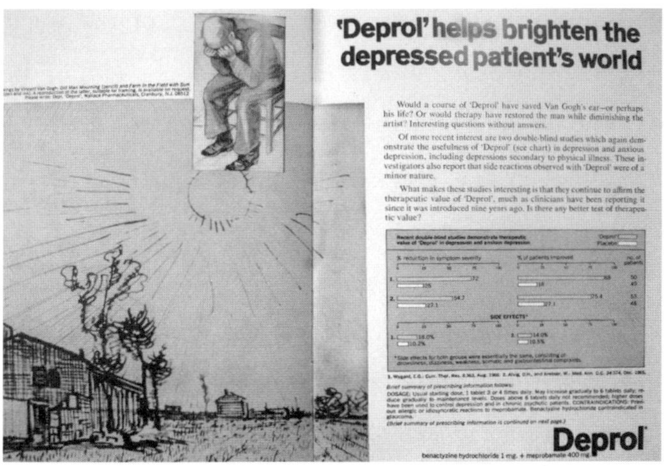

[그림 10] 〈데프롤의 약효가 반 고흐의 귀를 구할 수 있었을까?〉, 1996.

가득한 들판의 농가〉(1888)를 대조시키고 있어, 아마도 항우울제의 복용 전후를 그림으로 암시한 것이라고 할 수 있겠다.

이 작품은 질병을 다룬다는 점에서 대미언 허스트Damian Hirst의 〈약국〉

[그림 11] 〈데프롤의 약효가 반 고흐의 귀를 구할 수 있었을까?〉, 1996.

설치 작품과 비교될 수도 있겠으나, 허스트의 경우 인간의 병과 죽음에 대한 주제에 초점을 맞추는 반면, 시덴은 정신의학과 유행에 민감한 광고 마케팅의 방식으로 다루어진 향정신계 약물 사이의 만남에서 발생된 도상학과 수사학을 다룬다. 예를 들어 이 설치에 사용된 "내 가까이 오지 마세요!"(그림 11)라는 제목의 광고는 알코올 중독의 증상들을 완화시키는 약 "스파린을 복용하면 정신적인 흥분을 제어할 수 있습니다"라는 내용을 담고 있다. 화장대의 깨진 거울 앞에 앉은 불안한 여성을 보여 주면서 알코올 중독자 혹은 정신병 환자를 '피해야 할 대상' 혹은 '격리해야 할 대상'으로 규정지은 후 약효를 장담하는 식이다. 즉 시덴은 '떳떳치 못한' 혹은 '정상이 아닌' 정신병에 대한 서구 사회의 인식과 그것을 이용한 광고의 표현 방식들을 차용함으로써, 정신병을 둘러싸고 발생되는 광고의 수사학적 기교를 고발한다. 그것은 대부분 '핵가족 시대에 문제가 없는, 건강한 사람들은 어떤 대가를 치르더라도 '정상성'을 지켜야 한다'는 암시적 내용이다(Widenheim, 2004: 79). 우리는 여기에서 향정신계 약물 광고가 이성에 바탕을 둔 산업 및 시장 이념으로서 스스로 표명되고 있음을 목격하게 되지만, 그것보다도 더 강력하게 작용하는 것은 바로 지식 권력으로서의 이성에 의해 확인된, '정상성'을 강요하는 사회적 분위기임을 알 수 있다(Jones, 2005: 27).

지식 권력으로서의 이성적 시각: 정신의학

내용 못지않게 관람자의 신체 및 정신에 강한 효과를 준 것은 바로 작품이 설치되는 방식이었다. 작품이 설치된 커다란 방에 관람자가 들어서는 순간, 손잡이가 없는 그 문은 저절로 닫혀 잠긴다. 거기에다 과도하게 밝은 조명과 스스로 출구를 찾아야 하는 불안감은 밀실 공포를 발생시킴과 동시에 고문실 혹은 정신병원 같은 느낌을 주게 된다. 복잡한 통제 장치 속에 암시된 존재의 불안감은 실시간 감시 카메라를 처음으로 사용한 1995년의 〈자신이 정상임을 확인하는 방법은 자신의 이웃을 가두는 것이다 II〉에서 이미 관람자들에게 부과되었던 경험이다. 벽에 설치된 수백 개의 패널에 인용된 정신분열, 우울증, 분노 등 각종 정신병 증상에 적합한 약물 광고를 보게 되는 관람자는 약의 판매와 광고가 지닌 현대 문화의 스테레오타입 속에서, 한편으로는 각종 불안정한 인간의 정신 세계를 경험함과 동시에, 다른 한편으로는 은연중 정상성을 강요하는 사회적 통제로서 정신의학을 경험하게 된다.

18세기 말 혹은 19세기 초에 형성된 정신의학은 처음에는 일반 의학의 한 분야로 특화되지 않았다. 그것은 의학 이론이나 의학 지식의 한 분야가 아니라 공중 보건의 한 특수 분야로서 기능하고 있었다. 정신의학은 의학의 특수 분야라기보다는 사회에서 발생할 수 있는 모든 위험 또는 모든 감염 가능성에 대처하는 사회 안전을 위한 특수 분야였다. 정신의학이 지식을 위한 제도로서, 다시 말해 정당화될 수 있고 근거가 확실한 의학적 삶으로 존속하기 위해서는 두 가지 코드를 실현해야 했는데, 하나는 광기를 질병으로 코드화하고 광기의 무질서, 오류, 환각들을 병리적인 것으로 간주하는 일이었고, 다른 하나는 광기를 위험으로 코드화하여 많은 재난과 위험을 품고 있는 현상으로 부각시키는 것이었다. 이 이중의 코드화는 20세기에 들어와 정신의학이 전성기를 맞이할 때 동일한 담론과 분석을 지니게 된다(푸코, 2001 : 144-145).

현대 미국 사회 및 정신의학 속에 내재한 정신병에 대한 담론과 분석은 정신의학 약품 광고 문구들에 그대로 나타나며, 시덴은 그것을 차용해 그 안에 내재해 있는 억압의 논리를 들추어 내고자 했다. 즉 그녀는 정상과 비정상, 광기狂氣와 비非광기의 안팎을 살펴보고 그 차이에 의문을 제기함으로써, '광기'를 다루는 방식 속에 들어 있는 서구 이성 중심 사회 체계 역시 권력의 효과임을 강조한다. 미국 정신과의 세계는 시덴의 의도를 적용시킬 수 있는 비옥한 토양을 제공했다. 그녀는 파비안 박사를 발견하기 이전부터 정신의학과 인류학적 · 사회학적 문제들에 관심을 가지고 있었는데, 그러한 작품들에 나타난 공통적인 특징은 지식과 권력이 상호 교차되는 지점을 다룬다는 것이었다. 시덴은 푸코가 정신병과 이성의 관계에 대해 언급한 부분을 작품으로 가져온다.

> 정신병의 세계에서 근대인은 더 이상 광인과 교통할 수 없다. 한편에서는 이성의 인간은 광기에 정신과 의사를 파견하고, 그럼으로써 질병이라는 추상적 보편성을 통해서만 관계를 정당화한다. 다른 한편에서 광기의 인간은 똑같이 추상적인 이성의 매개에 의해서만 사회와 교통한다. 여기서 이성은 질서, 물리적 · 도덕적 제약과 집단으로부터의 익명성의 압력, 일치에 대한 요구로서 규정된다. 이성의 인간과 광기의 인간 사이에는 공통의 언어란 존재

하지 않는다[……](푸코, 1991 : 8).

시덴이 발견한 파비안 박사의 실제 삶은 의심할 여지없이 푸코가 말한 "냉혹한 비광기"의 예로서, '이 의사는 정말로 의사가 필요한 상태였다.'[2] 파비안 박사는 자신의 생활과 주변에 대해 꼼꼼히 관찰하고 자기 자신을 지속적으로 감시하고 있었으며, 사실상 그녀가 이웃들과 관계하는 방식은 본격적인 편집증이었던 것이다.

이성이 스스로 반격하고, 무엇인가 전혀 다른 것—아마도 광기—으로 변할 수 있다는 것이 시덴 작업의 중심 내용이다. 두렵고 얼음처럼 차가운 이성의 시각이 미친 듯이 날뛰게 되면, 이 세상은 감시와 통제의 무시무시하고 어지러운 그물망의 세계가 되어 버린다는 것이 시덴이 말하고자 하는 의도였다. 파비안 박사가 이성적이고 정확한 전문 용어를 구사하는 정신과 의사였다는 사실은 그녀의 광기 어린 행동이 이성의 가면을 쓰고 행사되고 있었음을 말해 준다.

4. 영화 〈QM〉에 나타난 권력의 시선

권력이 된 불안과 편집증: 영화 〈QM〉

시덴의 모든 작업을 관통하는 영화 〈QM, 그녀를 QM이라고 부르는 게 좋겠다〉(1997)는 광기와 비광기, 정상과 비정상의 문제가 카메라의 감시의 시선 및 그 권력의 메커니즘과 만나 만들어진 그녀의 대표작이다.

2 이것은 하이데거가 라캉에 대해 묘사했던 말이기도 하다.

[그림 12] 〈QM, 그녀를 QM이라고 부르는게 좋겠다〉, 1997, 영화 스틸.

토니 거버Tony Gerber와 공동 감독한 이 영화는, 1980년대부터 시덴이 퍼포먼스에서 분장했던 '진흙인간 QM(Queen of Mud)'의 모습과, 그녀가 뉴욕에서 발견한 파비안 박사의 이야기가 결합된 것이었다. 즉 원시적이면서도 과학적인 허구의 존재 QM은 실제 인물인 파비안의 삶과 만나면서 새로운 매체를 통한 표현 방식에 의한 새로운 양상으로 발전된다. 이렇게 사실과 허구가 혼합되어 만들어진 28분 길이의 38mm 컬러 필름 영화는, 형식적으로는 전통적인 서사적 영화 서술 방식을 빌려오고 있지만, 기본적으로 퍼포먼스와 비디오, 설치 미술의 요소들이 교묘히 합쳐진 형식이라고 할 수 있다. 시덴은 영화에서 QM으로 분장해 연기를 했고, 여의사 역으로는 여배우 캐트린 챌펀트Kathleen Chalfant가 연기했다.

영화는 주인공인 정신과 여의사 루스 필딩Ruth Fielding이 어느날 아침 침대 밑에서 움직이는 물체를 발견하는 것으로 시작된다. 아래 인용문은 QM을 정밀 검사한 후 녹음을 하는 그녀의 독백이다(그림 12).

"[……] 그녀가 누구인지, 그녀의 목적이 무엇인지 알아내는 것이 내 임무라고 생각한다. 태생을 알 수 없고 나이도 알 수 없다. 몸체의 피부는 매우 거칠고 포유동물 같은 형상을 하고 있다. 흠……그녀를 QM이라고 불러야겠다. 그녀와 같은 것을 결코 본 적이 없다. 분명 암컷인 것 같기는 한데…… 진흙으로 여러 층 뒤덮여 있는데도 잘 듣는 것으로 보아 청각이 아주 잘 발달된 것 같다. 하지만 말은 하지 않는다[……]"(그림 13).

영화는 이렇게 시작된 여의사 필딩과 QM의 관계를 다룬다. 앞에서 파비안 박사의 삶을 통해 살펴보았듯이, 주인공 여의사는 지하에 관찰할 수 있는 방을 만들고 외부 세계와는 TV 모니터와 스피커폰으로만 소통하며, 창문은 책을 높이 쌓아 올려 막아 버렸는데, 이것은 시덴이 설치를 통해 보여 주었던 장면들이 다시 영화에 이용된 것이었다. 이 방들은 꿈과 실제, 현실과 허구, 신화와 정신분석적 드라마 사이에서 끊임없이 변경된다(Ericsson, 1998: 25).

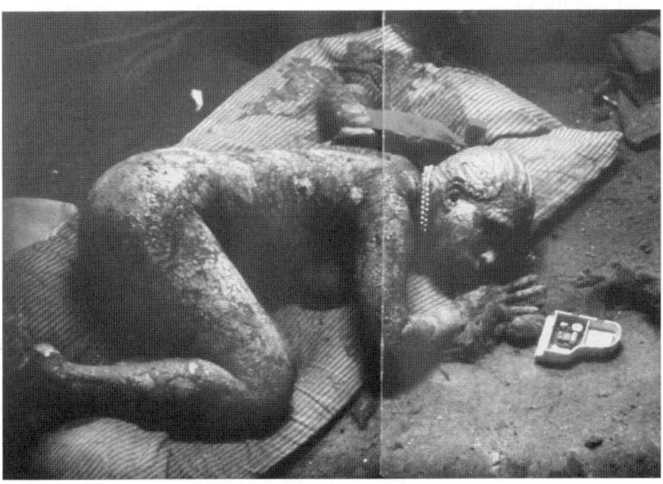

[그림 13] 〈QM, 그녀를 QM이라고 부르는게 좋겠다〉, 1997, 영화 스틸.

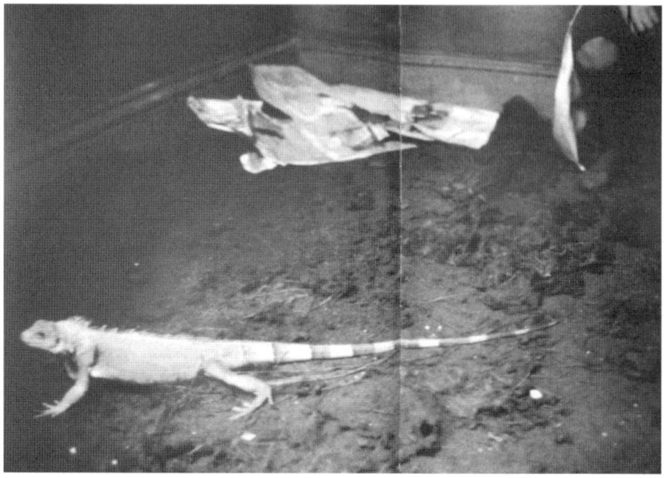

[그림 14] 〈QM, 그녀를 QM이라고 부르는게 좋겠다〉, 1997, 영화 스틸.

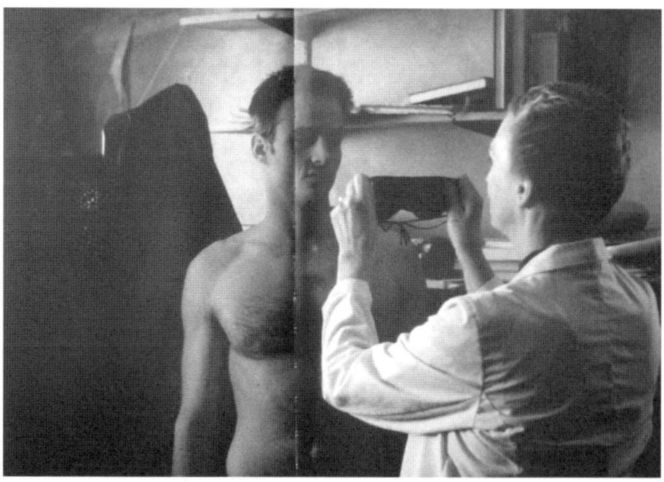

[그림 15] 〈QM, 그녀를 QM이라고 부르는게 좋겠다〉, 1997, 영화 스틸.

자신을 둘러싼 모든 것을 의심하고 감시했던 편집증 환자인 주인공은 QM을 지하 방에 가두고 옆방에서 밤낮으로 CCTV로 감시하고 행동을 기록하며 그 모든 내용을 자신의 목소리로 테이프에 녹음한다. 애완 동물을 대하듯 먹이를 주고, 환자를 대하듯 주사도 놓지만, 가끔 도마뱀을 넣어 QM과 같이 있게 하기도 하고(그림 14), 체격 좋은 호텔 보이를 고용해 눈을 가리고 QM이 있는 방에 들어가게 한다(그림 15). 이것은 모두 실험과 자극에 대한 QM의 반응을 보고 그 행동을 관찰해 진단하기 위한 목적을 지닌 것이었다. 주인공 여의사의 행위는 관찰하고 기록하며 정리하는 유사 과학자의 행동으로 점철되지만, 그것은 또한 자신의 편집증을 합리화하기 위한 관음증자의 행동인 것이다.

여의사와 QM, 둘 사이의 관계는 의사와 환자, 감금자와 피감금자, 감시자와 피감시자, 어머니와 딸 등의 외형적 모습을 띠고 있지만, 그 관계는 이 영화에서 풀어야 할 수수께끼이자 미스터리이기도 하다. 주인공은 정신의학이라는 과학적인 수사학rhetoric을 통해 진흙 여인 QM에게 공포와 편견과 비밀스러운 욕망을 투사하고 있기 때문이다.

QM을 진흙으로 뒤덮은 것은, 남자는 스스로의 힘으로 여성의 이미지를 만들고 여성은 그 이미지에 따라 그녀 자신을 주조한다는 의미에서, 손으로 그 형태를 쉽게 만들 수 있는 다루기 쉬운 존재로서의 여성적인 것에 대한 고전적인 개념과 연관된다(Ericsson, 1998: 26). 여주인공은 QM을 동등한 인간 존재로서가 아니라 연구 대상으로서 다룬다. 그녀는 여성이지만 그녀가 정신과 의사로서 획득한 남성적이고 전문적인 언어를 사용한다. 그것은 객관화시키고 거리를 두는, 즉 타자화하는 권력의 언어이다. 이러한 태도는 감시 카메라에 그대로 적용되어 이 영화에서 다시 한 번 카메라는 권력의 시각을 대신한다.

이 영화를 통해 시덴은 광기와 이성 사이를 갈라놓기 위해 현대 문화 속에서 사용되는 방법들에 대한 많은 단서들을 제공하고 있다. 예를 들어 배경이 되는 벽에 로르샤흐 검사Rorschach test[3]가 걸려 있는 것을 볼 수 있다. 그러나 과학적 분석과 정밀한 기록은 감시 카메라를 바라보는 QM의

슬프고 민감한 응시와 대조된다.

카프카Franz Kafka가 썼을 법한 단편 소설처럼, 이 영화는 정신적으로 불안정한 정신과 의사의 정신분열 현상을 그려내고 있다(Smith, 1999). 여기에는 서스펜스를 사용하거나 영화 속의 인물이 미처 깨닫지 못하고 있는 것을 통해 불안을 증폭시킴으로써 의도적으로 인위적인 긴장감을 만들어 내고 그것이 발생하는 순간에 효과를 극대화하는 히치콕Alfred Hitchcock식 공포 영화의 분위기가 존재하는데, 여의사가 QM을 발견하고 권력과 지식을 동원해 분석하며 감시하는 장면 설정은 전통적인 스릴러 영화의 요소를 충분히 갖추고 있다. 결국 마지막 장면에서 QM은 갑자기 사라진다.

QM은 누구인가

1988년 시덴은 한 시詩로부터 생각해 낸 아이디어를 가지고 QM의 이미지를 등장시킨다. 그것은 자신의 몸에 진흙을 잔뜩 바르고 사진을 찍거나 일종의 퍼포먼스를 하는 것이었는데, 1989년 이후 백화점 향수 매장이나 아트 페어에서 대중들을 만나 '진흙 옷'을 만드는 과정에 대해 설명하거나 TV 쇼에 출연해 인터뷰를 하기도 했다. 시덴은 QM을 여러 상황에 놓고 거기에 맞는 상징적인 반응을 이끌어 내기 때문에, 그녀의 작업에서 QM은 일종의 촉매제 역할을 하는 존재였다.

시덴은 2004년 〈QM 미술관〉이라는 제목으로 'QM 아카이브'(그림 16)를 전시한 적이 있다. 〈세계를 질서 잡는 기술〉이라는 제목이 붙은 이 아카이브는 2001년부터 2004년까지 모은 QM에 관련된 정보의 저장

3 잉크의 얼룩 같은 무의미한 무늬를 해석시켜 사람의 성격을 알아내는 검사.

소 같은 것으로, 언뜻 보면 과학자들이나 다른 전문가들의 연구를 닮아 있다. 그것은 QM에 대한 최초의 영감에 관한 설명으로부터 현재에 이르기까지의 자료들과, 진흙 인간에 대한 시나리오를 담고 있는 방대한 아카이브였다. 전자 데이터베이스는 원고, 3차원 오브제, 스케치, 소리, 영화 파일 등 3,500여 개가 넘는 오브제들에 대한 정보를 갖고 있는데 (Widenheim, 2004 : 116), 거기에는 QM의 배경과 역사, 영화에 사용된 QM 관련 인물과 물건 및 사진들이 포함되었으며, 신화로서, 이론적 모델로서 담구되는 QM의 내용이 들어 있었다. 시덴은 QM의 존재를 학문적으로 입증하기 위해 '존슨 교수'와 같은 허구의 인물들을 만들어 QM에 대한 역사를 쓰기도 하고 QM의 성격에 대한 연구도 한다.

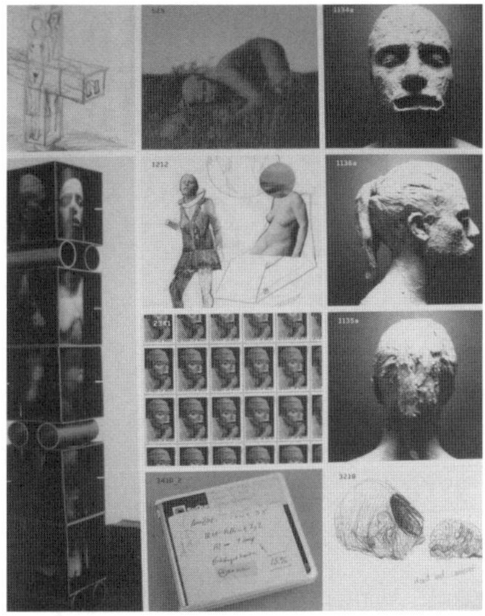

[그림 16] 〈QM 아카이브〉, 2004.

일종의 실험적인 연구 결과로서 아카이브에는 허구적인 요소들이 무미건조한 서류, 송장送狀, 원고, 조악한 영화 도구들과 뒤섞여 있지만, 각각의 사물과 기록, 이미지 등이 어떤 방식으로든 QM과 관련되어 꼼꼼히 조사되고 측정되며 묘사되고 분류되며 체계화되는 방식을 취한다. 즉 시덴은 QM에 대한 '허구적 자료들'을 인류학적이고 사회학적인 학문 혹은 지식의 체계에 따라 배열하지만, 그럼에도 불구하고 서구의 방식대로 정의될 수 없는 존재에 대한 모순성을 강조한다.

QM의 모습은 원래 시덴이 퍼포먼스에서 '진흙의 여왕Queen of Mud'으로서 자유롭게 돌아다니기 위해 요구되는 제의적 행위의 결과였지만, QM의 성격은 일관된다기보다는 상황에 맞게 변화되곤 했다. 에릭슨Lars O. Ericsson의 묘사대로 "선사 시대 '원시 여인ur-woman'의 모습과 진흙을 바른 강력한 여자 레슬러의 혼합물"(Ericsson, 1998 : 25)로 보이는 QM은, 초기 단계에서는 똑바로 서 있고 말도 하고 제스처도 보이며 TV에서 인터뷰도 했다. 이처럼 시덴이 애초에 설정한 QM은 기이한 생명체이자 모순된 인물로, 그 본성은 원시적인 특징과 현대의 고급 기술을 결합한 것이었기 때문에 매우 복합적인 의미를 지니고 있었다. 즉 그것은 인류학적 의미에서 인간의 발달 과정을 차츰 밟아가도록 프로그램되어 있었지만, 시간과 공간을 가로질러 여행할 수 있는 존재이기도 했다. 진흙을 뒤집어 쓴 모습은 선사 시대의 동굴인을 상기시키면서도 한편으로는 통찰력이 있고 다른 사람의 꿈에 침투할 수 있는 능력도 지니고 있었다(Widenheim, 2004 : 82).

그러나 영화에서의 QM은 점점 더 원시적인 존재로 변한다. 바닥을 기어다니고 언어로 소통하지 못하며 점점 더 충동적인 성격을 보이면서, 간혹 거칠지만 때로는 겁을 잔뜩 먹은 모습으로 나타난다. 그럼에도 불구하고 우리는 QM이 원시적이라거나 문명화되었다고 단정지어 말할 수 없다. 시덴은 QM이 원시적이기 때문에 낯설다거나, 서구적인 것은 무엇이든 이성에 입각한 것이라는 이분법을 부정하면서 정의내릴 수 없는 QM의 존재를 부각시킨다.

그렇다면 QM은 누구인가? 그녀는 현실적인 존재인가, 아니면 스스로 소외된 정신과 의사의 정신분열적 상상력 속에만 존재하는 것이었는가. 그것은 결국 자신의 현실 속에서 유령처럼 따라다니는 외적 · 내적 이웃들에 의해 스스로 고통을 받는 여의사의 정신병적 '타자'인 것이다. 즉 처음부터 시덴이 자신의 분신이라고 여겼던 QM은 이제 여의사의 제2의 자아, 혹은 도플갱어Doppelganger의 역할을 한다(Widenheim, 2004: 85). 도플갱어란 자신과 똑같은 외모의 또 다른 자아를 의미한다. 분신이기도 하며, 한 사람의 닮은 꼴로서 심리적 자아 또는 실재적인 육체를 가진 분신을 말한다. 한 인물의 잠재적인 측면, 가능성의 측면, 실재적 혹은 환영적 구현이라고 보아도 된다. 이로써 QM은 문명의 핵 속에 은폐되어 있는 거칠고 말이 없으며 길들여지지 않은, 언제든 등장할 수 있는 괴물 같은 존재이지만, 다루기 쉽고 위축되어 있으며, 감금과 감시의 대상이 된다.

한편 여의사의 유사 과학적 언어와 태도는 QM에게만 무기로 사용된 것이 아니라, 주인공 자신의 유리된 정신 세계를 위한 일종의 지지대를 형성하고 있었다. 감정 이입과 상호 관계를 배제하는 그녀의 방식은 일종의 지적인 자위 행위로 기능하거나 혹은 애정을 거부하는 방패로 기능하게 된다. 원시 여인 QM에 대해 거리를 두는 태도를 통해, 여의사는 자기 자신의 정신적 벽장도 늘 닫아둔 것이다. 이성에 대한 비판적인 용어를 동원하지 않더라도 QM은 더 나아가 우리 자신의 소외된 일부로 상징될 수 있다. 혹은 이성이 지배하는 사회와 문화의 권력적 시선에 의해 소외된 우리 자신일 수 있는 것이다.

5. 나오는 말

이제까지 살펴보았듯이, 시덴의 작업은 지배적이고 압도적인, 거기로부터 결코 빠져나올 수 없는 파놉티콘 장치로서의 세계를 다룬다. 그의 작품 세계에서 등장하는 정신과 의사를 감시에 대한 관심을 감시 자체로 나타낸 사람이라고 한다면, 미술가는 그러한 상황을 들여다보는 탐구자이자 편집증자, 관음증자라고 할 수 있겠다. 여러 가지 의미에서 볼 때, 시덴이 사용하는 미술의 매체는 감시와 관음증을 위한 수단이 된다. 다시 말해 파비안 박사의 비정상, 즉 광기로부터 온 리얼리티는 미술/엔터테인먼트로서의 또 다른 편집증이 될 수 있다는 사실이다. 우리는 시덴의 작품을 통해 파비안 박사뿐 아니라 정신의학적 훈육의 감금으로부터 자유로웠던, 즉 운이 좋았던 많은 사람들에 대해 의문을 제기해 볼 수 있다.

우리는 시덴의 작품에서 사용되는 매체들의 작용 방식 속에서 현대 사회에 내재한 감시의 시선들이 작용하는 방식을 보게 된다. 물론 사회적 통제로서의 정신의학은 낡은 모자처럼 진부한 내용일 수 있다. 그러나 시덴은 감시와 통제라는 카메라 매체의 속성, 이성을 통한 권력의 행사, 정상성을 강요하는 현대 서구 사회의 분위기 등을 연관시켜 고발하되 관람자들이 그 극대화된 상황을 경험하게 만듦으로써 일시적으로 균형을 잃게 하며, 그를 통해 관람자 스스로 통제와 감시의 시선을 비판하게 만드는 방식을 사용했다. 허구와 사실이 혼합된 시덴 작품의 등장 인물들은 모두 현대 사회를 살아가는 우리의 자화상일 수 있다. 감시와 통제의 장치에 노출되어 있으나 거기에 순응하거나 그 장치의 권력화에 무력해져 있는 모습, 정상성의 보편화를 위해 정신의학 약물의 복용을 권장하고 마케팅하는 산업 사회의 모습 등이 그것이다.

참고 문헌

주은우, 『시각과 현대성』, 한나래, 2003.

푸코, 미셸, 『광기의 역사』, 김부용 옮김, 인간사랑, 1991.

____,『권력과 지식 : 미셸 푸코와의 대담』, 콜린 고든(편), 홍성민 옮김, 나남, 1993.

____,『감시와 처벌: 감옥의 탄생』, 오생근 옮김, 나남, 1994.

____,『비정상인들』, 박정자 옮김, 동문선, 2001.

____,『임상의학의 탄생: 의학적 시선의 고고학』, 홍성민 옮김, 이매진, 2006.

Aliaga, Juan Vicente, " Ann-Sofi Sidén, Galeria Pepe Cobo," *Artforum International*, Summer 2004.

Birnbaum, Daniel, "Ann-Sofi Sidén, Galerie Nordenhake," *Artforum International*, No.6, February 1999.

____, " Shrink. Rap, The Art of Ann-Sofi Sidén," *Artforum International*, Summer 1999.

Byrne, Peter, "Exhibiting the mad Psychiatrist," *BMJ*, Vol. 320, 12 February 2000.

Ericsson, Lars O., "The Queen of Mud Strikes Again," *Siksi*, No. 1 Spring 1998.

Falconer, Morgan, "Beautiful Strangers," *New Stateman*, 28 Jan. 2002.

Jones, Ronald, " Ann-Sofi Sidén, Moderna Museet, Stockholm, Sweden," *Frieze*, No. 91, May 2005.

Léith, Caoimbin Mac Giolla, "Trauma, Dundee Contemporary Arts," *Artforum International*, December 2001.

Robertson, Jean & Craig McDaniel, *Themes of Contemporary Art, Visual Art after 1980*, Oxford, 2005.

Smith, Roberta, "Carnegie International: Safe Among the Seamless Shadow," *The New York Times*, 1999.11.17.

Withers, Rachel, "Ann-Soifi Sidén: Hayward Gallery," *Artforum International*,

April 2002.

"Ann-Sofi Sidén: Who is invading my privacy, not so quietly and not so friendly?," Exhibition Cat. South London Gallery, 14 Jan.~5 March 2000.np.

Ann-Sofi Sidén, *In Between the Best of Worlds*, Exhibition Cat. of Moderna Museet Stockholm, 20.11.2004~20.3. 2005.

"QM, I Think I Call her QM," Exhibition Cat. Jiri Svestka Gallery, 12-22 February 2003.np.

팰림프세스트, 매체 전이와 기억의 방법론: '빅 브라더'를 중심으로*

정현규

1. 들어가는 말

은유는 어떻게 자리 잡는가? 오랜 문화적 전승에서 신화와 문학 · 예술 그리고 일상적 현실에 이르기까지 보편성을 획득하며 자리를 굳혀 온 은유들이 존재한다. 예를 들어 플라톤이 자신의 이데아론을 설명하기 위해 든 동굴의 비유는, 계몽주의를 거쳐 현대에 이르기까지 인간이 빛을 어떻게 진리나 가상과 연결시키는지를 설명하기 위해 적합한 은유로 자주 인용되곤 한다.

이러한 은유의 목록 중에서 '빅 브라더'는 근대와 탈근대가 만나는 지점에서, 더 정확히 말해 근대적 매체와 탈근대적 매체가 경쟁하는 과정에서 우리의 의식과 무의식을 새로이 점령하고 쉬지 않고 자신의 존재를 알리고 있다. 최근에 개봉한 상업 영화들 중 이 개념을 명시적으로 사용하지 않음에도 불구하고 어쩔 수 없이 '빅 브라더'적인 상황을 언급할 수밖에 없는 그런 영화들이 존재한다. 〈에너미 오브 스테이트〉가 그렇고 〈이글 아이〉가 그렇다.

그 중에서도 지난 세기에 '텔레스크린' 혹은 '텔레비전'이라는 매체가 인간과 관계 맺는 지점을 각각 다른 지점에서 포착하려 한 중요한 세 가지 시도가 있다. '빅 브라더'라는 용어를 전체주의적인 감시 체제를 상징하는 은유로 작동시킨 조지 오웰George Orwell의 1948년작 『1984년』을 필두로, 조지 오웰이 미래 사회가 실현된 시점으로 예언한 1984년 1월 1일 '빅 브라더'라는 문화적 기억과 유희하는 과정에서 백남준이 내놓은 위성 예술 〈굿모닝, 미스터 오웰〉, 그리고 새로운 천년이 시작된 2000년 초 독일의 한 방송사가 야심차게 내놓은 리얼리티 쇼 〈빅 브라더〉가 그것이다. 이들은 마치 팰림프세스트Palimpsest(글자를 지우고 그 위에 글을 쓴 양피지 ; 고친[지운] 자국이 남아 있는 것)처럼, 지우고 덧쓰는 과정에서 흔적을 남기며 하이퍼 텍스트적인 소통을 이룬다.

2. 팰림프세스트의 양상들

지우기: 흔적 남기기

'유레카!'라고 외쳤다고 전해지는 고대의 수학자 아르키메데스Archimedes의 이론이 적혀 있는 양피지는, 기도문을 적기 위해 12세기의 한 수도승에 의해 덧씌워졌다. 폼페이의 고대 유산은 화산재로 뒤덮였고, 고대 도시의 유적들은 주거지로 뒤덮였다. 경복궁의 일부 건물은 일제 총독부 건물을 세우기 위해 토대만 남긴 채 철거되었다. 하지만 이러한 문화 유산들은 팰림프세스트의 지우기가 그렇듯이, 있으면서 없음 혹은 '없음의 있음', 즉 거대한 문화적 무의식이 지니고 있는 흔적이다.

프로이트Sigmund Freud는 팰림프세스트와 동일한 작동 방식을 지닌 '신비스러운 글쓰기 판Wunderblock'을 의식과 무의식의 관계를 위한 적절한 비유로 파악하고 있다. 이 글쓰기 판은 짙은 갈색의 수지나 밀초로 덮여 있으며, 평판 위에는 얇고 투명한 종이가 놓여 있다. 평판 위에 글씨를 쓰면 종이와 수지가 밀착되어 글씨가 보이는데, 이를 지우기 위해서는 종이를 살짝 들어올리기만 하면 된다. '무의식적 기억 조직(글쓰기 판에서는 수지나 밀초가 덮인 판)'에 기록된 것은 흔적을 남기지만, 지각 의식(글쓰기 판에서는 투명한 종이)에 기록된 것은 사라져 버린다(프로이트, 1997 : 193). 지각 의식은 다시 무언가를 받아들일 준비를 하는 것이다. 따라서 이 지우기는 무의식에 기록하는 것의 다른 이름이 된다.

덧쓰기

하이네Heinrich Heine는 『하르츠여행』에서, 로마 여행을 마치고 고향으로 돌아가는 한 떼의 여행객에 섞여 있는 어떤 모녀를 브로켄 산 위에서 만난 경험을 회상하면서, 어머니의 인상을 다음과 같이 적고 있다.

> 그녀의 얼굴은, 어떤 교부의 텍스트를 수도승이 새카맣게 새로 쓴 글자 아래에서 고대 그리스 시인의 반쯤 지워진 사랑시가 비쳐 나오는 팰림프세스트와 비슷했다.

젊은 시절 사랑의 감정이 충만하던 청순한 얼굴은 종교적인 경건함이 가져다 주는 딱딱함으로 뒤덮여 버렸다. 세월의 자연스러운 더께 위에 아마도 인간적인 덧쓰기의 욕망도 더해졌을 것이다. 그리고 화장 혹은 성형,

지독한 덧쓰기의 욕망이 켜켜이 쌓인 팰림세스트들은 오늘도 일상적으로 거리에 넘쳐난다.

제라르 주네트Gérard Genette에게는 팰림프세스트가 '하이퍼 텍스트성'을 위한 은유이다. 그에게 '원原 텍스트Architext'와 이후에 변형된 텍스트들의 관계는 지우기와 덧쓰기의 양상을 보여 주는 여러 가지 방식들, 예를 들면 '패러디'나 '트라베스티', '모방', '풍자' 등이다.

하이퍼 텍스트성과 의미의 뒤틀림

주네트는 '팰림프세스트'로 은유하고 있는 자신의 하이퍼 텍스트성에 대한 생각을 문자 예술에 한정하고 있긴 하지만, 다른 장르에 적용될 여지 역시 남겨두고 있다.[1] 팰림프세스트의 일반화를 염두에 두며 그는 다음과 같이 단언하고 있는 것이다.

> 모든 대상은 변화되며, 모든 표현 방식은 모방된다. 따라서 당연하게도 이 두 가지 유도 방식, 즉 문학에서는 하이퍼 텍스트성을 규정하고 훨씬 일반적으로는 예술에서 도출되는 예술의 실행 방식 혹은 하이퍼 미학적인 실행 방식을 규정하는 이러한 유도 방식에서 벗어나는 예술은 없다(Genette, 1993: 513-514).

이렇게 하이퍼 텍스트적인 성격을 지니는 거듭되는 재생산은, 완결된

1 최근에 나온 시도들에서는 오페라에서의 팰림프세스트적 적용 방식(Schmidt, Ricarda, *Wenn mehrere Künste im Spiel sind*, Vandenhoeck & Ruprecht, 2006)과 문학에 대한 비평의 관계에서 팰림프세스트를 보려는 시도(Dillon, Sarah, *Literatur, Criticism, Theory*, Continuum, 2008)도 꾸준히 나오고 있다.

의미 생성을 거부하고 상호 영향을 미치며 성장한다. 상호 영향이 될 수 있는 이유는 새로 만들어진 텍스트 혹은 작품을 볼 때에야 비로소 드러나는 원原 텍스트의 새로운 가치가 있기 때문이다.

이때 원 텍스트와 하이퍼 텍스트를 포함하는 전체 구조는 하이네가 언급한 나이 든 여인의 얼굴에서 읽은 교부의 텍스트처럼, 그리스 시인의 사랑시 위에 단순히 퇴적된 형태가 아니라 아래에서 비쳐 나오는 사랑시와 비교되며 의미의 뒤틀림을 겪는다. 팰림프세스트가 생성되는 과정에서 퇴적층의 표면 구조는 균일한 평면이 아니라 뒤얽힌 형태를 갖게 된다. "첫 번째 제거 작업이 성공적으로 실패"(Dillon, 2005 : 245)함으로써 얻어지는 것은, 다른 곳에서라면 서로 연관성이 없었을 텍스트가 "포함되고, 뒤얽히고, 복잡하게 짜여지고, 방해하며 서로의 안에 거주"한다는 점이다.

3. 빅 브라더 vs 빅 브라더 vs 빅 브라더

조지 오웰의 『1984년』

텔레스크린이라는 매체를 사용한 총체적 감시 시스템에 대한 일종의 원 텍스트로 기능하는 조지 오웰의 『1984년』은, 모더니즘적 매체 이해를 기반으로 부정적 유토피아의 등장을 다음과 같이 알리고 있다.

> 자네가 인간이라면, 윈스턴, 자네는 마지막 인간이야. 자네와 같은 인간은 없어졌다. 우리가 그 후계자지. 자네 '혼자'라는 걸 알겠나? 자네는 역사 밖에 있고 존재하지 않는 인간이야. [……] '자네는 최후의 인간이다.' 오브리엔이 말했다. '자네는 인간 정신의 수호자다'(오웰, 1989 : 244).

실체를 파악할 수 없는 빅 브라더의 총체적 감시 시스템에 저항하는 인물로 여겨지는 오브리엔, 하지만 실제로는 이 시스템의 중요한 운영자 중 한 사람인 그에게, 주인공 윈스턴은 체제에 대한 자신의 반감을 고백하고 그에게 모든 것을 맡겼다가 결국 체포당하고 만다. 비극적이게도 그를 고문하고 교정하는 역할을 맡은 인물 역시 오브리엔이다. 위의 인용은 그가 윈스턴을 향해 내던지는 마지막 말이다. 윈스턴은 교정되었고 자발적으로 빅 브라더를 사랑하는 마음을 가지게 되는 것이다. 여기서 오브리엔이 말하는 '최후의 인간'이란 자발적으로 사고하고 회의하는 인간을 가리킨다. 오웰은 이로써 인간들이 "자신들의 가장 인간적인 본질들을 상실할 것이며 영혼이 없는 자동 인형이 될 것이고 그러고도 그렇다는 사실조차 알지 못하리라는 것"(프롬, 1984: 140), 결국 그러한 세상이 올 것이라는 점을 음울하게 예언하고 있다. 이는 당시의 소련이나 중화인민공화국에만 해당되는 전망일 뿐 아니라, 근대의 생산과 조직 방식 속에 내재한 일반적 위험이다. 프롬은 『1984년』이 "인간이 인간처럼 행동하는 기계를 만들고 기계처럼 행동하는 사람으로 전개되는 새로운 형태의 관리 산업주의가 인간을 사물로 변모시키고 생산과 소비 과정의 부속물로 만드는 비인간화와 완벽한 소외의 시대에 방조한다는 것을 지적"(프롬, 1984: 154)한다고 본다.

그렇다면 반체제적 의식을 가진 우리의 주인공 윈스턴은 텔레스크린이 상징하는 완벽한 통제에 맞서 어떤 저항을 했던 것일까? 정확한 이유는 모르면서도 그는 이러한 전체적 질서에 저항하는 길은 "성 본능을 말살"하거나 "왜곡시키고 더럽"히려는 당에 맞서 육체의 본능을 은밀히 추구하는 것이라고 본다. 그가 감시를 피해 만나 육체적 관계를 맺는 데 성공한 줄리아는 정확한 이유를 다음과 같이 설명해 준다.

윈스턴과는 달리 그녀는 당의 성적 순결주의에 대한 내막을 알고 있었다. 성 본능은 당의 통제 범위를 벗어나는 스스로의 세계를 구축하므로 가능한 한 그것을 파괴시켜 버려야 하며, 그뿐만 아니라 더 중요한 것을 성욕을 박탈하면 히스테리가 생겨 이를 전투열과 지배자 숭배로 전환시킬 수 있기 때문에 사람들을 히스테릭하게 만든다는 것이다(오웰, 1989: 120).

당의 정책을 잘 수신하는 육체, 통제 가능한 육체를 만드는 것이 당의 목적이라면, 윈스턴과 줄리아가 추구하는 육체의 쾌락은 자신들만의 공간을 만드는 일이며, 당에 타격을 줄 수 있는 힘인 "동물적인 본능, 무차별적인 단순한 욕망"(오웰, 1989: 113), 혹은 "단순한 충동"(오웰, 1989: 149)을 복원시키는 것이다.

매체적인 관점에서 보면 텔레스크린에 저항하는 방법은 구시대의 매체인 책을 읽는 것이다.

윈스턴은 자기가 지금 읽은 것을 편안히 그리고 제대로 음미하기 위해 읽기를 멈추었다. 그 혼자다. 텔레스크린도 없고 열쇠 구멍에 귀를 대고 엿듣는 자도 없고 어깨 너머로 뒤돌아보거나 페이지를 가릴 충동도 일어날 리 없었다. 시원한 여름바람이 뺨에 간질거렸다. 멀리 어디선가 아이들 노는 소리가 희미하게 들리고 방 안에는 시계 가는 소리뿐이었다. 그는 의자에 몸을 깊숙이 묻고 발을 난로 받침대에 올려놓았다. 축복받은 순간이요 영원한 시간이다. 문득, 결국은 다 읽을 것이고 말 하나하나를 재독할 사람이 그러하듯 그는 책장을 넘겨 다른 페이지를 넘겼다(오웰, 1989: 166).

오웰의 『1984년』과 비슷한 시기에 나온 헉슬리Aldous L. Huxley의 『훌륭한 신세계』 역시 비슷한 생각을 공유하고 있다.

> 하층 계급의 인간이 책을 읽어서 '공동체'의 시간을 허비하도록 방치해 둘 수는 없다는 것, 또 독서를 함으로써 그들의 조건반사가 위태로워질 위험성이 있다는 것(헉슬리, 1994: 332).

새로운 매체 시대에 위협적인 능력, 그것은 책을 읽으면서 스스로 사고하는 능력, 그리하여 기계적인 진행과 그 반응에 맹점으로 작용하는 것이며, 기계적인 일상에서 소일하는 능력, 누구의 감시도 받지 않고 쫓기지도 않으며 직선적인 획일적 움직임이 아니라 언제든지 뒤로 다시 돌아갈 수 있는 방식이다. 윈스턴은 이렇게 얻은 정신 능력은 누구도 어찌할 수 없으며 자신만의 세계를 구축하는 일이 가능하다고 생각한다.

> 그는 결코 잠들지 않는 텔레스크린을 생각했다. 그놈들이 밤낮으로 감시를 하지만 정신을 갖고 있는 한 우린 그놈들을 속이는 것이다. 그놈들이 아무리 지모가 있다 하더라도 다른 사람의 생각까지 알아낼 수는 없다. [……] 그놈들은 우리 감정을 바꿔 놓을 수 없다. 그들이 우리가 한 행동이며 말이며 사상을 빼놓지 않고 세세히 다 캐낼 수 있다 하더라도 깊은 속마음은, 우리 스스로도 어찌 할 수 없는 신비로운 속마음은 그들도 어쩔 수 없는 것이다(오웰, 1989: 150-151).

하지만 오웰은 위협적인 이러한 사고 능력에도 불구하고 그것이 끝내는 교정될 수 있다는, 그리고 교정되고 만다는 결말로 이끈다. "당이 진실이라고 주장하는 것은 무엇이든 진실"(오웰, 1989: 223)이며, "당의 눈을 통해 보지 않고는 실재를 볼 수 없"다. 다시 말해 당은 유일한 매체인 것이다. 마치 초자아처럼 우리의 일거수 일투족을 감시하고 자신의 의사를 관철시킬 수 있는 당은, 최종적인 지배 수단으로 기억을 지배할 뿐 아니라 현실을 제대로 볼 수 있는 눈을 빼앗아 간다.

> 누구든 지배하려면, 그리고 그 지배를 계속하려면 현실 감각을 전위시킬 수 있어야 한다(오웰, 1989: 193).

이렇게 현실 감각을 전위시킬 수 있는 방법은, 과거를 조작하고 이 과거를 조작했다는 사실조차 잊어야 하는 '이중 사고' 기법을 통해, 황폐하고 더러운 현실적 조건이 당이 내세운 기만적인 이상과 차이가 난다는 사실 역시 인식하지 못하도록 하는 것이다.

> 현대 생활의 참다운 특징이 잔인성이나 불안정성이 아니라 단순히 그 벌거벗음, 더럽게 그을음, 그리고 무관심이란 사실이 그를 놀라게 했다. 우리 주위의 현실을 보라. 그 생활이 텔레스크린에서 쏟아져 나오는 거짓말은 물론, 당이 달성하려는 이상과 비슷한 게 조금이나 있는가. 생활의 대부분이 당원에게조차 중성적이고 비정치적이다. 지리한 일을 이야기하고, 지하철에서 자리다툼하고, 구멍 난 양말을 깁고, 사카린을 얻으러 다니고, 담배꽁초를 모아두는 그런 것이다. 당이 내세운 이상은 좀 더 거대하고 엄청나고 빛나는 것이다. 강철과 콘크리트의, 굉장한 기계와 무시무시한 무기의 세계다. 완전 통일을 향해 전진하며 모두가 똑같은 생각을 하고 똑같은 슬로건을 외치며 끊임없이 일하고, 싸우고, 승리하며 억압하고, 3억의 인구가 똑같은 얼굴을 한, 전사와 열광자의 나라이다. 그러나 현실은 황폐해 가는 더러운 도시다(오웰, 1989: 68).

오웰이 바라본 포스트휴먼적 인간은 이처럼 조작 가능하고, 당이 제시한 '허상'이 마치 유일한 진리인 것처럼 믿어 버리는 단순하고 무기력한 존재들이다. 게다가 이들은 당의 시각을 철저히 내면화하여 당의 노선에 어긋나는 것은 부모 자식 간에도 서로 고발하는 자동 인간과 같은 존재들로서 당을 유지하는 데에 기여하는 자들이다. 따라서 텔레스크린이 설치되지 않은 곳에도 당은 마치 수천 수백의 눈을 가진 아르고스처럼 도처에 도사리고 있는 셈이다.

백남준의 〈굿모닝, 미스터 오웰〉

백남준의 〈굿모닝, 미스터 오웰〉은 제목에서부터 원 텍스트인 오웰의 『1984년』을 지시하며 동시에 비틀고 있다. 그는 오웰에게 당신이 예언한 디스토피아distopia는 오지 않았고 우리는 잘 있다고 인사하고 있는 것이다. 작품이 만들어진 1984년이라는 시점 역시 원 텍스트의 연장선상에 있음은 물론이고 '빅 브라더'도 실제로 등장한다. 하지만 백남준은 자신의 의도에 맞게 빅 브라더를 희화화한다. 그는 더 이상 총체적인 감시 체제의 얼굴 없는 감시자가 아니라, 몰래 음식을 먹다가 소스를 입에 묻힌 채 발각당하는 우스꽝스런 존재, 감시당하는 감시자로 묘사되는 것이다(그림 1).

볼츠Norbert Bolz가 지적했듯이 포스트휴먼적 인간들은 전체주의적 감시 체제에 대한 공포에 더 이상 시달리지 않는다. 이들에게 범세계적인 케이블망의 구축은 "절대적 통제의 테러로서가 아니라 커뮤니케이션적 쾌락의 찬스로서 간주된다"(볼츠, 2000: 307). 백남준은

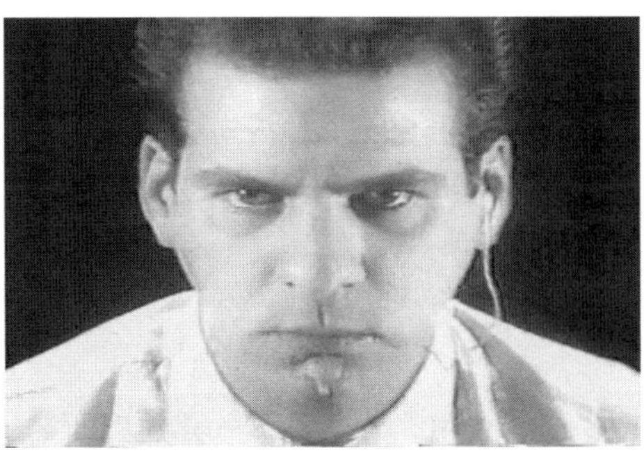

[그림 1] © Nam June Paik Studios, New York.

이러한 기회를 오웰이 예언한 미래 사회가 실현된 해인 1984년에, 그의 예측을 뒤엎기 위해 적극적으로 사용하고 있다.

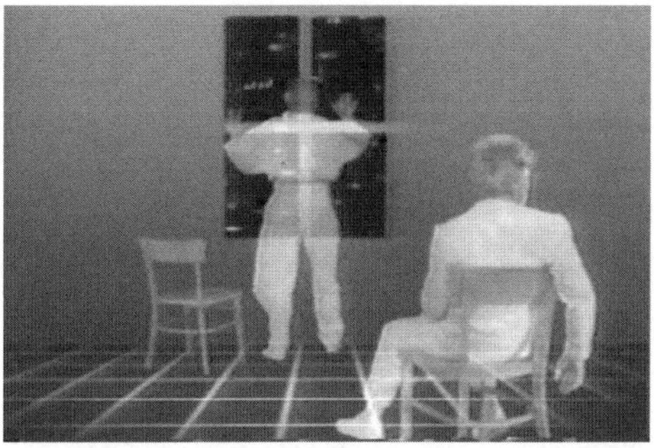

[그림 2] © Nam June Paik Studios, New York.

오웰이 우려했던 텔레스크린을 통한 총체적 감시는, 파놉티콘적 근대 정신, 다시 말해 '전제군주적인 눈의 역사'를 옮겨놓은 것에 다름아니다. 문제는 이 시각중심주의가 근대 정신의 코기토 프로젝트, 즉 책의 정신 혹은 자아의 문자 의식과 동일선상에 있다는 점이다. 따라서 오웰은 근대 정신의 동일한 양상이 마치 적대적인 위치에 있는 것처럼 대립시켜 놓은 것이다.

백남준은 문자 정신을 그대로 전이시킨 텔레비전의 전제적인 특성이 아니라 "공공화되고 가시화된 꿈 의식"(로마니신, 2004: 573)에 접근한다. 『1984년』에서 문제가 되었던 '허상과 현실'이란 화두는, 백남준에게서 유희적인 가상 공간이란 주제로 다시 태어난다. 그의 위성 예술은 〈이건 그림이야〉라는 대중 가수의 노래로 다음과 시작하고 있다(그림 2).

> "나는 새들. 멋진 새들. 그들이 나는 걸 봐. 저기 그들이 가고 있어. 내리는 눈. 멋진 눈. 여기 눈이 오네. 눈이 내리는 걸 봐. 긴 단어들. 멋진 단어들. 우리는 지금 그 단어를 들을 수 있어. 이건 그림이야. 난 창가에 앉아 있어. 눈이 내리는 걸 보고 있지. 나는 밖을 보고 있어. 그리고 나는 움직여. 제 때에 몸을 돌리고. 뛰어 들어! 그러면 나는 설 수 있어. 밖을 봐! 이건 그림이야. 이건 그림이야. [……]

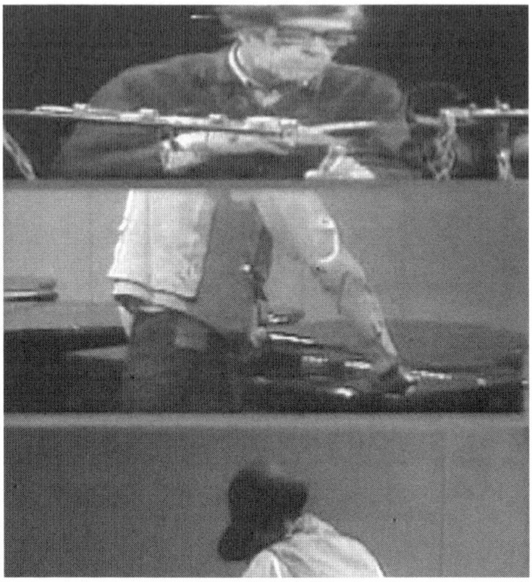

[그림 3] © Nam June Paik Studios, New York.

이미지로 실체를 대체하는 백남준의 그 동안의 작업 과정이 이 가사에는 고스란히 담겨 있다. 〈TV 정원〉 (1974), 〈TV 바다〉 (1974), 〈하늘을 나는 물고기〉 (1975) 등의 대형 설치 작업은, 자연 사물을 대체한 이미지 공간을 만들어 놓고 있는데, 〈굿모닝, 미스터 오웰〉에서는 이 가상 공간에 뛰어들라고 시청자들을 유혹하고 있는 것이다.[2]

그뿐만 아니라 백남준의 〈굿모닝, 미스터 오웰〉은, 고급 예술과 대중예술의 경계를 넘어서는 다양한 매체들이 서로 협연하여 소통하게 함으로써 전 지구적 차원의 참여 TV라는 이상을 실현하고자 한다. 로리 앤더슨과 피터 가브리엘, 샌프란시스코 출신의 음악그룹 '오잉고 보잉고'와 영국 그룹 '톰슨 트윈스', 존 케이지(그림 3)와 머스 커닝엄, 앨런 긴즈버그와 피터 올로프스키, 샬롯 무어맨, 공통점이라곤 별로 찾아볼 수 없는 이들이 뉴욕 공연의 출연자들이며, 파리의 퐁피두센터에서 열린 공연에는 보이스의 피아노 연주(그림 3)를 비롯해, 패션쇼, 벤 보티에의 '글씨그림' 쓰기, 로베르 콩바스의 '만화 그림' 그리기, 불꽃놀이가 이어진다. 퀼

2 〈굿모닝, 미스터 오웰〉의 진행 과정에 대한 좀 더 자세한 사항은 김홍희, 『굿모닝 미스터 백』, 디자인하우스, 2007 참조.

른의 스튜디오에서는 슈톡하우젠의 〈모멘타〉와 더불어, 반反오페라 음악가 마우리치오 카겔과 살바도르 달리의 인터뷰 내용이 비디오테이프로 송신된다.

그뿐만 아니라 팝 연주자들과 퍼포먼스 작가들의 협연으로 방송국 스튜디오와 일상 공간은 퍼포먼스 공간으로 변모한다. 백남준이 일찍이 몸담았던 플럭서스 운동의 '예술/인생 장르'란 개념은 여기서도 위력을 발휘한다. 플럭서스에서는 예술과 인생의 구분을 흐리게 하여 뿌리 깊은 이분법을 제거하고자 하는데, 행위 자체를 표현 매체로 삼는 행위 예술을 표방하여 관객과의 소통을 지향한다.

그 중에서도 우연성은 플럭서스를 포함한 모든 아방가르드 예술이 표방하고 있는 대표 개념이다. 케이지 식의 비결정성에 기초한 음악, 소음이나 침묵도 음악적 사건으로 포괄하려는 그의 태도 역시 이러한 우연성에 기반하고 있는 것이다. 이로써 백남준이 1960년대 전자 예술의 시대를 열면서 했던 언급, 즉 "음악에서 섹스라는 변수가 개발되지 않은 것처럼, 시각 예술에서 변화 가능성과 비결정주의는 저개발 상태이다"(핸하르트, 2000 : 123-124)라고 했던 판정은 스스로에 의해 극복된다.

게다가 〈굿모닝, 미스터 오웰〉은 TV의 방송 범위와 주파수를 결정하는 국가적 통제에 일찍부터 반기를 들어온 자신의 비결정성에 대한 생각을 다른 식으로도 실현한다. 오웰의 세계는 오세아니아와 유라시아, 동아시아 세 나라가 필요에 따라 동맹을 바꾸며 적대하는 세계이며, 서로는 실제로 상대방이 존재하는지도 모른 채 적개심을 키워 나가는 세계, 아니 이 적개심으로 유지되는 세계이다. 백남준은 적극적인 정치 참여와 반핵 자연주의, 비슷한 나이, 낭만성 등 많은 공통점을 가지고 있음에도 불구하고 이전에 한 번도 만난 적이 없었던 앨런 긴즈버그Allen Ginsberg와 보이스를 가상 공간에서 만나게 함으로써, 방송법과 방송 산업, 국가에 의해 '결정'된 주파수 경계를 넘어선다. 이를 통해 "더 빠른 테크놀로지를 통해 움직이는 소통의 물결"이라는 백남준의 비전이 현실화된 것이다.

이로써 'tele'라는 접두사가 가진 본래적 의미, 즉 "인간이 타인을 인정하고 타인에 의해 인정받기 위해 타인을 위해 자신을 개방하는"(플루서, 2004: 232) '텔레마틱 사회'가 현실화된다. 브레히트Bertolt Brecht가 오래 전에 바랐던 새로운 매체의 가능성, 즉 "분배 장치에서 소통 장치로"(Brecht, 1993: 127)의 변화가 성큼 다가선 것이다.

하지만 『1984년』의 텔레스크린 역시 이미 쌍방향 소통 매체의 특성을 지니고 있었다. 텔레스크린은 당의 지시를 전달하면서 동시에 모든 수신자의 상태를 감시하는 정보 수집의 역할을 하는 것이다. 하지만 이 텔레스크린의 관계 맺기 방식은 엄밀히 말해서 소통 방식이 아니라 일방적인 감시와 전달의 방식이며, 수신자는 자신의 의사를 상대방에게 전달하거나 영향을 미칠 수 없다. 이처럼 억눌린, 혹은 잠재된 소통 가능성은, 팰림프세스트적 덧쓰기 작업에 의해, 즉 위성 예술이 의도하고 있는 '우연성', '일회성', '비결정성', '소통성' 등에 의해 오웰 식의 '총체적 통제'를 벗어나는 것이다. 천국의 문 앞에서 베드로에게 무슨 말을 하겠느냐는 질문에 백남준이 이 라이브 쇼가 "인류가 생존하는 데에 직접적인 기여물이라고 말하면 그는 나를 들여보내 줄 것입니다"라고 대답할 때, 그가 기여한 바란 다름 아니라 이처럼 텔레비전의 잠재된 다른 가능성을 극대화함으로써 전 지구적인 소통 가능성을 열어 준 일일 것이다.

리얼리티 쇼 〈빅 브라더〉

독일의 상업 방송 RTL2는 네덜란드에서 먼저 방영된 모델을 따라, 2000년 초 〈빅 브라더〉라는 일종의 리얼리티 쇼를 방영하기 시작했다.

시기적으로도 새로운 천 년의 새로운 포맷을 이루겠다는 포부를 보여 주는 이 방송의 기획 의도는, 전혀 안면이 없는 여자 다섯과 남자 다섯, 총 열 명이 한 팀이 되어 외부와 단절된 공간에서 100여 일간 공동 생활하는 것을 연출 없이 보여 주겠다는 것이었다. 제목에서부터 우리는 이 리얼리티 쇼의 기획 의도가 오웰 작품의 영향권 안에 있다는 것을 알 수 있고, 바로 이 때문에 우리는 이 쇼가 원 텍스트인 『1984년』과 연결되는 지점이 어디인지 찾기 시작한다. 따라서 독일의 저명한 시사 주간지의 한 필자가, 이 공간 속의 물질적 조건이 오웰 식의 감시 국가를 연상시키는 중요한 요소 중의 하나라는 점을 지적하고 있는 것은 우연이 아니다.[3] 이 공간에서 구성원들은 특정한 규칙에 따라 생활해야 하는데, 그 규칙의 기본 모토는 '기본으로의 귀환back to basic'이다. 이 모토에 따라 구성원들에겐 기본적 욕구를 만족시킬 수 있는 최소한의 것만이 주어진다. 이 공간에는 채소나 곡물을 경작할 수 있는 뜰이 하나 있고, 이들이 돌보면서 계란을 얻을 수 있는 닭들도 있다. 여기서는 전기로 작동하는 모든 도구를 사용하는 것이 금지된다. 따라서 텔레비전이나 오디오도 없다. 그리고 이른 오전에만 한 시간 동안 따뜻한 물이 공급된다.

게다가 이 운영 체계는 『1984년』에서 문제시되고 있는 감시와 상호 고발 그리고 이에 대한 보상을 적극 활용하고 있다. 물론 가장 전형적인 요소는 모든 구성원들의 일거수 일투족이 24시간 카메라로 관찰된다는 점이지만, 여기에 긴장감을 더하기 위해 두 주마다 구성원들은 이곳을 떠날 두 명의 후보자를 지명해야 하는 것이다. 구성원들은 혼자 카메라가 설치된 독방에 들어가 후보자를 지명하고, 가장 많은 표를 얻은 두 명 중에서 다시 한 명을 시청자가 지명한다. 이러한 게임은 세 명의 후보자가 남을

3 Jens Jessen: Die Eingeschlossenen, in: *Die Zeit* vom 09.03.2000 참조.

때까지 계속되고, 마지막에 남은 세 명 중 시청자가 가장 선호하는 인물이 승자가 되어 25만 마르크를 상금으로 받는다. 쇼에 재미를 선사하고 구성원들의 특정한 사회적 행위를 촉진시키기 위해, 제작진은 매주 과제를 부여하고 이를 성공적으로 해결할 경우 깜짝 선물, 예를 들어 생활용품이나 음악과 같은 것으로 보상한다.

따라서 이 리얼리티 쇼에서 문제가 되는 것 역시 백남준의 위성 예술에서와 마찬가지로, 기존의 '빅 브라더' 담론의 일부를 지우고 새로운 것을 써내는 것이다. 오웰에게서 통제가, 백남준에게서 예술이 문제가 되었다면, 이 쇼에서는 자기 통제와 일상이 문제가 된다. 이미 제목에서, 그리고 "넌 혼자가 아니야"라는 모토에서 오웰의 『1984년』을 직접적으로 지시하고 있는 이 쇼는, 빅 브라더의 본래 함의에 맞는 '감시'와 '위협', '통제', '적개심', '두려움' 등을 참가자들에게 부여하면서도, 다음과 같은 맥락에서 앞선 작품들과 차이를 보인다.

먼저 이 리얼리티 쇼에는 '빅 브라더' 외에 다른 전사가 덧붙여진다. 〈빅 브라더〉는 19세기 말부터 20세기 초까지 유행했던 '인종 전시'의 맥락에서 있는 것이다. 그 가운데에서도 독일의 동물 상인이었던 하겐베크라는 인물이 주도했던 행사가 우리에게 시사점을 던져 주는데, 그는 특이하고 기괴한 어떤 것을 전시하거나 공연하는 대신 라플란드인 가족이 생활하는 모습을 "있는 그대로"(라작, 2007 : 30) 보여 줌으로써 성공을 거두게 된다. 이처럼 배우가 아니라 일반인을 통해 가공되지 않은 모습을 볼 수 있다는 '진정성'에 대한 시청자의 요구는 21세기에 들어와 다시 한 번 전성기를 맞는다. 이러한 요구가 실현되는 장소, 그것도 24시간 동안 끊임없이 관찰할 수 있는 가능성은, 관찰자와 피관찰자가 서로 동일한 입장에 있다는 것을 전제하고 있다. 관찰하는 것과 관찰당하는 것의 떼려야 뗄 수 없는 관계를 뒤렌마트Friedrich Dürrenmatt는 다음과 같이 보고하고 있다.

> 이처럼 관찰당하지 않는 것은 시간이 흐름에 따라 이전에 관찰당하던 것보다 그를 더 괴롭히는 것 같았다. [……] 더 이상 관찰을 당하지 않게 되자 그는 자신이 주목할 가치가 없는 것으로 여겨졌으며, 주목할 가치가 없는 것으로 여겨지자 존중되지 못하는 것으로, 존중되지 못하는 것으로 생각되자 중요하지 않은 것으로, 중요하지 않은 것으로 생각되자 무의미한 것으로 생각되었다. 그의 생각으로는 자신이 절망적인 의기 소침 상태에 빠질 것 같았다. [……] 그리고 나면 어쩔 수 없이 다음과 같은 결론에 도달할 터였다. 즉, 사람들은 그와 마찬가지로 관찰당하지 않는 상태 때문에 고통당했고, 그들도 관찰당하지 않는 상태에서 스스로를 무의미하게 생각할 것이고, 그렇기 때문에 서로를 관찰했다고 말이다(Dürrenmatt, 1986 : 22-23).

지젝Slavoj Žižek 역시 유사한 논지를 펴고 있다. 우리는 타인의 시선을 통해서야 비로소 우리의 존재감을 얻으며, 카메라의 시선(비록 그것이 권력을 의미한다 해도)을 자신들이 존재하는 것에 대한 증거로서 필요로 하는 것이다. 이를 통해 "파놉틱적인 사회, 즉 우리가 잠재적으로 지속적으로 감시당하는 사회, 우리가 이러한 권력의 시선에서 숨을 곳이 없는 그러한 사회에 대한 오웰 식의 묘사가 희비극적으로 전도되는 일이 발생한다"(Žižek, 2000).

〈빅 브라더〉의 시청자들이 오웰의 '빅 브라더'와 다른 점이 있다면, 그것은 자신들의 입장이 컨테이너 속의 출연자들이 처한 입장과 다르지 않다는 인식이며 이로써 존재론적 동질감과 유희적인 측면이 강화된다는 점이다. 게다가 오웰의 주인공 윈스턴과 줄리아가 둘만의 친밀한 사적 관계를 유지하기 위해 감시당하지 않는 장소를 찾고 성관계를 해방의 기제로 이해하는 것과 달리, '빅 브라더' 참가자들의 경우 관찰자들의 관심을 끌기 위해 성관계조차도 거침없이 이용한다. 이들의 의도는 다분히 "기대

될 대중적 가치를 고려하여 계산"(Grimm, 2001: 43)된 것이다. 물론 이때 시청자/관찰자가 〈빅 브라더〉와 더불어 하는 경험은, '사이버 섹스'가 주는 교훈과 같은 것이다. 화면에서 투사되는 실체 없는 이미지들에 의해 자극되는 상황에서 유일하게 제공되는 경험은, 실제 섹스는 결코 일어나지 않았다는 것이다. 그 상황에서 느낀 쾌락은 자신의 은밀한 상상에 의해 생겨난 것이기 때문이다.

4. 나오는 말

오웰의 총체적 감시 체제는 기술적으로 이미 도래한 지 오래이다. 하지만 그가 예상한 것과는 다른 방향으로 왔다. 모더니즘의 휴머니즘에 기초한 최종적 인간이 사라지고 포스트 휴먼적 인간이 도래한 것은 맞지만, 이 새로운 인간은 총체적 감시 도구인 텔레스크린에 종속되는 대신 끊임없이 이러한 상황과 유희하는 이중적 삶을 산다. 백남준은 TV의 소통 가능성을 참여 TV라는 방식을 통해 예술적으로 보여 주며 매체 전, 혹은 매체 밖에서 매체를 규정하던 시선을 교정한다.[4] 리얼리티 쇼 〈빅 브라더〉에서는 감시와 감시당하기의 일체성이 강조된다. 따라서 『1984년』을 원텍스트로 하는 후속작들에서는 주제를 표현하는 매체도 달라졌고, 매체를 보는 태도도 달라졌다는 점이 본질적이다. 그럼에도 불구하고 우리는 '빅 브라더'라는 맥락을 떠나서 백남준의 〈굿모닝, 미스터 오웰〉과 리얼

4 사실 이러한 유형의 상호 매체적 작업은 백남준의 예술 작업에서 중요한 위치를 차지한다. 이후에도 그는 〈바이 바이 키플링〉(1986)과 〈나의 파우스트〉(1989)에서 기존의 문학 예술을 차용하고 있는데, 전자에서는 동서양의 소통 불가능을 주장한 키플링에 대한 반대를, 후자에서는 문화적·재정적 자본을 만들기 위해서라면 악마와도 흥정할 수 있는 새로운 테크놀로지의 세계 질서와의 대결을 형상화하고 있다.

리티 쇼 〈빅 브라더〉를 얘기할 수 없으며, 또 거꾸로 이것들을 통해 『1984년』의 본질을 더 잘 이해하게 된다. 마치 팰림프세스트처럼 원 텍스트는 덧쓰기 작업에도 불구하고, 혹은 바로 이 덧쓰기 작업에 의해 깊은 곳에서 다시 생명을 얻길 기다리는 것이다.

참고 문헌

1. 1차 자료

백남준, 〈굿모닝, 미스터 오웰〉, KBS 미디어.

오웰, 조지, 『1984년』, 김병익 옮김, 문예출판사, 1989.

2. 2차 문헌

김홍희, 『굿모닝 미스터 백』, 디자인하우스, 2007.

라작, 올리비에, 『텔레비전과 동물원』, 백선희 옮김, 마음산책, 2007.

레빈, 데이비드 마이클(엮음), 『모더니티와 시각의 헤게모니』, 시각과 언어, 2004.

로마니신, 로버트, 「전제적인 눈과 그 그림자. 문자문화 시대의 미디어 이미지」, 레빈, 데이비드 마이클(엮음), 『모더니티와 시각의 헤게모니』, 시각과 언어, 2004.

볼츠, 노르베르트, 『컨트롤된 카오스』, 문예출판사, 2000.

프로이트, 지그문트, 「'신비스런 글쓰기 판'에 대한 소고」, 『프로이트전집』 제14권, 열린책들, 1997.

프롬, 에리히, 「'1984년'과 부정적 유토피아 소설」, 윌리엄즈, 레이몬드 외, 『오웰과 1984년』, 김병익 편역, 문학과지성사, 1984.

플루서, 빌렘, 『피상성 예찬』, 커뮤니케이션북스, 2004.

핸하르트, 존, 『백남준의 세계』, 삼성미술관, 2000.

헉슬리, 올더스, 『훌륭한 신세계』, 신영출판사, 1994.

Brecht, Bertolt, *Gesammelte Werke*, Bd. 1, Frankfurt am Main, 1993.

Dillon, Sarah, *Reinscribing De Quincey's palimpsest. The significance of the palimpsest in contemporary literary and cultural studies, Textual Practice* 19(3), 2005.

Dürrenmatt, Friedrich, *Der Auftrag oder Vom Beobachten des Beobachters der Beobachter. Novelle in vierundzwanzig Sätzen*, Zürich, 1986.

Genette, Gérard, *Palimpseste*, Frankfurt am Main, 1993.

Grimm, Jürgen, *Wirklickkeitssplitter im Container, Medienheft* 15, 2001.

Jekeli, Ina, *Big Brother is being watched, parapluie* 9, 2000/2001.

Jessen, Jens, *Die Eingeschlossenen, Die Zeit* vom 09.03.2000.

Schmidt, Ricarda, *Wenn mehrere Künste im Spiel sind. Intermedialität bei E.T.A. Hoffmann*, Vandenhoeck & Ruprecht, 2006.

Žižek, Slavoj, *Deutschland: Die Kamera liebt dich. Unser Leben als Seifenoper, Süddeutsche Zeitung* vom 28.03.2000.

사이버 공동체에서 아바타의 존재론적 지위: 매체와 준주체로서의 아바타*

고인석

1. 람다무에서 일어난 미스터 벙글 사건

사건

1993년 람다무LambdaMOO라는 사이버 채팅 공간에서 일어난 사이버 성폭력 사건은 이후 많은 토론을 낳았다. 람다무는 일종의 MOO[1]로, 사용자들이 인터넷에 연결된 자신의 컴퓨터 앞에 앉아 각자의 아바타를 조종하면서 하나의 가상 공간에서 서로 만나 부대끼고 컴퓨터 자판을 이용하여 서로 대화를 나누는 사이버 공동체 공간이었다. 당시 그것은 시험삼아 그것을 비영리적으로 운영하고 있던 미국 팰러 앨토 소재 제록스 사의

* 이 글은 『철학논총』 제53집(2008년 3호)에 게재된 논문을 수정・보완한 것임을 밝혀 둔다.

1 'MOO'는 'MUD, Object Oriented'의 약자이며, MOO가 MUD 즉 Multi-User Dungeon(혹은 Multi-User Dimension)의 일종임을 말해 준다.

컴퓨터를 통해 유지되고 있었다.

1993년 3월 어느 월요일 저녁, 여러 아바타들로 붐비고 있는 람다무의 한 거실에 미스터 벙글Mr. Bungle이라는 자가 나타났다. 그리고 그 사건을 목격한 사람들의 증언에 따르면 그는 아무 이유 없이 못된 행위를 시작했다. 그는 다른 아바타를 임의로 조정할 수 있게 해 주는 부두 인형을 써서 레그바Legba라는 캐릭터에게 자신을 대상으로 한 성적 행위를 시켰다.[2] 잠시 뒤 미스터 벙글은 다른 캐릭터들에 의해 문제의 거실에서 쫓겨났지만 그의 행위는 중단되지 않았다. 부두 인형의 조종 효과는 방과 방을 넘나드는 힘을 가지고 있었고, 미스터 벙글은 다른 방에서 여전히 그 거실에 있는 아바타들을 조종하여 바쿠닌Bakunin과 주니퍼Juniper 등에게 잔혹한 동작을 포함하는 성적 행위를 시켰다. 이런 만행은 강력한 능력을 지닌 그곳의 한 터줏대감 캐릭터 지피Zippy가 개입해서 미스터 벙글을 부두 인형의 힘조차 무기력해지게 만드는 철장 안에 가둬버린 뒤에야 비로소 그쳤다.[3]

이 사건은 사이버 공간에서 이런저런 형태로 일어나고 있는, 그리고 적절한 대응 장치가 마련되지 않는 한 앞으로도 빈발할 개연성이 높은 폭력적 현상의 일면을 보여 주었다. 이 사건 이후 그것을 둘러싸고 사이버 공동체의 구축과 운영과 결부된 기술적 측면에 관한 토론으로부터 미스터 벙글 등 이 사건에 연루된 개별 캐릭터들의 행적과 특성에 관한 토론에 이르기까지 다양한 토론이 온-오프라인 상에서 벌어졌다.[4]

2 실제로 이 '부두 인형'이란 일종의 소프트웨어였고, 미스터 벙글의 사용자가 이 프로그램을 작동시켜서 그런 조작을 할 수 있었던 것이다.

3 람다무에서 일어난 미스터 벙글 사건에 대한 서술은 주로 줄리언 디벨(J. Dibbell)이 쓴 두 편의 글 즉 Dibbell(1993)과 Dibbell(1999)의 제1장, 그리고 http://cse.stanford.edu/classes/cs201의 서술을 참고하여 재구성했다. 연루된 캐릭터의 이름 등에 관한 서술이 상이한 경우 Dibbell(1993)을 따랐다.

이 사건에 관한 이론적 해석 역시 간단치 않았다. 우선 이 사건의 성격을 한마디로 어떻게 규정할 수 있을지부터 분명치 않았다. 이것은 사이버 '강간'인가, 아니면 '성희롱'인가? 어쨌든 물리적 공간의 몸은 아무런 침해도 당하지 않았기 때문에 명백하게 이것은 강간의 개념과 무관하다는 입장이 있는가 하면, 비록 물리적 몸을 대상으로 한 침입은 일어나지 않았지만 목격자가 느낀 현실감이나 피해자의 정신적 피해라는 차원에서 실제 강간의 경우와 근본적인 차이가 없다는 견해도 있었다(Michaels, 1997).

하지만 이 글의 관심은 이 사건에 대한 사회적·윤리적 관점의 평가 이전의 문제에 놓여 있다. 그것은 아바타로 대표되는 사이버 인격의 존재론적 지위에 관한 것이다. 다시 말해 미스터 벙글의 사용자와 미스터 벙글의 관계, 내 아바타와 나의 관계가 문제이다. 우리는 그 관계를 어떻게 규정할 것인가? 이것이 이 글의 중심 물음이다.[5]

사건의 서술에서 만나는 원초적 물음

우리는 사실 이 사건의 성격을 사회적 관행의 맥락 속에서 규정하는 일에 착수하기도 전에, 즉 사건의 추이를 객관적으로 서술하려 하는 단계에

4 이런 토론이 낳은 한 가지 결과는 사이버 세계에서의 윤리적 문제들을 조율하는 제도적·기술적 기반의 필요성에 대한 인식이 강화된 것이었다. 이후로 사이버 공간에서 이런 사건의 재발 혹은 빈발을 방지하기 위한 구체적인 장치도 체계화되어 가는 추세를 보였다. 예를 들어 '세컨드라이프'는 인종, 종교, 성별, 지역에 의한 차별 금지, 협박과 성희롱 같은 비열한 행위의 금지, 비전투 영역에서 상대방의 동의 없는 공격 행위 금지, 동의 없이 타인의 개인 정보를 누설하는 행위 금지, 타인에게 불편함을 주는 노출 등의 행위 금지, 스팸메일 송신이나 이벤트 방해 등 평화를 위협하는 행위의 금지 등 6개 조항의 규칙을 설정했다. 그러나 이런 사이버 세계 내의 윤리—이것은 일반적으로 통용되는 '사이버 윤리'라는 개념과 구별되어야 한다—에 관한 논의는 다른 기회로 미룬다.

5 사이버 공간에서 일어나는 사건에 대한 사회적·윤리적 관점의 평가와 대응은 이와 같은 존재론적 논의를 토대로 할 때 견고해진다고 생각한다.

서 이미 일종의 문법적 난관을 경험한다. 그리고 이것은 이 사건에 대해 토론하기 위해 먼저 그것을 서술하려는 순간 누구나 만나게 되는 원초적 난관이다. 일반적인 문법의 구조로 이 사건을 기술하려 할 때 제일 먼저 '누가 누구에게 무엇을 했는가' 하는 물음이 떠오른다. 말하자면 이 사건의 존재론적 문법에 관한 물음이다. 그리고 이 물음에 대한 대답의 방식에는 기본적으로 두 갈래 길이 존재한다.

그 한 가지는 "미스터 벙글이 레그바를 강간하고, 나아가 바쿠닌과 주니퍼 등에게 그들의 의사와 무관한 성적 행위를 강제했다"는 것이다. 이 사건의 가해자는 미스터 벙글, 그리고 피해자는 레그바, 바쿠닌, 주니퍼 등이다. 이 대답은 명료하고 직접적인 전달력을 갖는다. 그것이 '실제로 그 사건을 목격한 이들의 눈앞에서 일어났던 바'이다. 그러나 이와 같은 서술은 분명한 문제점 역시 지닌다. 그것은 미스터 벙글이나 레그바 등이 독자적 행위 능력을 지닌 주체라기보다 '실세계 사용자의 의도와 행위에 의해 조종되는 비독립적 · 수동적 행위자 혹은 대리자'이기 때문이다.

이런 문제점 앞에서 자연스럽게 두 번째 서술 방식이 제안된다: "미스터 벙글이라는 아바타의 사용자가 레그바라는 아바타의 사용자와 바쿠닌이라는 아바타의 사용자에게 그들의 의사와 상충하고 성적 폭력의 의미를 갖는 사이버 공간상의 행위를 통해 심적 피해를 입혔다." 그리고 이러한 서술은 첫 번째 서술과 다른 평가적 관점을 함축하고 있다. 이 관점에서 '강간' 같은 개념은 성립할 수 없다. 한 사용자가 결과적으로 다른 사용자들의 기분을 '더럽게' 상하게 했을 수는 있겠지만 그것은 '직접적 신체 접촉 없이 이루어진 성희롱'의 범주를 넘어설 수 없다.

하지만 첫 번째 서술의 문제점이 곧장 두 번째 서술을 채택할 것을 지시하지는 않는다. 후자는 우선 좀 더 상세해질 필요가 있다. 그 서술은 문제의 사건을 구성하는 행위의 주체로 컴퓨터 화면 앞에서 자판을 두드리고 있던 몇 명의 사람들을 상정했다. 그런데 여기서, 그 중 한 사람이 주도한 '(성적 폭력의 의미를 갖는) 사이버 공간상의 행위'란 무엇인가? 그 '행위'는 그 사람이 자판에서 특정한 순열에 따라 철자들을 누르는 일이나 모니터를 보면서 옆에 있는 다른 사람과 음담패설을 주고받는 것 같은 일을 지시하지 않는다. 그 행위는 미스터 벙글의 아바타가 레그바의 아바타를 대상으로 벌인 행위이다. 그는 사이버 공간이 아니라 실세계의 물리적 공간에 존재하고 있던 반면 문제의 '행위'는 실세계적 공간이 아니라 사이버 공간에서 일어났다.

이는 주체와 행위 사이에 '공간적 불일치'가 가로놓여 있음을 의미한다. 이것은 일종의 알리바이이다. 범행의 용의자와 범행이 일어난 장소 사이의 공간적 불일치는 용의자가 범행의 책임으로부터 자유로워지게 하는 근거가 된다. 한편 '부당한 알리바이'의 적용을 방지하려면, 우리는 모니터 앞에서 자판을 두드리던 미스터 벙글의 배후 사용자와 '문제의 그 행위'를 그 사이 영역에 존재하는 두 번째 주체가 매개하고 있다는 사실을 확인해야 한다. 이 문제에 관한 일반적 해석은 '대리자' 개념을 축으로 한다. 위 사건에서 사람들이 경험한 것은 사용자의 의지와 명령을 사이버 공간에서 구현하는 대리행위자가 벌인 행위였다. 이제 우리가 탐구해야 할 것은 사용자와 이 대리자의 관계 그리고 이 대리자의 존재론적 의미이다.

2. 대리행위자로서의 아바타의 지위

편의상 이 사건에서 대리행위자agent를 '미스터 벙글의 아바타'로 잡아보자. '편의상'이라 함은, 엄밀한 의미에서는 '대리행위자'와 '아바타'를 구분해야 한다는 지적이 있고, 그 지적에 일리가 있기 때문이다.[6] 그러나

이 글의 맥락에서는 실세계의 행위자와 아바타 사이에 놓인 사이버 주체에 별도의 관심을 할애할 필요가 없기 때문에 사이버 공간의 대리행위자와 아바타를 하나로 묶어 고려한다.

이제 아바타의 의미와 위상을 '사이버 세계 내'라는 맥락에서 그리고 '실세계의 우리에게'라는 맥락에서 논의하겠다. 논의에 앞서 아바타 개념의 개괄적 측면을 간략하게 언급해 보자.

아바타의 개념

'아바타'라는 말은 '강림降臨'을 뜻하는 산스크리트어 '아바타라avatāra'에서 유래되었으며, '화신化身' 또는 '분신分身'으로 해석될 수 있다. 힌두교 전통에서 이 개념은 신의 (부분적) 본성이 동물이나 괴물 혹은 사람 같은 미천한 형태를 입고 지상 세계에 나타난 경우를 가리키는 것이었다. 오늘날 아바타는 온라인 게임, 미니 홈페이지, 다양한 방식의 인터넷 채팅 등에서 사용자를 대신하는 형상으로 널리 활용되며, 온라인 상의 기업 설명 등 비즈니스 차원에서 —특정한 사용자 개인이 아니라 기업을 대신하여— 활용되기도 한다.

이렇게 사이버 공간의 소통에서 광범위한 대리자 역할을 하는 아바타는 형태 역시 아주 다양하다. 사람의 얼굴과 몸통 그리고 팔다리를 가진 경우가 있는가 하면 얼굴이나 가슴 위쪽 부분만 나타나는 경우도 있다. 사지를 가진 경우라 해도 보통 사람의 —혹은 의류 광고 모델의— 경우에

6 대리자는 (아바타가 활동하는) 가상 세계에서 자신의 아바타를 만들고, 고치고, 행위를 선택하는 사이버 주체를 의미하는 반면 아바타는 그런 선택에 따라 만들어지고 움직이는 사이버 공간의 신체를 의미한다. 대리자는 다양한 각도에서 그 사이버 세계의 구조를 조망하고 자신의 아바타를 바라볼 수 있다는 점에서 그보다 훨씬 더 제한된 시야를 갖는 아바타와 간명하게 대비될 수 있다.

상응하는 신체 비율을 가진 경우와 머리 등 특정 부분의 비율을 과장하여 나타낸 경우가 있다. 얼굴 역시 사실적으로 묘사되는 경우와 캐리커처 식으로 특징만 살려 단순화된 경우가 있고, 동그라미 안에 그려진 단 몇 개의 점과 선으로 된 '스마일리'처럼 극단적으로 단순화된 경우도 있다.[7]

최근에는 3차원 그래픽 기술을 이용한 아바타 구현 기법이 활성화되면서 현실 세계의 인간 형상을 피부색, 헤어 스타일, 의복, 표정, 그리고 신체 동작에 이르기까지 다양한 국면에서 모사할 수 있는 단계에 와 있으며, 이런 현실 모사적 아바타를 활용하는 사이버 공동체의 구축과 이용이 활발해지고 있다. 앞서 거론된 채팅 공간 위주의 람다무, 독일에서 출범한 moove, 그리고 린든랩Linden Research, Inc이 개발하여 2003년부터 서비스를 시작한 세컨드라이프secondlife.com 등은 모두 이런 3차원 그래픽 아바타를 이용하는 사례들이다. 여기서 토론의 대상이 되는 아바타는 이처럼 고도의 3D 그래픽을 활용하여 얼굴 모양과 신체 동작 같은 현실 세계의 '인간적' 면모들을 모의simulate하는 경우를 의미한다. 예컨대 손발도 없이 몇 가지 표정의 얼굴만을 가진 스마일리 같은 경우라도 우리의 토론과 무관한 것은 아니지만, 사이버 공간의 대리행위자로서의 기능이 3차원 그래픽 아바타에 비해 상대적으로 제한, 축소된다는 점에서 유관성의 차등은 뚜렷하다.[8]

7 아바타를 둘러싼 오늘의 문화적·기술적 상황에 대한 일반적인 논의는 김진곤(2006), 박성희(2004), 이인영(2007), 정기도(2000), 조광제(2007) 등을 참고할 것.

8 기술적 측면에서 아바타의 세대(generation)를 다음과 같이 구분할 수 있다: 정지 상태의 그래픽 캐릭터에 아이템 추가의 형태로 옷, 장신구 등을 변화시킬 수 있는 1세대 아바타, 이목구비 선택과 성형 같은 아이템 구매를 통해 원하는 용모를 구현하고 표정 변화 그리고 배경 화면 치장 등을 통해 사용자의 감정을 반영하는 분신으로 발달해가는 2세대 아바타(Daum 등), 3차원 그래픽 기술을 활용하면서 신체 부분들의 동작을 가능케 한 3세대 아바타(세컨드라이프 등), 그리고 인공지능 기법을 접목시켜 부분적으로 자율적 활동의 능력을 부여한 4세대 아바타.

사이버 세계에서 아바타의 지위

세컨드라이프 같은 사이버 세계에서 아바타는 명실상부한 그 세계의 거주민이다.[9] 이 세계는 물질적 부피와 무게를 지닌 몸의 진입을 허용하지 않는다. 그곳의 거주민이 될 수 있는 것은 오로지 전자기적 정보 기호의 형태로 저장된 '속성 다발'로서의 아바타들뿐이다.[10] 그러나 아바타는 단순한 정보 기호가 아니다. 아바타는 각자의 이름(혹은 그것의 기능을 대체하는 닉네임)을 가지고, 생일이 있고, 서로 자주 방문하고 대화를 나누는 친구들이 있고, 참여하는 동호인 모임이 있고, 저마다의 거처를 가진다.

이 세계에서 동호인 모임을 결성하고 모임의 대표를 뽑는 일이 벌어진다면 입후보 자격을 갖는 것도 투표권을 갖는 것도 모두 아바타이다. 만일 이 세계에서 강연회가 개최된다면 강연자와 청중은 하나같이 아바타들이다.[11] 이것은 우리가 사는 세계와 나란히 존재하면서 그것 나름대로의 역사를 만들어 가는 또 하나의 세계이고, 아바타들은 이 세계를 하나의 살아 있는 세계로 만드는 주인공들이다.

그뿐만 아니라 아바타의 세계는 점차로 확장되고 있다. 예를 들어 이미

9 '세컨드라이프 같은'이라는 수식어는 사이버 세계의 다양성을 암시하는 것이기도 하다. 사이버 공간 속에는 3D 아바타가 거주하기에 적절치 않은 장소도 존재한다. 문자열로 소통하는 게시판이 중심이 된 사이버 공간에서 3D 아바타는 대부분의 경우 불필요한 잉여가 된다. 또 몸통과 사지를 지닌 3차원적 형상이 아니라 얼굴이나 특정한 신체 부분만을 2차원적으로 재현한 그래픽이 충분하고도 적절한 경우도 많다.

10 김선희(2004)는 "사이버스페이스에는 대상이 없으며 속성들의 집합이 있을 뿐 [……] 그곳에 있는 것은 실체적 대상이 아니라 '속성적 대상', 즉 속성들의 집합으로 구성된 대상"이라고 말하는 노박(Marcos Novak, "Liquid Architectures in Cyberspace")을 인용하면서 '사이버 공간의 속성 존재론'을 제시한다.

11 2007년 2학기에 중앙대학교 경영학과 전공 수업 두 강좌('마케팅조사론'과 '디지털경영전략론')가 세컨드라이프에서 진행되었다. 출석, 강의, 학생의 발표, 토론 등이 모두 세컨드라이프의 가상 공간에서 이루어졌다.

2007년에 국내 한 대학교 강의가 세컨드라이프 공간에서 실시되었다. 이것은 시험적인 시도였지만 분명 응용의 확장을 염두에 둔 시도였다. 담당 교수는 강의와 학생들의 발표, 그리고 토론을 모두 세컨드라이프 공간에 마련된 강의동에서 실시했다. 이것이 이미 일상화된 인터넷 동영상 강의 기반의 사이버 교육과 어떤 차별성 그리고 경제적 · 교육학적 손익을 함축하는지에 대해서는 여전히 많은 토론이 필요할 것이다. 그러나 현실 세계를 모의한 가상 공간과 아바타의 활용이 증대되고 있다는 사실은 분명하다.

3. 사용자에게 아바타의 몸이 지니는 의미

사용자, 아바타의 몸을 입다: 매체로서의 아바타

사이버 세계의 공동체에 참여하려는 사용자는 아바타의 몸을 빌려 사이버 세계로 들어가고 그곳의 거주민이 된다. 천국이나 극락에 (혹은 지옥에) 이 몸을 가지고 갈 수 없듯이 뼈와 살로 이루어진 이 몸은 사이버 공간에 들어가는 것이 허락되지 않는다. 사이버 공간에 들어가려는 사용자는 아바타의 몸을 빌려야 한다. 이런 의미에서 아바타는 이 세계의 사용자와 사이버 세계를 잇는 매체 역할을 한다. 적절한 여건이 충족될 경우, 아바타를 조종하여 사이버 공간의 이곳저곳을 방문하는 사용자는 스스로 그 세계의 거주민이 되어 활동하는 유사 경험을 한다. 이것은 MUD 게임에 몰두해 본 사용자라면 대부분 경험해 본 바일 것이다.

아바타가 한 손을 높이 들어 사이버 세계의 동료에게 반가움을 표현할 때 모니터 앞에 앉아 있는 사용자는 비록 자기 손을 위로 들어 올리지 않지만 그는 동료와의 인사나누기에 아바타 매개[12]의 방식으로 참여하고 있다. 이 사태를 인과 관계가 더 올바르게 드러나도록 서술하자면, 동료에게 손을 들어 올려 반가움을 표시하고 싶었던 것은 바로 그 사용자이고 그는 그 사이버 세계에서 그 일을 수행하기 위해 자기 아바타의 몸과 팔을 빌렸던 것이다.

이런 아바타 매개적 유사 경험은 능동적 차원에서만 일어나는 것이 아니다. 앞서 서술된 람다무 사건에서도 볼 수 있었듯이 타자의 아바타가 나의 아바타에게 행한 육체적 만행은 그것이 비록 나의 이 몸뚱이에 아무런 접촉도 보태지 않았음에도 불구하고 나에게 자행된 성적 폭행의 의미로 다가온다. 하지만 아바타 매개적 경험은 특정한 경우에 능동적이고 다른 경우에 피동적이라기보다 인간의 일상적 경험과 마찬가지로 능동적 · 피동적 차원의 복합체이다. 〈리니지 2〉에서 일어났던 이른바 '바츠 해방전쟁'에 관한 다음 서술을 보자.

> "반3혈측의 절박한 호소문이 인터넷에 오르자 비슷한 폭압에 시달리던 다른 서버의 사용자들이 자신들의 캐릭터를 버리고 '정의와 자유'를 외치며 바츠 서버로 밀려들어 왔다. 이들은 바츠 서버에서 새로 캐릭터를 만들어야 했기에 이들의 캐릭터는 형편없는 저低레벨일 수밖에 없었다. 사람들은 저레벨 캐릭터로 내복만 겨우 걸치고 값싼 뼈단검 하나만을 장비한 이들을 프랑스혁명의 상퀼로드 집단에 비유해 '내복단' 혹은 '뼈단'이라 불렀다. …… [아덴성 전투에서] 인간 바리케이드를 형성한 내복단은 화살받이가 돼 죽으면서 자신들의 시체로 마을 입구를 겹겹이 막았다. DK연합군이 전장에 진입하지 못하는 사이 제네시스혈맹의 칼리츠버그 총군주가 각인실에서 성의 점령을

12 '아바타 매개avatar-mediated'라는 표현은 데이머B. Damer와 디파올라S. DiPaola 등이 1997년 컴퓨터 그래픽스와 상호작용 기술에 관한 국제학술대회International Conference on Computer Graphics and Interactive Techniques에서 발표한 논문에 등장했다.

> 각인하는 데 성공했다. 이 날 PC방에서는 눈물을 흘리며 흐느끼는 사용자들이 목격됐고 게임 안에서는 아덴성의 메인 홀에서 내복단들이 춤을 추었다. 이 날은 '바츠 해방의 날'로 선언됐다" (이인화, 2005a).

주목해 볼 사항은 앞에서 람다무 사건에 대한 서술을 논할 때 고민했던 주체의 문제가 어떻게 처리되고 있는가이다. 먼저 "비슷한 폭압에 시달리다가 '정의와 자유'를 외치며 바츠 서버로 밀려들어온" 것은 실세계의 사용자들이다. 또 다음 문장에서 "새로 캐릭터를 만들어야 했던 이들" 역시 그 사용자들이다. 그런데 이어지는 전투 장면에서 주체의 전이가 일어난다. "인간 바리케이드를 형성"하고 "자신들의 시체로 마을 입구를 막은" 것은 실세계의 사용자들이 아니라 그들의 아바타이기 때문이다. 소설가이면서 게이머로서 직접 이 '해방전쟁'을 체험한 서술자의 다소 극화된 서술을 고려하더라도 우리는 모니터 앞에서 밤을 지새웠을 실세계의 사용자들과 아덴성 전투에 참여한 아바타들 사이에 성립하는 긴밀한 대응과 연속적 전이의 관계를 분명히 확인할 수 있다.

필자는 이 상황에 참여했던 사용자들이 실세계와 아덴성을 넘나드는 이러한 연속적 전이를 체험했으리라고 생각한다. 리니지의 사용자들은 사이버 세계 민중들의 호소에 부응하여 아바타의 몸을 입고 바츠 해방전쟁에 뛰어들었다. 그리고 내복과 최소한의 무기만을 지닌 낮은 레벨의 캐릭터로 전쟁에 참여했다. 날아오는 화살을 몸으로 받아내는 일은 비록 실세계 육체의 통각痛覺을 자극하는 사건은 아니었지만, 분명 '숭고하고도 고통스러운 경험'이었을 것이다.

1인칭 온라인 전투 게임 같은 상황에서는 이런 관계가 다시 조금 다른 방식으로 실현된다. 1인칭 전투 게임의 전투가 진행되는 동안 나는 내 전투용 고글의 가장자리, 이따금 높이 들어 올렸을 때 보이는 —아마도 권

총을 든— 내 손들, 그리고 아래를 내려다보았을 때 보이는 내 발들을 볼 수 있을 뿐이다. 이것은 내 아바타의 시선과 모니터를 통해 사이버 세계를 바라보는 시선이 그 방향에서 일치하는 경우이다.[13] 물론 시야의 범위는 일치하지 않는다. 모니터는 프레임을 갖고 있고, 프레임 밖에 펼쳐진 배경이 모니터 안에 펼쳐진 세계의 지위를 한정짓는다. 그러나 프레임의 문제는 여기서 논외로 한다. 만일 몰입immersion의 기술이 고도로 구현된 상황이라면 "이런 종류의 아바타는 결코 아바타로서 '지각되지' 않으며, 그 대신 게이머가 아바타의 관점에서 세계를 지각한다"(Meadows, 2008: 19. 필자의 강조)는 서술이 유효하다.

하지만 세컨드라이프 같은 아바타 기술 기반의 사이버 공동체에서는 내가 나의 아바타를 제3자적 관점에서 볼 수 있는 것이 일반적인 상황이다. 그런데 이것은 '아바타를 입는다'는 취지에서 볼 때 방금 서술한 1인칭 게임의 경우보다 부적절한 방식은 아닌가? 아바타를 활용하는 사이버 공동체를 구축할 때 왜 '한편으로는 아바타의 몸을 입으면서 다른 한편으로는 그것을 3인칭적 관점에서 관찰'하는 부정합의 방식이 지배적인 것일까? '아바타 구현 기술의 지향점'이라는 개념을 설정하여 이 상황을 설명해 보자.

아바타, 사용자의 삶을 확장하고 보완하다

사이버 세계 구현 기술의 지향점

'기술의 지향점'이라는 개념에 대한 세밀한 철학적 분석은 별도의 확장

13 아바타 기술 기반의 가상 세계에서 아바타의 시점perspective과 컴퓨터 밖에 위치한 사용자의 공간 지각 사이의 인지적 관계에 대한 논의는 Amorim(2003)을 보라.

된 지면을 요구하겠지만, 개략적으로 말하자면 기술의 지향점은 어떤 기술의 발전이 지향하는 방향을 의미한다.[14] 그리고 이 개념은 사실과 당위라는 두 차원의 복합체이다. 즉 그것은 '그 기술이 어디를 향해 발달해 왔고 또 발달해 가는 중인가'라는 물음과 '그 기술은 어떤 방향으로 발전해 가는 것이 마땅한가'라는 두 종류의 물음을 포괄하고 있다. 후자의 물음은 조심해서 해석해야 한다. 그것은 의무론적 윤리설deontologism에서 말하는 그런 당위가 아니라 '인간이 그 기술로부터 기대하는 것, 그래서 그 기술이 장차 구현할 수 있었으면 하고 바라는 것'을 뜻한다.

최근 아바타를 구현하는 기술은 3차원 공간을 흉내내는 사이버 세계의 구현과 결부된 발달 추세를 나타내고 있다. 이는 상호 독립적으로 출발한 아바타 구현 기술과 사이버 공간 구현 기술이 서로 겹쳐지는 지향점을 갖게 되었음을 암시한다. 그리고 여기에 두 기술의 결합, 즉 아바타를 거주민으로 하는 사이버 세계의 구현이 널리 지향하는 바로서 '생활 세계의 확장과 보완'을 주목할 필요가 있다.

우리가 사는 이 세계는 생활인인 우리 대부분에게 이미 충분히 넓고 다양하다. 대부분의 사람은 자기가 살며 일하고 있는 이 도시를 한 주 내내 쏘다니는 것만으로도 충분히 지친 상태로 주말을 맞는다. 그런데도 사람들은 지친 몸을 되살리기 위해 시간과 비용을 들여 여행을 떠난다. 사이버 세계는 이러한 인간의 확장 욕구, 자신의 세계를 확장하고 신선한 경험과 새로운 관계를 추구하는 원초적 욕구가 낳는 공간이다.

중요한 점은 사이버 세계가 실세계를 대체하는 공간이 아니라 그것에 잇대어 확장된 공간을 지향한다는 사실이다.[15] 이 논리를 따르자면 '사이

14 사소한 오해의 여지를 고려해 말하자면 기술의 지향점은 '테크놀로지 일반'이 아니라 '특정한 기술'에 대응시켜 찾을 수 있는 개념이다. 예를 들자면 우리는 '3D 아바타 구현 기술의 지향점'이나 '아바타 기술을 기반으로 하는 사이버 공간 구축 기술의 지향점' 등을 논할 수 있다.

버 중독'이라는 개념 아래 뭉뚱그려지는 대부분의 개인적 폐해는 사이버 세계를 실세계에 잇닿아 연장된 세계로서가 아니라 그것을 대체하는 세계로 오인—적극적으로 혹은 무의식적으로—할 때 발생한다. 다른 비유를 들어 표현하자면, 사이버 세계는 그곳에 영주하고픈 낙원이 아니라 여행지이다. 여행은 귀가를 전제로 한다. '집으로 돌아오지 못하는 여행'은 공포 영화의 스토리이다.

아바타의 몸을 빌려 입고 실세계로부터 여행지인 사이버 세계로 진입하는 것은 사용자의 관점에서 볼 때 일종의 변신metamorphosis인 반면, 출발점 · 종착점으로서 실세계와 여행지로서 사이버 공간의 관계를 '체계의 관점'에서 보자면 하나의 매핑이다. 그런데 이 매핑은 수학적 구조에서 까다롭지 않다. 두 공간은 물리적 · 화학적 · 생물학적 관점에서 이질적이지만 수학적 관점에서 동질적이기 때문이다. 3차원적 부피를 가진 사용자의 몸과 3차원 그래픽의 아바타가, 그리고 실세계의 3차원적 공간 환경과 3차원 그래픽으로 구현된 가상세계가 대응된다. 그렇기 때문에 예컨대 세컨드라이프의 거실은 실세계의 어디엔가 있을 수 있는 거실이다. 그러나 그것은 내 거실의 수십 배쯤 될 만큼 널찍하고, 멋진 가구나 첨단 전자장비들을 갖췄다는 점에서 내가 실제로 경험한 어떤 거실과도 차별된다.

나를 닮았으면서 나와 대비되는 나의 아바타

두 세계가 동형적이라는 사실은 아바타 기술의 지향점과도 밀접한 연관 관계에 있다. 특히 3D 아바타 구현 기술은 사이버 세계 구축의 핵심 부분인 동시에 화룡점정의 의미를 갖는 부분이다.[16] 그리고 바로 앞에서

15 웹Webb(2001)도 이와 같은 '연속적인 확장'의 관계를 강조한다. 그는 "[사이버 세계의] 참여자들에게 한계와 기반을 동시에 제공하는 것이 오프라인 세계이다. 거칠게 표현하자면, 가상 현실은 단지 사람들이 보통 하는 일what people normally do의 연장일 뿐이다."라고 주장한다.

언급한 연속성 · 상보성은 두 공간 혹은 세계 간의 상호 관계에서만 성립하는 것이 아니라 나와 나의 아바타 간의 관계에도 적용된다.

아바타를 활용하는 MUD 게임이나 세컨드라이프 같은 가상 공동체에 참여하기 위해 사용자는 그의 아바타를 스스로 만든다. 아바타를 만드는 일은 성별부터 시작해서 얼굴 모양과 체격, 의복 등 다양한 요소들을 주어진 선택지들 가운데 고르고 조합하는 과정을 통해 이루어지지만, 이런 선택의 대상이 되는 요소들이 세분화됨으로 인해 실질적인 선택의 폭이 대단히 넓어지고 실질적으로 자신이 원하는 용모와 체격을 지닌 개성 있는 아바타를 '창조하는' 일이 가능해졌다.[17] 이럴 경우 사용자는 어떤 얼굴, 어떤 신체를 만드는가?

이것은 물론 경험적 조사 연구의 대상이 될 만한 물음이다.[18] 그러나 필자가 고찰한 사례들을 토대로 볼 때 사용자와 그가 만든 아바타 간의 외형적 관계에서 두드러지는 일반성은 두 가지이다. 하나는 사용자가 일반적으로 그와 닮은 아바타를 만든다는 것, 그리고 다른 하나는 그러면서도 '똑같이 생긴' 아바타는 일부러 만들지 않는다는 것이다. 세상의 어떤 두 얼굴도 '서로 닮은 동시에 서로 다르다'고 할 수 있을 테니 이 주장은 자칫 내용 없는 것으로 타락하기 쉽다. 그러나 최대한 이 주장의 의미를 살려보도록 하자.

만일 사용자와 아바타의 외모 간의 닮음과 다름의 정도를 계량화할 수

16 여기서 우리는 닷새 동안 우주를 창조하고 엿새째 인간을 빚어낸 기독교적 창조 이야기의 구조를 떠올릴 수 있다.

17 코의 모양을 결정할 때 가능한 기본형의 수가 8이고 콧등의 높이를 5단계로 조절할 수 있다면 40가지 코가 가능해진다. 그런데 여기에 예컨대 코의 길이와 가로폭을 각각 다섯 단계로 구분한다면 1,000가지 코의 형태가 주어지는 셈이다. 코의 이런 가능성을 눈, 눈썹, 이마 등의 선택과 결합하면 얼굴 모양에서만 해도 지구상의 인구를 훌쩍 뛰어넘는 다양성을 얻는 것은 어렵지 않은 일이다.

18 권효진(2006)의 예를 보라.

있다면 그 정도는 경우에 따라 문자 그대로 천차만별일 것이다. 그러나 그런 다양성 속에서도 유지되는 것은 사용자 대부분이 '어떤 방식으로든 자신의 흔적을 지닌, 즉 자신을 그 점에서 닮은 아바타를 만든다는 사실'이다. 실제로 많은 사람들이 자기 자신의 외모를 가깝게 닮은 아바타를 만든다.

위의 사진에 나타난 사용자의 용모와 오른쪽 아바타의 얼굴을 비교해 보자(출처 : www.secondlifemarketingtips. com). 아마도 왼쪽 사진을 가지고 최대한 모사했다고 추측할 수 있을 만큼 아바타의 용모는 사진에 나타난 사용자의 그것을 닮았다. 그러나 동시에 눈에 띄는 것은 양자의 차이이다. 사용자는 자신의 아바타에서 평범한 머리 모양을 버리고 강렬한 보라색으로 염색된 자유분방한 분위기의 헤어 스타일을 택했다. 눈에 띄는 장신구도 걸쳤다.

사용자는 흔히 자신이 선호해 즐겨 입는 의복의 코디네이션이나 헤어 스타일을 자신의 아바타에 옮겨 놓는다. 그러나 아바타의 체형과 실세계 사용자의 그것 사이에는 일정한 유형의 차이가 있는 것이 보통이다. 대부분의 사용자는 실제 자기보다 늘씬하고 머리 부분의 비율도 작은 아바타를 만든다. 사용자는 자기가 현실 세계에서 갖거나 실현하지 못했던 그러나 갖고 싶었던 속성을 아바타에게 부여한다. 그렇게 첨삭되거나 수정된 속성은 반드시 늘씬한 몸매나 큰 키처럼 통상적인 의미에서 '바람직한' 것일 필요가 없다. 그것은 진한 갈색으로 그을은 피부색일 수도 있고, 과감한 피어싱일 수도 있으며, 동물처럼 털이 아주 많이 난 피부일 수도 있다. 사용자가 실제 자기와 다른 성별을 지닌 아바타를 만드는 것 역시 드문 일이 아니지만 그렇다고 그것이 성정체성에 대한 소망을 의미한다고 볼 이유는 없다.

아바타는 사용자와 —아마도 그가 생각하는 중요한 측면에서— 닮았지만 한편으로 다른 외모를 지녔고, 그 다른 부분은 사용자의 희망이나 모험 욕구 등을 반영하는 것이 보통이다. 이처럼 아바타의 세계는 사용자에게 그가 소망했던 삶, 혹은 체계적인 이유 없이 호기심으로 그려보았던 삶을 일시적 · 부분적으로 실현할 수 있게 해 준다.[19]

우리는 앞에서 사이버 공간에서의 아바타 구현에 왜 1인칭적 관점과 3인칭적 관점이 혼합되어 있는지를 물었다. 이제 이 물음에 답할 때이다. 그것은 아바타 기술이 지향하고 있는 혼합된 덕목 때문이다. 아바타는 '내가' 사이버 세계로 진입하기 위한 1인칭적 매체인 동시에 실세계의 내가 갖지 못한 속성을 갖고 실세계의 나와 다른 활동을 펼치는 '나와 다른 쌍둥이 나'이다. 따라서 사이버 세계의 내 아바타는 그곳에서 활동하는 나의 화신인 동시에 내 훔쳐보기의 대상이다. 이것은 적극적이고도 자유로운 방식의 '아이덴티티 메이크업'[20]이고, '아이덴티티 확장'이다.

19 이인화(2005b)는 사용자가 아바타를 조형하는 과정을 출생 배경도 외모도 성장 과정도 모두 타자에 의해 결정되었던 경험을 가진 사용자가 '자기보다 더 자기다운 자신'을 만드는 과정이라고 서술한다.

20 "사람들은 자신을 변화시킬 수는 없지만, 바꾸어 설명하고 새로운 '아이덴티티 메이크업'으로 치장한다"(Bolz, 2008: 217). 여기서 '아이덴티티 메이크업'은 마르크바르트Odo Marquardt의 개념이다.

4. 아바타의 정체성

아바타의 정체성을 구성하는 요소들

이제 끝으로 아바타의 정체성에 관해 토론하려 한다. 앞에서 우리는 이미 아바타가 '사람을 닮은 얼굴 모양을 포함하는 시각 기호' 이상의 어떤 것임을 언급한 바 있다. 태어난 —혹은 만들어진— 날, 이름(혹은 닉네임), 그리고 각자의 거처를 갖는 이런 아바타들은 특정한 유형의 정체성을 지닌다고 할 수 있다.

아바타의 정체성을 구성하는 요소들은 무엇인가? 일차적으로 아바타의 얼굴과 체형, 즐겨 입는 옷차림, 그리고 그의 집 또는 방의 특징적인 면모들이 아바타의 정체성을 구성한다. 이뿐만이 아니다. 아바타는 대개 사이버 공동체의 회원들이 읽을 수 있는 자기 소개 프로필을 갖고 있다. 이 프로필은 대개의 경우 사용자의 취미나 성격 그리고 사는 (실세계) 지역의 이름과 나이 등을 포함하는 정보 뭉치지만 아바타의 정체성을 규정하는 역할을 한다. 사이버 세계에서 만나게 되는 것은 바로 그런 사용자를 배경에 지닌 아바타이기 때문이다.

만일 아바타의 정체성을 구성하는 요소들이 이것들뿐이라면 그런 정체성의 안정도는 그리 높지 않다. 사용자는 원칙적으로 언제라도 아바타의 얼굴을 성형하고 옷차림을 바꾸고 방을 완전히 새로 꾸밀 수 있다. 프로필 역시 완전히 뜯어고쳐 다시 올릴 수 있다. 그러나 아바타의 정체성은 이런 가변성의 수준 위로 솟아오르는 중요한 국면을 갖고 있다. 그것은 아바타가 그 세계 안에서의 활동을 통해 구성해 온 사회적 관계, 그리고 그런 관계 속에서 축적한 인정과 명성이다.

예를 들어 '시골 약사'라는 아바타는 지난 1년 반 동안 이 사이버 공동체에서 사이버 공간의 생활에 익숙하지 않은 초보자가 경험하게 되는 다양한 문제 상황에 대한 요긴하고도 적절한 컨설팅으로 명성을 얻었다. 게다가 그녀는 게시판 운영과 파티 개최에서 탁월한 능력을 발휘해 그녀의 게시판은 마을에서 일어나는 모든 모임 등에 대한 정보를 담고 있는 이 마을의 대표 게시판이고, 3주에 한 번 꼴로 열리는 그녀의 파티는 날로 더 많은 캐릭터들의 참여를 끌어당기고 있는 유명 이벤트가 되었다.

사실 이 아바타의 사용자는 대학에서 다른 전공을 하다가 중단하고 느지막이 약학과에 입학한 25세의 약대 2학년 학생이다. 실세계에서 그녀는 평범한 늦깎이 대학생이고, 파티 같은 것을 주선하는 일은 물론 없다. 하지만 이 마을에서 만일 그녀가 사라지거나 게시판을 폐쇄한다면 마을 전체에 중요한 변동이 일어날 것이다. 또 그녀가 길을 나서면 사람들은 지난 번 파티에서 있었던 재미나는 일을 얘기하면서 다음 번 파티 계획에 대해 묻는다. 그녀는 유명 인사이고, 이 사회의 중요한 인물이다.

물론 이런 인정과 명성은 실세계 사용자의 활동에 근거하여 구성되어 간다. 그러나 그 명성은 약대 2학년 학생의 것이라기보다 분명히 '시골 약사'의 것이다. 시골 약사의 정체성은 그 발생적 맥락에서 그 학생의 활동에 의존하지만, 결과의 국면에서 볼 때는 사용자인 학생의 실세계 정체성에 대해 독립적 지위를 갖는다. 시골 약사의 정체성은 그것 자체의 역사와 힘을 갖는다.[21] 그리고 이런 역사와 힘은 아바타 '시골 약사'의 정체성에 상당한 안정성의 무게를 부여한다. 이 캐릭터의 사용자는 시골 약사의 외모나 품성을 임의대로 변화시키지 못할 것이다. 그런 변경은 비록 가능한 일이지만 일어날 법하지 않다. 이는 마치 사람들이 중대한 이유

21 다른 비유로 말하자면 이것은 부모와 자식, 혹은 후견인patron 대 견습생의 관계와도 유사하다. 후견인은 견습생의 인격적・사회적 발달에 지배적인 영향력을 행사하지만 결과적으로 견습생은 자신의 지위와 명성을 획득한다.

없이는 성전환 수술을 시도하지 않는 것과도 비슷하다.

아바타의 독자적 지위와 관련된 또 한 가지 사항을 거론하기 위해 앞서 언급한 사이버 강의에서 일어날 수 있는 상황을 생각해 보자. 사이버 세계의 강의실에서 진행되는 강의에 수강 신청을 한 학생이 그 강의가 진행될 강의동 건물을 화면에 띄워 놓고 있는 경우라 해도, 만일 그의 아바타가 몸을 움직여 그 강의실을 찾아가 입실하지 않는다면 그는 강의에 '출석'할 수가 없다. 앞서 언급한 것처럼 사용자의 시선과 아바타의 시선은 체계적인 불일치를 함축하고 있지만, 아바타 세계를 매개로 하는 사용자의 경험은 아바타의 몸에 의해, 특히 아바타 세계 내에서 그것의 위치와 자세 등에 의해 뚜렷이 제약된다.

'아바타 정체성': 준주체로서의 아바타

필자의 결론은 사이버 공동체의 아바타가 존재론적으로 그것의 실세계 사용자와 그가 임의로 만들어 낼 수 있는 기호 사이에 놓인 중간적 지위를 갖는다는 것이다. 필자는 아바타가 가진 이런 중간적 지위의 정체성을 '아바타 정체성avataric identity'이라고 명명한다. 아바타 정체성은 서로 연관된 두 가지 의미에서 중간적 지위의 특성을 지니고, 아바타는 매체로서의 특성을 넘어 준주체quasi-subject로서의 특성을 드러낸다.

첫 번째는 존재론적 의존 관계의 관점에서 본 아바타의 중간적 지위이다. 앞에서 논의한 것처럼 아바타는 저마다 고유한 용모와 이름(또는 별명), 그리고 거처 등을 지니고 있지만 그것들은 하나같이 그의 후견인이라고 할 실세계의 사용자가 선택하고 조정하여 부여한 요소들이다. 생명의 세계나 물질계의 대상들도 어떤 의미에서는 모두 인과적 영향의 그물 속에 서로 의존하고 있다고 할 수 있지만, 아바타의 경우 그 의존은 생성에서 유지에 이르기까지 '그 사용자' 한 사람에게 배타적으로 집중되어 있다는 점에서 고유한 특성을 지닌다. 그러나 한편으로 이런 의존 관계에도 불구하고 아바타는 인형과는 다르다. 우리는 원하면 각자 여러 개의 인형을 가질 수 있다. 그러나 아바타와 사용자 간에는 원칙적으로 1 대 1 대응의 관계가 성립한다.[22] 그뿐만 아니라 앞에서 살펴본 바와 같이 발생적 맥락에서의 결정적인 사용자 의존성에도 불구하고 가상 공동체 속의 아바타는 결과적으로 독자적 정체성을 확보하게 된다.

두 번째로 아바타 정체성은 그 안정성의 관점에서 볼 때 중간적 경도硬度를 지녔다. 아바타의 존재론적 특징은 그것이 사용자가 창조해 낸 존재[23]이고 전적으로 사용자의 명령에 의해 작동하는 존재라는 점에서 비독자적 · 사용자 의존적 측면을 지님과 동시에 아바타 세계 내에서 그것 고유의 역사와 사회적 지위 혹은 명성을 지닌 독자적 존재로서의 지위를 지닌다는 데 있다. 이러한 후자의 측면은 아바타의 탄생과 소멸을 좌우할 권한을 지닌 사용자라 할지라도 그것의 정체성과 관련하여 임의의 권한을 가질 수 없음을 함축한다. 그것을 태어나게 할 수 있었고 특정한 용모와 체구, 그리고 이런저런 사회적 관계를 형성하게끔 할 수는 있었지만 그렇게 부여되고 형성된 아바타의 특성을 —그것이 비록 김선희가 말하는 속성존재론이 지배하는 영역이고 그 '속성'들을 선택할 권한이 원칙적으로 모두 사용자에게 있음에도 불구하고— 임의로 변경할 수 없게 하는 존재

22 여기엔 두 가지 각주가 첨부되어야 한다. ① 여기서 말하는 1 대 1 대응은 '세계 상대적 대응'이다. 즉 다른 사이버 세계에서 사용자는 다른 특성을 지닌 아바타를 만드는 것이 자연스럽다. ② 이 진술은 사실 진술의 차원에서보다 당위 진술의 차원에서 이해되어야 한다. 즉 한 사용자에게 (회원 유형 혹은 등급에 따라) 둘이나 셋 이상 복수의 아바타를 허용하는 일부 가상세계 서비스 체계의 원칙은 여기서 토론된 아바타의 존재론적 의미를 고려할 때 재고될 필요가 있다.

23 여기서 사용자에게 다양한 선택을 제공하는 한편 그 선택의 폭을 지정하는 방식으로 사용자와 더불어 아바타를 창조하는 기술적 기반에 관한 논의는 생략되었다. 이런 공동 창조co-creation의 메커니즘에 관한 논의는 별도의 지면을 필요로 한다.

론적 경도가 있다.

5. 나오는 말

이상에서 우리는 사이버 공간에서 사용자의 대리행위자 역할을 하는 아바타의 존재론적 지위에 대해 토론했다. 점점 더 확장될 뿐만 아니라 우리의 생활에 점점 더 깊숙이 영향력을 행사하고 있는 사이버 세계—혹은 사이버 공동체—의 주민인 아바타는 실세계의 우리와 사이버 공동체의 차원을 연결하는 매체인 동시에 그 자체 독자적 정체성의 측면을 지니는 준주체이다. 아바타의 매체성은 사용자가 아바타의 몸을 빌려 사이버 세계로 진입하고 사이버 공동체에 참여할 수 있게 되는 점에서 드러난다. 한편 아바타의 준주체성은 그것의 아이덴티티가 사용자의 임의적 처분에 완전히 복속되지 않는 독자적인 '사이버 세계 내의 사회적 지위' 그리고 그것 고유의 역사적 발달 경로를 지닌다는 점에서 부각된다.

미스터 벙글 사건이 일어났던 람다무의 거실은 공적 공간이었고, 그것은 공적 사건이었다. 그런 덕분에 나는 단지 내 책상 위의 모니터 앞에서 키보드를 조작하고 있었음에도 불구하고 그 날 저녁 그곳을 방문했던 다른 사용자들과 더불어 그 소란스러운 폭력의 현장을 경험할 수 있었다. 이런 경험에 대한 해석과 판단은 윤리의 문제를 끌어들인다. 아바타를 매개로 하는 사이버 관계는 실세계 윤리의 연장선 위에서 고찰되어야 할 것이다. 또 그 거실에서 나는 한 순간 '나' 역시 그런 폭력의 대상이 될 수 있다는 두려움을 느끼기도 했다. 나의 아바타는 특정한 상황에 투영되어 특정한 국면을 드러내는 나 자신이다. 아바타가 한낱 뭉툭한 연필로 그린 서툰 자화상의 외양을 지녔을지라도 그것은 나와 세계의 새로운 만남이 실현되는 접속면이고 나의 숨은 창조성을 끌어내는 창문이다.

참고 문헌

권효진, 「사이버 공간에서의 아바타를 통한 자아정체성 고찰: 중 · 고등학생을 대상으로」, 『한국교육문제연구』 17, 2006.

김선희, 『사이버시대의 인격과 몸』, 아카넷, 2004.

김종길 · 김문조, 「아바타와 청소년의 사이버 정체성 발달」, 『청소년학연구』 11/2, 2004.

김진곤, 「비대면 커뮤니케이션 디자인에서의 자아 표현적 특성에 대한 연구: 이모티콘과 아바타를 중심으로」, 『기초조형학연구』 7/2, 2006.

박성희, 「사이버 공간의 대리자아 아바타의 역할 유형분석」, 『한국언론학보』 48/5, 2004.

손상희, 「사이버공간에서의 캐릭터의 정체성에 대한 연구」, 『디지털디자인학 연구』 6, 2003.

신나민, 「아바타를 통해 본 초, 중, 고, 대학생의 자아 이미지 비교분석」, 『교육정보미디어연구』 12/2, 2006.

이인영, 「가상인간과 육체」, 『현대문학의 연구』 32, 2007.

이인화, 「작가 이인화의 '리니지' 게임론」, 『신동아』, 통권 551호, 2005a.

____, 『한국형 디지털 스토리텔링 : 「리니지2」 바츠 해방 전쟁 이야기』, 살림, 2005b.

이향재, 「디지털시대의 문화컨텐츠와 아바타 캐릭터」, 『일러스트레이션학 연구』 10, 2002.

정기도, 『나, 아바타 그리고 가상세계』, 책세상, 2000.

정원섭, 「〈아바타〉, 내가 원하는 '나', 그러나」, 『철학과 현실』 58, 2003.

조광제, 「유비쿼터스 공간의 매체 철학적 함축에 대한 고찰」, 『시대와 철학』 18, 2007.

최문희, 「사이버 심리의 중요성과 역할」, 『감성과학』 8/1, 2005.

Amorim, M.-A., "What is My Avatar Seeing?': The Coordination of 'Out-of-Body' and 'Embodied' Perspectives for Scene Recognition Across Views," *Visual Cognition* 10(2), 2003.

Bolz, N. / 유현주 옮김, 『보이지 않는 것의 경제(*Die Wirtschaft des Unsichtbaren*)』, 문학동네, 2008.

Damer, B. & DiPaola, S. et al., " Putting a Human Face on Cyberspace: Designing Avatars and the Virtual Worlds They Live In," *Proceedings of the 24th Annual Conference on Computer Graphics and Interactive Techniques*, 462-464, 1997.

Dibbell, J., "A Rape in Cyberspace," *The Village Voice* 38/51, 36-42, 1993.

Dibbell, J., *My Tiny Life: Crime and Passion in a Virtual World*, Owl Books, 1999.

Hillis, K., " From Description to Depiction: Free Indirect Discourse and Online Graphical Chat," *Culture, Theory & Critique* 44, 73-89, 2003.

Meadows, M. S., *I, Avatar: The Culture and Consequences of Having a Second Life*, Berkeley: New Riders, 2008.

Michaels, D., "Cyber-Rape: How Virtual Is It?," *Ms.* (Magazine), March/April 1997.

Ptacek, K., "Avatar Body Collision: Enactments in Distributed Performance Practices," *Digital Creativity* 14, 180-192, 2003.

Waller, M. R., "If 'Reality is the Best Metaphor,' It Must Be Virtual," *Diacritics* 27/3, 90-104, 1997.

Webb, S., "Avatar Culture: Narrative, Power and Identity in Virtual World Environments," *Information, Communication & Society* 4:4, 560-594, 2001.

| 찾아보기 |

| 저자 소개 |

송기정 : 이화여자대학교 불어불문학과를 졸업하고 프랑스 파리3대학에서 문학 석사, 박사학위를 받았다. 저서로 『프랑스 문학과 여성』(공저, 2003), 『현대 프랑스 문학과 예술』(공저, 2006), 『신화적 상상력과 문화』(공저, 2008) 등이 있으며, 논문으로 「발자크 철학 소설에 나타난 연금술적 테마 연구」, 「루소의 광기와 자서전적 글쓰기」, 「네르발의 광기와 글쓰기」 등 프랑스 소설과 광기의 테마에 대한 다수의 논문이 있다. 현재 이화여대 불어불문학과 교수로 재직하고 있다.

이수진 : 서강대 대학원 불어불문학과에서 연극기호학을 전공하고, 프랑스 파리 8대학 불문과에서 『한국적 담화 상황에 적용된 기호학 : 임권택 영화 춘향뎐 읽기』로 박사학위를 받았다. 저서로 『만화기호학』, 『*Une lecture du film d'Im Kwon-Taek : Le chant de la fidèle Chunhyang*』, 역서로 『이미지, 모험을 떠나다』, 『상상적 기표』 등이 있고, 그 밖에 서울국제만화애니메이션페스티벌(SICAF) 객원 큐레이터를 역임했으며, 문화교류, 매체전이, 응용기호학 분야의 논문들이 있다. 현재 이화여대 이화인문과학원 HK연구교수로 다매체 관련 연구를 하고 있다.

천현순 : 이화여자대학교 독어독문학과 및 동 대학원을 졸업하고, 독일 쾰른대학교에서 상호 매체성이론으로 문학 박사학위를 받았다. 저서로 『알렉산더 클루게의 작품에 나타난 이미지와 텍스트 사이의 상호 매체성』(독문), 『물의 요정의 매혹』(공역) 등이 있고, 논문으로 「탈활자 문화의 전개 양상에 대한 연구」, 「사진과 텍스트의 혼종화 현상」 등이 있다. 현재 이화여대 이화인문과학원 HK연구교수로 다매체 관련 연구를 하고 있다.

조윤경 : 이화여자대학교 불어불문학과와 같은 과 대학원을 졸업하고, 프랑스 파리 3대학에서 불문학 박사학위를 받았으며, 파리 고등 통번역대학교 ESIT에서 번역사 자격증을 획득했다. 저서로 『미래를 만드는 새로운 문화 새로운 상상력』, 『초현실주의와 몸의 상상력』, 『몸의 위기』(공저) 등이 있고, 역서로 『Made in USA : 미국 문명에 대한 새로운 시선』(공역), 『스물한 편의 연애편지』가 있으며, 논문으로는 「언어와 형상의 전이와 확장」, 「매체로서의 몸과 에로스의 글쓰기」, 「통합적 예술매체로서의 책」 등이 있다. 현재 이화여대 이화인문과학원 다매체 분과 HK교수로 재직하고 있다.

김은령 : 이화여자대학교 영어영문학과를 졸업하고 동 대학원에서 「영국 낭만주의와 노예폐지운동 : 블레이크, 사우디, 코울리지, 워즈워스」로 박사학위를 받았다. 최근 논문으로 「노예무역 폐지 운동가인 코울리지의 낭만적 상상력」, 「드포의 불완전한 식민 주체 그리기 : 『로빈슨 크루소』의 역사적 재고」, 「매체 변화에 따른 미학적 경험과 감수성의 변화 고찰 : 버크와 료타르의 '숭고'를 중심으로」 등이 있다. 현재 이화여대 이화인문과학원 HK연구교수로 재직하고 있으며, 이미지와 텍스트 등 매체성 관련 연구와 문화 번역 관련 연구를 하고 있다.

전혜숙 : 이화여자대학교 대학원 미술사학과에서 현대미술사를 전공하고 「과정 개념을 통해 본 로버트 모리스의 작품연구」로 박사학위를 받았다. 저서로

『한국현대미술 1970-80』, 『제국미술학교와 조선인 유학생들, 1929-1945』, 『현대미술의 동향 I, II』(공저) 등이 있으며, 역서로는 『몬드리안의 방 : 신조형주의, 새로운 삶을 위한 예술』, 『19세기의 미술』, 『20세기 추상미술의 역사』, 『위대한 실험, 러시아미술 1863-1922』, 『개념미술』, 『옥스포드 20세기 미술』(공역) 등이 있고, 그 밖에 개념 미술과 포스트모더니즘 미술, 미디어 아트에 관한 다수의 논문을 발표해 왔다. 현재 이화여대 이화인문과학원 HK 연구교수로 다매체 관련 연구를 하고 있다.

정현규 : 서울대학교에서 독문학을 전공하고 독일 베를린 공대에서 「괴테의 문학 작품에 나타난 베일 모티브 연구」로 박사학위를 받았다. 「번역가와 돌아온 탕자: 타문화 수용과 자기 이해라는 관점에서 본 괴테와 릴케의 동방여행」, 「그네의 유형학: 아이오라 축제, 프라고나르의 〈그네〉, 폰타네의 『에피 브리스트』」, 「손님, 경계넘기의 현상 형식」 등 다수의 논문과, 역서로 『과학교양』, 『문화교양』(공역) 등이 있다. 현재 이화여대 이화인문과학원 HK연구교수로 다매체 관련 연구를 하고 있다.

고인석 : 서울대학교 물리학과와 연세대학교 대학원 철학과에서 수학하고 독일 콘스탄츠대학에서 20세기 초 물리학의 이론 변동에 대한 연구 「대응과 상보성」으로 철학박사 학위를 받았다. 저서로 『과학의 지형도』, 역서로 『이것이 생물학이다』(공역)가 있고, 과학철학을 중심으로 과학기술 윤리와 형이상학 분야의 논문들이 있다. 현재 인하대 인문학부 철학전공 교수로 재직하고 있다.